진정한
유법천지를 향하여
有 法 天 地

대한민국의 미래를 위한 충언忠言 **상**

진정한 유법천지有法天地를 향하여

발행일	2019년 9월 20일

지은이	문도연		
펴낸이	손형국		
펴낸곳	(주)북랩		
편집인	선일영	편집	오경진, 강대건, 최예은, 최승헌, 김경무
디자인	이현수, 김민하, 한수희, 김윤주, 허지혜	제작	박기성, 황동현, 구성우, 장홍석
마케팅	김회란, 박진관, 조하라, 장은별		
출판등록	2004. 12. 1(제2012-000051호)		
주소	서울시 금천구 가산디지털 1로 168, 우림라이온스밸리 B동 B113, 114호		
홈페이지	www.book.co.kr		
전화번호	(02)2026-5777	팩스	(02)2026-5747

ISBN	979-11-6299-838-0 04300 (종이책)	979-11-6299-839-7 05300 (전자책)
	979-11-6299-844-1 04300 (세트)	

이 도서의 국립중앙도서관 출판예정도서목록(CIP)은 서지정보유통지원시스템 홈페이지(http://seoji.nl.go.kr)와
국가자료공동목록시스템(http://www.nl.go.kr/kolisnet)에서 이용하실 수 있습니다.
(CIP제어번호: CIP2019036911)

(주)북랩 성공출판의 파트너

북랩 홈페이지와 패밀리 사이트에서 다양한 출판 솔루션을 만나 보세요!

홈페이지 book.co.kr • **블로그** blog.naver.com/essaybook • **원고모집** book@book.co.kr

진정한
유법천지를 향하어
有 法 天 地

천강 문도연

대한민국의 미래를 위한 충언忠言

조선 왕조 500년을 지탱한 정신적 유산 유학,
선학의 가르침으로 걷는 인의仁義와 왕도王道의 길

북랩 book Lab

근자에 들어 영명하신 조상님들을 비하하고 해괴한 논리를 펴면서 국민을 불안에 떨게 하고 국론을 분열시키는 무리가 점점 더 기승을 부리고 있는데 이는 참으로 우려할만한 일이다. 우리 민족이 수많은 국난을 이겨내고 반만년의 역사를 이어온 것은 오직 충효정신을 숭상했기 때문이다. 만약 힘의 논리에 따라 무조건 강자에게 빌붙는 그러한 비겁한 자들이 정권을 주도했다면 유사시엔 제 한 몸 살기 바빠서 돈을 챙겨서 도망들을 갔을 것이며 우리 민족은 아마 백 년도 못 되어 나라가 망해 뿔뿔이 흩어져서 이민족들에게 흡수되어 버렸을 것이다. 우리 인간이 짐승과 다른 것은 인, 의, 예, 지의 4단을 갖고 태어났기 때문이며 진정한 힘은 대의大義에 그 바탕을 두고 있는 것이다. 그래서 우파 논객들에게 몇 자 적는다. 고종이 1896년에 아관파천(러시아 공사관으로 피신한 사건)을 한 것은 1895년에 미우라 공사가 주도한 민비시해사건(을미사변)이 있은 후 일본의 감시와 압박이 심해서 위험을 느끼고 잠시 일 년 정도 피신해 있었던 것인데 그것 때문에 가쓰라테프트 밀약이 맺어지고 나라가 망한 것은 아니다. 우리 조선은 1882년에 이미 미국과 조·미 수호통상조약을 체결했는데 우리가 미국에게 문호를 개방하고 거점을 제공해주는 대신에 미국은 유사시에 우리 조선을 원조한다고 약속했으나 미국은 단 한 번도 그 약속을 지키지 않았다. 그런 조약을 맺었음에도 우리 조선의 국모가 일본 낭인들에게 비참하게 시해를 당했을 때 왜 미국은 못 본 채 했는가? 그것은 일본에 비해 우리 조선의 이용 가치가 훨씬 적었기 때문이다. 일본이 우리 조선을 침공한 것은 요시다 쇼인이라는 소인배 놈이 그의 제자들에게 "일본은 조선을 발판삼아 대륙으로 뻗어 나가야 한다."는 정한론과 대동아 공영론을 심어줬기 때문이며 그 야욕은 매우 집요한 것이었다. 그리고 미국은 필리핀과 태평양의 바닷길을 장악하려고 혈안이 되어 있었다. 이처럼 두 나라의 야욕이 서로 맞아떨어졌기 때문에 서로의 절대적 필요에 의해 가쓰라-테프트 밀약이 이루어졌던 것이며 설령 고종이 아관파천을 하지 않았다 해도 그러한 미·일의 야합을 막을 수가 없는 상황이었다. 그러니 앞으로 다시는 "고종이 미국을 멀리하고 러시아를 가까이했기 때문에 나라가 망했으니 그것은 어리석은 조선 조정이 화를 자초한 것이다."라고 말해선 안 된다. 최근에 목소리를 높이고 있는 보수논객들은 미군정과 이승만 정권의 부당한 폭압에 맞선 제주도민들의 항쟁에 대해서 지나치고 무자비하게 수많은 민중을 학살했던 만행이 정당한 통치행위였다고 주장하는가 하면, 남한에 있는 좌빨들(남북협상을 주장하는 사람들)을 모두 색출해서 다 없애버려야 한다고 말하곤 하는데 이런 엄청난 말을 얼굴색 하나도 변하지 않고 입에 올리는 자들의 머릿속은 과연 어떻게 생겼는지 참으로 궁금하다. 그리고 미국의 북한에 대한 폭격 가능성이 100%라고 장담하곤 했는데, 정말로 그 예측이 맞아떨어지는지 한번 지켜보려고 한다. 또 한 가지 불의한 폭압에 맞서 단 하나뿐인 목숨을 바쳐 뜨거운 피를 흘리던 5·18 민주열사들의 숭고한 정신을 폄훼하고 북괴군의 개입이 있었다는 등의 망발을 입에 담는 자들은 도대체 무슨 생각을 하면서 사는지 도무지 알 수가 없다. 북괴군의 개입설은 신군부가 5·18 전에 미리 광주 진압에 대한 치밀한 계획을 준비했는데, 그 가운데 북괴군개입조작공작이 포함되어 있었고 그에 따라 북괴군처럼 위장을 시킨 군인들을 현장에 투입했기 때문에 생겨난 것이다. 그리고 초전박살의 무자비한 과잉진압지침도 이미 사전에 작성된 것임을 알아야 한다. 그래서 첫날부터 투입되자마자 무자비하게 곤봉과 대검을 휘둘러 젊은이들을 살상한 것이다. TV 화면에서 도망다니는 젊은이들의 모습과 쫓아가서 무자비하게 패 죽이는 장면을 보지 못했는가? 그 당시 눈앞에서 부모형제와 사랑하는 자식들이 무자비하게 맞아 죽는 모습을 본 유가족들과 또 그때 부상을 당해 지금까지도 불구의 몸으로 고통 속에서 살아가는 수많은 피해자가 보수의 그런 말을 들으면 그 심정이 어떠하겠는가? 그때 사망 또는 실종된 자들의 수가 1,500여 명이며 크고 작은 부상자들의 수는 무려 7천여 명에 이른다. 이러한 폭압에 의분을 느껴 목숨을 바쳐서 항거한 열혈투사들의 정신은 그 이름을 죽백에 새겨서 천 년이고 만 년이고 후세사람들의 귀감으로 삼아야 하거늘, 그것을 농락한 짐승만도 못한 자들이 온갖 헛소리를 지어내서 전라도 죽이기에 앞장서고 있다. 모두 근신하면서 무엇이 사람의 도리이며 또 무엇이 애국의 길인지 깊이 생각들을 해야 할 것이다. 근자에 불학무식하여 동서와 흑백도 구분하지 못하는 뒷간에서 상주하고 있는 작은 생명체 같은 자들이 함부로 입을 놀려서 민족정기를 훼손하고 나라를 온통 혼란의 도가니로 몰아가고 있는데 이 책을 읽고 대오각성을 하기 바란다. 우파 논객들은 북한이 핵무기를 개발하는 목적이 적화통일을 하기 위함이라고 강변하면서(물론 그런 목적도 있기는 함) 우리가 북한에 대한 제재에 적극 동참하고 북한 침략에 앞장을 서면 미국이 한반도의 주도권을 일본에게 맡기지 않고 직접 우리에게 맡긴다고 주장하는데 이는 천만의 말씀이다. 여기서 우선 북한이 금방 제압되고 한반도의 모든 시설과 건물은 거의 그대로 있을 거란 생각 자체가 매우 어리석은 오판이다. 그리고 우리가 아무리 미국에게 충성을 다해 복종해도 결국 돌아오는 것은 개 목걸이와 발길질뿐이라는 것을 알아야 한다.

지금 이 순간도 미국의 제재 때문에 북한 주민들이 엄청난 고통을 받고 있으며, 우리 남한 역시 그들의 허락이 없이는 남북대화와 협력에 관해서 그 어떤 일도 못 하고 있지 않은가? 그것이 분하지도 않은가? 일본 역시 마찬가지다. 우리가 아무리 잘해줘도 속으론 항상 우리를 경멸 무시하고 재침략의 기회만 엿보고 있다는 것을 알아야 한다. 자고로 가장 어리석은 무리가 외세를 끌어들여 동족을 치는 자들이다. 그리고 이것은 의심할 여지 없이 민족의 쇠망과 직결되는 것이며 한반도의 경우는 더욱 그렇다. 명과 청의 전쟁 때 명나라의 대장군인 오삼계 란자가 이자성과의 사적인 원한 때문에 성을 지키는 본분을 저버리고 난공불락의 철옹성인 만리장성의 산해관문을 열어 수만 명의 수하 장졸들을 거느리고 누루하치의 아들인 도르곤에게 항복을 하여, 당시 반란에 성공하여 황제를 자칭하고 있던 이자성의 군대를 포함한 모든 명나라의 잔여세력을 정복하는 데 스스로 앞장 섰다. 만약 오삼계가 그러한 역적질을 하지 않았다면 명이 청에게 망하지는 않았을 것이다. 북한과 전쟁이 붙으면 중·러가 개입할 가능성이 높으며, 북한을 완전히 제압하려면 많은 희생이 뒤따라 한반도의 일부 또는 전역이 초토화가 될 것이다. 전쟁이 끝나면 우리 남한은 토사구팽당할 처지가 되어 아무 힘도 쓸 수 없고 주도권은 자동적으로 우리를 도운 미·일에게 갈 수밖에 없는 것이다. 그래서 우리는 그들이 이끄는 대로 그들의 원조를 받으면서 꼭두각시 노릇을 면할 수가 없는 것이다.

  그리고 우리가 잠시 중국과 가까이하려는 것은 중국이 좋아서도 아니고 또 그들을 믿기 때문도 아니다. 그것은 단지 우리 남북연합이 힘을 길러 나가기 위한 방편일 뿐이다. 그러니 우파 논객들은 앞으로 분란을 일으키지 말고 민족화합의 큰길에 동참하길 바란다. 죽고자 하면 살고 살고자 하면 죽는다는 충무공의 말씀이 무엇을 의미하는지 우리 모두 깊이 생각해보아야 한다. 남과 북이 손을 잡아 힘을 합하게 되면 그 어떤 강대국도 감히 우리를 함부로 건드리지 못한다는 것을 알아야 한다. 상대가 비록 미국이라 해도 마찬가지다. 그리고 그럴 경우 북한이 이유 없이 우리를 먼저 배신하지는 않을 것이며, 또 우리는 스스로를 지켜나갈 수 있는 힘을 가지고 있다. 그것은 다름 아닌 북한에 비해 월등한 경제력과 기술력이다. 이것이 바로 핵을 보유한 북한과 대등하게 평화협정을 맺어도 되는 힘인 것이다. 왜냐하면 북한이 그것을 절실히 필요로 하고 있기 때문이다. 연방협조 체제로 서로 도우면서 힘을 길러 나가는 것이 남북 모두에게 좋은데 통일을 한답시고 자신들의 반쪽과도 같은 남한에게 싸움을 걸어 자중지란을 일으키겠는가? 이는 스스로 자신의 팔과 다리를 잘라내는 것과 같기 때문에 김정은은 결코 그런 짓을 하지 않을 것이다. 그러니 제발 자신들의 그릇으로 상대방을 재단하지 말라. 김정은은 소년 시절부터 신의를 생명처럼 여기는 스위스에 유학을 가서 교육을 받은 사람이며, 자신들의 체제를 위협하거나 자신들의 체제에 대한 시비만 걸지 않는다면 동족의 호의나 동족 간의 평화협정을 배신할 소인배는 아니다. 김정남은 술과 도박과 여자와 마약에 빠진 자로 아버지와 동생을 심하게 비방하고 다닌 매우 사려심이 부족한 자였고, 장성택은 그런 김정남의 후견인으로서 나이 어린 김정은을 가볍게 보고 김정남의 등극을 모의했으며, 여자를 좋아하고 재물을 밝힌 반듯하지 못한 자다. 그러니 우리가 이에 대해 이러쿵저러쿵 얘기할 필요가 없다. 또한 가지, 6·25 전쟁 직후부터 지금까지 미국이 북한의 모든 수출입 루트를 막고 동맹국들까지 동원해서 북한에게 경제적 제재를 가해 왔는데, 이는 미국이 강성한 북한을 짓눌러 한반도의 관리를 자신들의 의도대로 하고자 함이며, 이로 인해 그동안 북한 주민들이 겪은 고충은 말로 다 할 수 없다. 그래서 북한이 그토록 미국을 미워하는 것이다. 그러니 다들 뭘 좀 알고 떠들기 바란다.

미국은 지금까지 북한과 싸워서 단 한 번도 이겨본 적이 없다. 매번 부당하게 먼저 북한을 건드려서 모질게 뺨을 맞고 번번이 사과를 해왔다. 그래서 지금도 미국은 북한을 두려워하고 있는 것이다. 북한은 2002년에 이미 최고 수준의 핵기술을 보유하고 있었다. 엊그제 하노이에서 2차 북·미 정상회담이 아무 성과 없이 끝났는데, 이번 양국의 힘겨루기에서도 결국은 미국이 지고 말 것이다. 미국은 북의 완전한 핵폐기라는 목적을 달성할 수 없을 것이며 핵의 일부 폐기와 핵동결 선에서 합의를 볼 수밖에 없을 것이다. 그리고 만약 우리가 다시 미·일과 야합하여 자신들의 목을 조이면 북한은 배신감과 실망감에 치를 떨면서 남한은 역시 약이 없는 쓰레기 집단이라고 포기하고 부득이 우리의 서울을 불바다로 만들어버릴 것이다. 왜냐하면 미국과의 일전을 앞두게 되면 바로 턱밑의 적부터 없애지 않을 수 없기 때문이다. 따라서 미국도 북한을 벼랑 끝으로 몰아선 안 되고, 우리 역시 북한에 대한 제재에 앞장을 서면 안 된다. 그리고 모든 국민이 뜻을 하나로 모아서 남북협력의 큰길을 가야 한다. 차기 대권을 꿈꾸는 어떤 자는 우리가 남북협력의 큰길로 나가는 것이 옳다고 생각하면서도 미리 남북협력이 성사되어 버리면 자신이 할 일이 없어져 버리기 때문에 그 길을 가면 안 된다고 말하고 있다. 스스로 세상을 구할 용이라고 하는데, 자고로 진짜 용이 나타나기 전에는 언제나 가짜 용이 먼저 머리를 내미는 법이다. 저잣거리를 기웃거리다가 승천하는 용을 보았는가? 북해에 몸을 숨기고 있던, 그 크기를 알 수 없는 곤이라는 물고기는 어느 날 갑자기 구만리 장천을 솟아올라 삼천 장이나 되는 날개로 유유히 푸른 창공을 나는 대붕새로 변하는 것이다. 영웅은 본시 돈이나 조직으로 일을 도모하지 않는 법이니, 때가 되면 잠룡이 나타나 풍운을 일으켜서 승천을 하는 장엄한 모습을 보게 될 것이며 또 그 용이 천하를 어떻게 경영해 나가는지 보게 될 것이다. 미국은 결코 중국에 대해서나 북한에 대해서나 무력을 사용하지 못할 것이며, 남북연합을 할 경우 처음엔 우리에 대한 각종 제재로 죽일 듯이 나오겠지만 우리가 국론을 통일하여 단호하게 남북연합의 모습을 보이면 미국도 머지않아 화해의 자세로 나올 것이다. 그 이유는 우리 남북연합이 자신에게서 등을 돌리고 중·러에게 올인하면 그보다 더 큰 낭패가 없기 때문이다. 단합하는 민족은 결코 망하지 않는 법이다. 필자는 근자에 우파 논객들이 눈에 불을 켜고 문재인 정부에 대한 총공세를 펼치고 있음에도 문정부가 왜 이처럼 무관심하고 무사태평인지 알 수가 없다. 이런 현상을 그대로 방치했다간 수많은 사람이 그들에게 세뇌를 당해 머지않아 마치 황하강둑이 터지는 것처럼 극우 보수 강경파들이 늘어나 다들 자리에서 쫓겨나는 사태가 올지도 모른다는 생각을 하고 있으며 2020년 21대 총선에선 민주당이 질 수도 있다는 우려를 금할 수 없다. 왜냐하면 재벌들이 이명박 정부와 박근혜 정부 때 정부의 각종 특혜로 벌어들인 뭉텅이 돈을 쌓아놓고도 "우리가 법이다. 너 한번 죽어봐라." 하면서 한마음 한뜻으로 투자확대를 멈추고 사원모집을 줄이면서 외국에다 회사를 설립하여 해외투자를 늘리고, 국내에서는 실업자를 양산하고 소비를 위축시켜 불경기를 조장하여 자영업자를 어렵게 만들면서 그 책임을 문정부의 최저임금인상 탓으로 몰아가고 있기 때문이다. 거기다 우파의 총공세까지 겹치면 문정부가 어찌 이것을 견딜 수 있겠는가? 북미협상이 꼬이고 경제는 마음대로 풀리지 않고 우파 강경분자들은 눈에다 불을 켜고 대통령을 미워하니 국민을 사랑하는 착한 대통령의 눈에 눈물이 고일 것이다. 이를 생각하니 안타까운 마음을 금할 수 없다. 필자가 이를 걱정해서 이렇게 미리 몇 자 적어두는 것이다.

2019. 3. 3.
늦은 밤 잠 못 이루며

追記: 2015년도에 최저임금이 5,580원이었는데 이때 만약 주52시간씩 한 달간 일을 했다면 그 월급이 약 117만 원이 되고, 최저임금이 6,030원이었던 2016년에는 월급이 약 127만 원이고, 최저임금이 6,470원이었던 2017년엔 월급이 약 136만 원이 된다. 여기서 2018년도에 최저임금을 7530원으로 올린 것을 가지고 그것이 못마땅해서 그 때문에 나라 경제를 망쳤다는 등 말들이 많은데 정말 그런 것인지 한 번 따져 보고자 한다. 많이 올렸다고 하지만 그래봐야 월급이 고작 157만 원에 불과하다. 2016년에 450원이 올랐고 2017년에 440원이 올랐으니 2018년에도 450원 정도를 올렸다고 하면 2018년도의 월급은 약 145만 원이 된다. 그러니까 2018년도에 최저임금을 많이 올려서 생긴 월급의 증액은 평소 올리던 정도에 비해 겨우 12만 원 정도 더 올린 것뿐이다. 고작 그것 때문에 한국경제가 망가진 것인가? 그렇다면 2018년도엔 최저임금을 동결하거나 100원 정도만 올렸어야 하는가? 그대들이 그 정도의 돈을 받고 그렇게 한번 살아보라! 그 맛이 어떠한지. 우리나라에서 중소기업이 어려운 가장 큰 이유는 우리나라의 경제생태계가 주로 대기업

위주로 돌아가기 때문이며, 자영업이 잘되고 안 되는 것은 주로 대기업들이 얼마나 투자를 확대하고 사원 모집을 늘리는가에 좌우된다. 왜냐하면 거의 모든 대기업 공장엔 회사 내에 상주하는 비정규직 협력업체가 보통 10여 개 넘게 있어서 회사의 정식 직원보다 그 수가 월등히 많고, 급여 역시 영세 중소기업의 사원들이 받는 것보다 많다. 그래서 그러한 산업단지가 있는 지역은 물론이고 전국에 살고 있는 그 가족들에게 송금을 해서 소비가 활성화되고 또 그것이 긍정적인 순기능을 하면서 경제가 잘 돌아가는 것이다. 그런데 올해 들어 대기업들의 국내 투자 확대와 사원 모집이 매우 저조하다. 자금이 부족해서 그런 것도 아니고 투자 여건이 불리해서 그런 것도 아니다. 이는 자신들의 권위에 도전한 문정부에 대해서 힘 자랑을 하고 있는 것이다. 한편 상황이 열악한 자영업자들이나 영세 중소기업들은 그동안 저임금을 지불한 덕으로 겨우겨우 경영을 이어가면서 생존을 유지해 왔기 때문에 최저임금을 올리지 않아도 어차피 조만간 문을 닫을 가능성이 많은, 경쟁력이 거의 없는 업체들이 많았다. 말하자면 빨리 그만두는 것이 오히려 낫다고 생각하면서도 결단을 내리지 못하고 누적되는 적자를 키우고 있던 사람들도 많았다는 뜻이다. 그런 사람은 지난 2018년도의 최저임금 인상이 오히려 전화위복이 되었다고 볼 수도 있다. 그 지긋지긋한 생활 속에서 해방이 되었으니. 그리고 그러한 영세중소기업에서 잘리게 된 노동자들도 어디를 가나 그 정도의 임금을 주는 곳은 많기 때문에 취직이 힘들 것 없다. 내일이라도 전국의 중소도시에서 발행되는 「사랑방」이나 「동서남북」 같은 무료 일간지들을 보라. 매일 구인광고가 계속되고 있다. 그런데 국내 실업자들이 오지 않으니 언어 소통이 잘 안 되는 다국적 노동자들을 쓰고 있는 실정이다. 그런데 왜 일자리가 없단 말인가. 또 자기 인건비도 나오지 않던 자영업자들도 아무 곳에나 들어가서 일을 하면 전보다 더 나은 생활이 되기 때문에 오히려 전화위복이 아닐 수 없다.

한편 어느 정도 기반이 잡힌 자영업자들이나 중소기업들은 평소에 2018년도에 인상된 최저 임금보다 더 많거나 비슷한 보수를 직원들에게 지불해 왔기 때문에 그 정도의 인상으로 경영에 타격을 받을 일이 전혀 없다. 따라서 2018년도의 최저임금인상이 한국 경제를 망쳤다는 말은 몰아붙이기식의 과장된 공격이다. 가장이 연탄을 가득 실은 리어카를 끌고 오르막길을 오르면 그 아들과 아내는 응당 뒤에서 그것을 힘껏 밀어야 한다. 그런데 미는 척 손만 대고 있거나 뒤에서 잡아당겨 버리면 그 고개를 넘을 수 있겠는가? 국가의 최고 지도자가 올바른 길을 가면 한마음 한뜻으로 힘을 모아야 하거늘 너희 꾸물거리는 작은 생명체 같은 놈들이 사사건건 반대를 하고 발목을 잡고 물고 늘어지면서 흔들어대기 때문에 이처럼 나라 경제가 어려운 것이다. 가슴에 손을 얹고 생각들을 해 보라! 그대들이 국민에게 돌아가야 할 나랏돈(세금)을 축낸 것이 그 얼마이며, 주말이나 연휴 때만 되면 외국으로 기어나가 쓰고 온 돈이 그 얼마이며, 너희들이 아무 생각 없이 행했던 그 모든 행동이 얼마나 큰 잘못인가를. 그 모든 잘못된 생각과 행동들이 모여서 이처럼 나라 경제가 점점 더 어려워지고 있는 것이다. 왜냐하면 부정적인 생각은 부정적인 결과로 확대·재생산되기 때문이다. 그리고 본능적으로 생태적으로 모든 옳은 것을 싫어하고 거부하는 무리가 있는데 그들이 앞장을 서서 문정부를 무너뜨리려고 온갖 짓을 다 하고 있다. 남북관계와 안보 문제에 대해서도 마찬가지다. 또 한 가지, 소득주도 성장이 뭐가 잘못된 것인가? 소득을 높여서 삶의 질을 개선하고 그를 통해 소비를 촉진시켜 나라 경제가 잘 돌아가도록 하려는 것이 잘못인가? 조금만 문제가 생기면 온갖 호들갑을 다 떨고, 여차하면 뭉텅이 돈을 챙겨서 도망갈 궁리나 하고 나라가 망하든지 말든지 자기 살길만 생각하는 자들이 이토록 많으니 이러고서야 어찌 나라가 바로 설 수 있겠는가? 모두 무엇이 진정한 애국인지 깊이 숙고하길 바란다. 나라가 없으면 개인의 행복도 없어지는 것이다. 최고 지도자를 중심으로 온 국민이 모두 단합을 하면 그 나라는 결코 망하지 않는 법이다. 그러나 천지분간을 못하는 간사하고 어리석은 무리가 나서서 이성을 잃고 설치면 결국 이 나라는 망하고 말 것이다. 선제 타격은 미국만의 전매특허가 아니다. 북한은 매우 강하고 예측할 수 없는 상대다. 그래서 우리가 태도를 분명하게 하지 않고 우왕좌왕 미국에게 끌려다니다가 그 앞잡이가 되어서 자기들에게 총부리를 겨눌 것처럼 보이면 북한은 사납고 냉정하게 돌아설 것이다. 어쩌면 미국에게 충성을 약속한 후 우리 남한을 불바다로 만들 수도 있다. 미국은 한반도의 주인이 누구든 간에 자기에게 충성하고 중국과 러시아만 견제해주면 되기 때문이다. 미국은 우리가 뺨을 맞아도 가만히 있고 발길질을 해도 가만히 있으면 아주 만만하게 보고 나중엔 별의별 요구를 다 할 것이다. 따라서 우리 정부는 태도를 분명하게 해야 한다. 엉거주춤한 모습은 가장 나쁜 결과를 불러올 것이다. 당당하고 대범하게 큰길을 가야 한다는 말이다. 세상을 바로잡으려고 나선 사람은 목숨을 걸 정도의 신념과 용기가 있어야 한다. 우왕좌왕하려면 무엇하려고 정치판에 뛰어들었는가? 천명을 받들어 강하게 나가야 한다. 말이 통하지 않는 자들에겐 몽둥이가 약이다. 역사는 바른길을 선택한 사람들에게는 비록 그 결과가 좋지 않더라도 욕을 하지 않지만 더러운 길을 선택한 자들의 무덤엔 침을 뱉는 법이다. 내가 상대를 믿으면 상대도 나를 믿고, 내가 상대에게 하나를 주면 상대는 나에게 두 개를 주고 싶은 것이 인지상정이다. 이는 성현의 말씀이니 이를 가슴 깊이 새기고 확고한 신념을 갖고 남북협상에 임해야 한다. 그리고 모든 국민은 이러한 민족의 대화합에 힘을 모아 적극 동참해야 한다. 외세에 굴복하고 아부하는 것은 씻을 수 없는 수치이고 반역인 것이다. 우리는 이번 기회에 천손민족으로서의 기백을 만천하에 떨치고 반드시 통일의 초석을 다져나가야 한다. 이것은 실현이 가능하며 승산도 있는 싸움이기 때문이다. 미국도 두려움을 아는 인간 집단일 뿐이다. 이번에 단호하게 천하무적인 미국과 정면 대결을 해서 그 탐욕과 오만함을 깨부숴야 한다. 자신들이 남의 나라의 허리를 두 동강 냈으면 통일에 협조를 해야지, 그냥 대화와 협력을 하겠다는데 왜, 무엇 때문에 그토록 방해가 심하단 말인가? 우리 남과 북은 스스로의 힘을 과소평가해서는 안 된다. 그리고 우리 뒤엔 중국과 러시아가 있다. 우리 남북연합이 힘을 키울 때까지만 잠시 그들과 함께 가면 된다. 그런 후 몇 년이 흐르면 그어떤 강대국도 우리 앞에 머리를 숙일 것이다. 왜냐하면 그때가 되면 우리 남북연합은 가장 강력한 무기와 엄청난 경제력을 갖추게될 것이기 때문이다. 이는 하늘의 벼리줄인 나 천강의 말이니 의심하지 말라.

우리나라는 지금 북한의 핵 문제 해결을 위한 남북정상회담과 북미정상회담을 앞두고 생사존망의 기로에 서 있다. 그리고 이에 대해 수많은 사람이 각기 제 목소리를 내고 있지만 상황이 어떻게 흘러갈지 정확히 아는 사람은 아무도 없다. 이렇듯 한 치 앞도 알 수 없는 긴박한 정국인데 좌파성향의 사람들과 우파성향의 사람들이 소위 촛불세력과 태극기세력으로 양분되어 국론이 분열되어 있다. 게다가 전직 대통령 한 명은 국정을 전반적으로 어지럽게 만든 죄를 지어 수감 중이고, 또 다른 전직 대통령 역시 온갖 부정과 비리를 저질러 구속 수감을 코앞에 두고 있다. 그런 와중에 '미투 운동'으로 온 나라가 시끄럽다. 사람들은 다들 인터넷을 통해 모든 뉴스와 정보들을 접하며 이제 책을 읽으려 하지 않고 신문도 잘 보지 않아 머지않아 출판사와 신문사들이 문을 닫을 판이다. 그래서 점점 더 사람이 진리眞理에 대한 사고력思考力을 잃어가고 있다. 또 사람의 도리道理란 옛날과 지금이 크게 다름이 없건만 옛사람들이 절대 가치로 여겼던 우리 동양의 고전들도 이제는 많은 사람에게 외면을 당하고 그저 몇몇 사람들의 관심 속에 겨우 그 명맥을 이어가고 있는 현실이다. 이처럼 세상은 빠르게 빠르게 요지경 속으로 빠져들어 가고 있다.

이에 필자가 이를 바로잡고자 전에 써두었던 원고 사본을 다시 꺼내서 새로운 머리말을 앞에 붙여 이렇듯 출판을 서두르게 된 것이다. 맹자 님께선 일찍이 젊은 시절에 '순하인야 여하인야, 순인야 아역인야舜何人也 予何人也, 舜人也 我亦人也(순임금은 어떤 사람이고 나는 또 어떤 사람인가, 순임금도 사람이고 나도 역시 사람이다)'라고 자신 있게 말씀하신 후 선대의 모든 성현을 마음속의 스승으로 삼아 끊임없이 학문에 정진하시어 마침내 역사에 길이 남는 인류의 큰 스승이 되셨다. 천 리를 목표로 삼아야 백 리라도 가는 것이니 사람은 모름지기 우선 그 포부를 크게 가져야 큰사람이 되는 것이다. 필자 역시 스무 살 때 큰 뜻을 세운 후 지금까지 그것을 염두에 두면서 세상을 살아왔으며, 예순이 넘는 지금도 소년다운 순수함과 청년 같은 열정을 잃지 않고 그 꿈과 이상理想을 위해 이처럼 글을 써서 책을 출간하고자 하는 것이다.

그런 나 스스로를 격려하고 다잡기 위해서, 그리고 이 땅의 방황하는 모든 젊은 청년들을 위해서 '남아당자강男兒當自強(사나이 대장부는 마땅히 스스로 강해져야 한다)'이란 가사를 이 책의 서두에 적어두는 바이다.

패기는 만근파도에 맞서고 뜨거운 피는 저 붉은 태양 빛보다 더 뜨거우며, 담력은 단련된 무쇠요 뼈는 정련된 강철과 같도다. 가슴속엔 거대한 포부를 안고 눈빛은 끝없는 저 멀리를 바라본다. 나는 온 마음으로 사나이 대장부가 되리라. 사나이 대장부라면 마땅히 스스로 강해져야 하고 열혈남아는 태양보다 더 빛나야 하는 법, 천지여! 내게 힘을 모아주소서!

내가 나아가서 천지天地를 개벽하리라. 나의 이상理想을 위해 뛰어들리라! 푸른 파도의 웅장함을 보면서 그리고 푸른 창공의 광활함을 보면서 호연지기를 키우노라. 나는 마땅히 스스로 강해지는 사나이 대장부, 늠름한 걸음으로 가슴을 펴고 모두의 기둥이 되는 멋진 사나이 대장부가 되리라. 나의 뜨거운 열정으로 온 세상을 밝히리라. 사나이 대장부가 되어 온몸의 뜨거운 피로 태양보다 더욱 빛나리라.

사나이 대장부라면 모름지기 올바른 생각과 뚜렷한 자기주관을 갖고 부귀니 공명이니 하는 하찮은 외물에 일희일비一喜一悲하지 말고 옛 성현들께서 제시했던 큰길을 가야 하며, 그 어떤 고난도 두려워하지 않는 불굴의 용기와 강한 의지를 가져야 한다. 단 한 번도 그 이름을 들어본 적이 없는 무명의 일개 야인野人이 감히 동서고금의 기라성 같은 역사적 인물들의 진면목에 대해서 종횡무진으로 언급을 하고, 종교에 대해서도 거침없이 정면으로 비판을 해대며 나타났으니 참으로 놀랍고도 황당할 것이다. 부제가 '대한민국의 미래를 위한 충언'인데, 이는 이 나라의 미래를 염려하는 최초의 충언이라는 소리다. 과연 그에 걸맞은 깊이와 크기와 식견을 갖춘 사람이 쓴 책인지 아니면 그저 돈키호테 같은 허풍선이가 쓴 글인지 독자들께서 판단해주시길 바란다. 이미 다 써놓은 원고를 십여 년 동안이나 품에 안고 몇 년씩 시차를 두고 머리말을 네 번이나 쓰면서 출판할 때를 기다려온 작가나 또 그렇게 해서 탄생한 책은 아마도 흔치 않을 것이다. '마지막 머리말'이 맨 앞에 있으니 맨 뒤에 있는 머리말은 당연히 맨 처음에 쓴 머리말이 될 것이다. 필자가 왜 이 한 가지 저작물에 이처럼 충심을 다해 열정을 쏟아온 것인지, 그리고 그 내용은 과연 무엇인지 독자들께서는 직접 한 번 정독해 보시길 바란다. 얼핏 보면 매우 황당무계하고 시대에도 맞지 않은 내용들처럼 여겨져서 쉽게 대중의 사랑을 받을 수는 없으리란 것을 그 누구보다 필자인 나 자신이 잘 알고 있다. 하지만 이 책은 잘 읽어보면 아시겠지만 결코 황당무계한 책이 아니며 오랜 세월이 흐르더라도 모든 시대의 모든 사람이 두고두고 계속해서 곁에 두고 꼭 읽고 공부해야 할 책이라는 것을 말해두고 싶다. 그래서 필자는 이 세 권(상·중·하)의 책을 세상에 남김으로 해서 백여 권의 저서와 수많은 논문을 남긴 대석학들이나 불후의 명작을 남긴 세계적인 대문호들을 조금도 부럽게 생각지 않는다. 이는 필자가 수년간 심혈을 기울여 쓴 책으로 지금까지 인류가 남긴 모든 종교, 철학, 주의, 사상의 허와 실과 그 길고 짧음을 비교·분석하고 융회관통한 후에 그중 가장 크고 올바른 인간의 도리道理를 제시하고 만고불변의 진리眞理를 밝혔으며, 우리 민족과 세계 인류의 앞길을 밝혀주는 내용이기 때문이다. 필자가 스무 살 때부터 가슴 속에 품어왔던 큰 뜻을 절반 정도는 성취했다고 자부하는 일생일대의 역작임을 밝혀두고자 한다.

이 책은 총 11장으로 구성되어 있다. 각 장마다 더 다듬고 더 살을 붙인다면 독립된 11권의 책이 될 수 있었으니, 만약 그렇게 했더라면 그 11권의 책이 모두 지금보다 더 무게 있고 의미가 뚜렷한 책이 되었을 텐데 이렇게 모아서 두서없이 써 놓으니 마치 별로 볼 것이 없는 잡서가 되어버린 느낌이다. 이처럼 다듬어지지 않은 희귀한 원석과도 같은 책의 내용과 그 가치를 알아보는 이가 과연 얼마나 될까 하는 생각을 해본다. 어쩌면 이 책을 싫어하는 사람들의 수가 이 책을 좋아하는 사람들의 수보다 더 많을 수도 있겠다는 생각을 해본다. 종교에 깊숙이 빠진 사람들과 극우 무리와 신라인의 후예들과 친일파의 후손들은 이 책의 내용이 매우 마음에 들지 않을 것이며, 특히 세속에 오염된 재승덕하고 경박한 무리는 이 책을 보자마자 5분도 되지 않아 던져버릴 것이다.

원고의 본문은 오래전에 이미 정서가 끝나 복사한 원고 사본이 제책되어 있어 수정이나 가필이 불가한 상태다. 지금 우리나라의 처지가 매우 불안하고 복잡한 상황이라서 하는 수 없이 머리말에라도 그에 대한 언급을 해야 하기 때문에 머리말이 길어지게 되었는데, 기왕 길어진 김에 하고 싶은 말을 다 한 탓에 머리말이 머리말이 아닌 이상한 책이 되어버렸음을 양해해 주셨으면 한다. 그에 더해서 그동안 고비 때마다 써두었던 머리말을 그대로 실어놓았는데, 그 이유는 모든 머리말이 나름대로 다 의미가 있는 내용들이었기 때문이다. 그러니 독자들께선 이 모두가 다 그냥 책의 본문이라고 생각하고 읽어주시길 바란다. 필자는 이 책의 원고를 2011년 말에 이미 완성한 후 2012년 1월에 출간하여 이명박 정부에서 박근혜 정부로 이어지는 썩은 보수 정권을 타도해 보려는 생각이었으나, 여러 가지 사정으로 인하여 책을 출간하지 않고 미뤄오다가 2016년 10월에 새로운 머리말을 붙여 다시 출판해보려 했으나 또 다시 그 뜻을 접었다. 그 후 촛불혁명으로 세상이 바뀌고 기대하고 예상했던 대로 충직하고 인후한 성품을 지닌 분이 대통령으로 당선되어 너무 좋았는데, 사드배치 문제와 북핵 문제 등으로 힘들어하는 모습을 보면서 국정에 대해 도움을 주고자 2017년 8월에 세 번째 머리말을 앞에 붙여 드디어 아껴두었던 원고 사본을 출판사 네 곳에 보내 출판 여부를 타진한 바 있다. 그러나 이 책을 출판할 용기를 가진 출판사가 없었다(네 곳의 출판사를 말함). 그로부터 시간 이 흘러서 이제 북핵 문제가 남북정상회담과 북미정상회담의 테이블 위에 올려지게 되었다. 그렇다면 과연 우리 정부가 이에 대해 어떻게 대처해 나가는 것이 가장 현명한 대처 방법이며, 또 우리 국민은 어떤 자세를 보여야 할 것인가? 그에 대한 필자의 생각을 피력해 보고자 한다. 세상에 믿을 수 있는 나라는 그 어디에도 없다. 오직 우리 정부가 스스로 상대국(북한, 미국, 중국, 러시아, 일본)의 이해관계와 심리상태를 살피고 그 속셈을 꿰뚫어 보면서 변해가는 상황에 따라 신속하고 발 빠르게 살길을 찾아서 대처해 나가야 한다. 얼어붙어 있던 남북관계에서 북한의 김정은이 먼저 손을 내밀어 온 것은 그 속셈이 무엇이든 간에 참으로 다행스러운 일이 아닐 수 없다. 절반 이상의 진정성이 엿보이기 때문에 우리는 이번 기회를 놓치지 말고 민족화합의 큰길을 향해 북한과 손을 잡고 함께 나아가야 한다. 우리(남한과 북한) 앞엔 두 가지 길이 있는데 그 두 길 중 어느 길을 가든 이제 우리 남북은 서로를 믿고 운명을 함께 해야 한다. 그것만이 주변의 4대 강국으로부터 우리 남한과 북한을 지킬 수 있는 최선의 길이기 때문이다.

북한이 적화통일을 하려고 한다는 생각은 이미 과거의 생각이다. 아무리 한·미 양국의 사이가 멀어진다 해도 미국은 결코 한반도가 적화통일이 되는 것을 용납하지 않는다는 사실을 김정은이 너무도 잘 알고 있기 때문이다. 따라서 북한이 핵을 개발하는 목적이 주한미군을 철수시키고 적화통일을 하기 위함이라고 생각하는 사람이 가장 지능지수가 낮은 사람들이다. 왜냐하면 그 말은 북한이 세계 최강인 미국을 침략하여 지구에서 없애버리려고 한다는 말과 같기 때문이다. 북한이 죽고 싶어서 그런 짓을 하겠는가? 또 "미국은 분명히 북한을 선제타격할 것이며, 그러면 북한은 곧바로 항복을 해서 불과 한두 시간 만에 상황이 종료되고 중국과 러시아는 미국이 무서워서 개입을 못 하고 그냥 보고만 있을 것이다. 따라서 무조건 일편단심으로 미국 편에 줄을 서는 것이 우리가 살 길이며, 이처럼 미국에게 충성을 다하면 미국이 우리에게 북한 땅을 가지라고 줄 것이기 때문에 우리는 손쉽게 통일을 하게 될 것이다. 그 길을 가는 것이 최선이다."라고 말하는 자들 역시 한없이 비열하고 그 지능지수가 돌고래 수준이라고 할 수 있다. 북한은 이라크나 시리아처럼 약해빠진 나라가 아니며, 또 그 뒤엔 중국과 러시아라는 두 핵 강국이 버티고 있기 때문에 다른 나라의 경우와는 상황이 매우 다르다는 것을 알아야 한다. 북한은 중국과 러시아의 앞마당과 같기 때문에 자신들의 앞마당이 미국에게 유린당하는 것을 결코 그냥 두고 보지 않을 것이다. 그래서 이 두 나라는 만약 미국이 북한을 선제타격하면 그냥 두고 보지는 않을 거란 뜻을 표명한 바 있다.

특히 중국과 북한은 생사존망을 함께하는 혈맹지간이다. 미국 역시 그러한 정황을 알고 있을 것이기 때문에 아무리 미국이라 해도 이 두 핵 강국을 상대로 핵전쟁의 위험을 감수하고까지 북한을 선제타격하지는 못할 것이다. 트럼프는 독단으로 그런 군사적 결정을 할 수가 없으며, 미국 의회가 그러한 도박을 허락할 리가 없다.

보수논객 중 한 사람은 미국이 러시아에게 먹이를 던져주면 러시아가 미국과 손을 잡고 중국 해체 작전에 동참할 것이며 그렇게 되면 중국은 힘도 써보지 못하고 와해될 것이라고 하는데 참으로 황당하기 그지없는 생각이다. 세계 최강의 가공할 힘을 갖고 있는 미국을 공동의 적으로 삼고 있는 러시아와 중국은 미국이 망하지 않는 한 결코 그 동맹 관계를 깨지 않을 것이다.

자, 그러면 이제 남북정상회담과 북미정상회담의 전망에 대해서 예측해 보고 그 결과에 대한 우리 정부의 적절한 대응과 선택에 대해서 생각해보도록 하겠다. 우선 남북정상회담은 별문제 없이 잘 진행되리라 생각된다. 다음으로 북미협상을 예측해 본다면, 미국은 기본적으로 한반도를 자기 세력으로 삼으려 할 것이며 중·러의 남진을 저지하고 자신의 수족과 같은 한국과 일본을 지키기 위해 주한미군을 계속 주둔시키려고 할 것이다. 따라서 북한이 자신의 본토를 가격할 정도의 ICBM(장거리탄도미사일 즉 대륙 간 탄도미사일)을 갖는 것은 결코 용납하지 않을 것이나, 일본 정도를 타격할 수 있는 준 중거리 미사일인 노동미사일 등을 보유하는 것에 대해서는 그냥 눈을 감아줄 수 있으며 그 정도 선에서 핵을 동결한다면 핵을 완전히 폐기하지 않아도 북한과의 대화에 나설 가능성이 있다. 다만 북한이 그 약속을 어기고 몰래 핵을 완성할 수도 있다는 두려움 때문에 강하게 핵의 완전 폐기를 들고나오는 것이다. 미국과 북한과 남한 3국이 공통으로 원하는 바는, 북한과 미국이 수교를 맺은 후 남북 모두가 미국의 편에 서는 것이다. 그렇게 되면 미국은 중·러를 제압하고 아시아에서 계속 패권을 행사할 수가 있으며, 북한이 핵으로 신경을 건드리는 일도 없을 것이기 때문에 트럼

프는 그 위상이 높아질 것이며 그로 인해 11월에 있을 중간선거에서도 유리하고 재선의 가능성도 높아질 것이다. 북한 역시 남한과 손을 잡고 미국과 수교를 맺으면 체제가 안정되고 미국의 경제제재가 풀릴 것이며 중·러의 남진도 막을 수가 있기 때문에 미국과 북한의 정상회담이 좋은 쪽으로 성사되어 평화협정을 맺을 가능성이 많다. 남한 역시 북한과 평화협정을 맺고 군사동맹을 맺은 후 전반적인 경제교류를 하면 북한의 지하 자원을 공동 개발하고, 우호 가격에 운송비까지 절약하게 되어 이보다 좋은 일이 없을 것이다. 일본 역시 북미가 수교를 맺으면 같은 해양세력에 편입되기 때문에 북한의 핵 위협에서 벗어날 수가 있으며 한국에 배치해둔 사드가 일본을 향해서 날아올지도 모르는 북한의 노동미사일을 초기에 탐지 추적해서 무력화시킬 수가 있기 때문에 나쁠 게 없는 것이다. 여기서 미국이 북한의 핵을 완벽하게 무력화시키려고 하면 김정은이 결코 가만히 있지 않을 것이며, 그렇게 되면 미국은 골머리가 아파지는 상황이 발생하기 때문에 그렇게까지 몰아붙이지는 않을 것으로 보인다. 북미협상이 성공할 경우 남한에 배치한 사드는 중·러의 남진 압박을 저지하는데 큰 역할을 할 수 있어 미·일·남·북 모두에게 나쁠 게 없는 것이다. 그런데 만약 미국이 일방적으로 북에게 먼저 모든 핵을 완전히 폐기하고 두 손을 들고 항복하라고 하면서 그에 대한 아무런 대가도 바라지 말라고 억지를 부리고, 우리 남한에게도 친북·친중 성향을 보였다면서 경제제재를 가하는 등 심술을 부리고 우리 남북 모두를 밟아서 길들이려고 하면 우리 남북은 중·러와 정식으로 수교를 맺은 후 북한은 미사일 실험을 계속해서 핵을 완성해야 하며, 우리 정부도 그에 발을 맞추어 남한에 배치해두었던 사드를 모두 돌려보내고 전시작전권도 찾아와야 한다. 그런 후 우리 남한도 독자적으로 군사력을 키워 스스로를 지킬 수 있는 힘을 길러야 하며, 동시에 중·러·북과 군건한 동맹 관계를 맺어 힘을 합하면 비록 미국이라 해도 함부로 우리를 어찌하지는 못할 것이다. 미국은 바로 이러한 상황이 부담되기 때문에 북한과의 협상에 응해서 평화협정을 선택할 가능성이 많다고 보는 것이다. 싸우지 않고 이기는 길, 쉽고도 안전한 길을 버리고 무엇 때문에 어렵고 위험한 길을 택하겠는가? 우파세력이나 좌파세력이나 모두가 나름대로 나라의 장래를 걱정하고 스스로를 애국자라고 자부하면서 각자가 자기 길을 가는 것이다. 하지만 여기서 우리가 알아야 할 것은 과연 나라와 민족을 위한 큰길이 무엇이냐 하는 것이다. 이에 대해 몇 마디 하고자 한다. 어려운 시기일수록 온 국민이 한마음으로 단합을 해야지, 국론이 분열되면 외세가 그 틈새를 파고들어서 나라가 혼란해지고 결국엔 나라가 망하게 되는 것이다. 그리고 그렇게 되는데 앞장을 서서 그런 결과를 초래하게 만든 자들은 매국노가 되고 반역자가 되는 것이다.

　미국은 반드시 북한을 폭격할 것이며 하루빨리 문재인 정부를 몰아내지 않으면 남한까지 불바다를 면치 못할 것이라고 하면서 국민을 불안하게 만들어선 안 된다. 현재 남북정상회담과 북미정상회담이 예정되어 있어 평화무드로 가고 있는데, 국민을 선동하고 미·일의 앞잡이가 되어서 그들의 도움을 받아 문재인 정부를 전복하고 반북친미 정권을 세우려 하는 것은 변해가는 상황을 읽지 못한 어리석은 행동이다. 우파 논객들은 한결같이 북한에게 속지 말고 무조건 북폭을 해야 한다고 주장을 하는데, 어떻게 그런 말을 그처럼 쉽게 할 수 있단 말인가? 미국인들에 의해 북한 땅이 초토화가 되고 동족인 북한 주민들이 수없이 죽어도 좋다는 말인가? 그리고 그렇게 되면 십중팔구 세계 3차 대전으로 이어질 텐데 그래도 좋다는 말인가? 미국의 편에 서서 숟가락 하나만 얹으면 쉽게 통일을 할 수 있을 거라 하는데 현실적으로 그것이 가능할 것 같은가? 그런 주장을 했던 보수 논객들은 반성하길 바란다. 그리고 역사는 정의니 도덕이니 하는 것과는 아무 관계가 없고 오직 힘의 논리에 의해서 결정되어왔을 뿐이니 언제나 강자의 편에 서서 순응하는 것이 살아남는 길이라고 주장을 하는데 과연 그럴까? 정의니 도덕이니 하는 것은 아무 쓸 데가 없고 무조건 강자의 편에 서야 한다는 논리대로라면, 일제강점기에도 일본의 편에 서는 것이 최선의 선택이라고 말하는 것과 같다. 한 국가나 한 민족이 계속 존속하려면 수많은 역경과 위험한 고비를 마주하게 되는데, 무조건 강자에게 붙는다는 그런 정신과 외교 수법으로 과연 그 많은 난관을 다 돌파해 나갈 수 있다고 보는가? 모든 국가는 스스로 강해져야 하며 승리는 정의正義에 바탕을 두고 굳건한 신념과 필승의 기백과 뛰어난 전략으로 쟁취해낼 수 있는 것이다. 세상에 영원한 천하무적은 없으며, 그 어떤 강국이나 천하장사도 다 약점은 있고 빈틈이 있는 것이다. 중·러를 중심으로 한 대륙 세력에게서 미·일이 중심이 된 해양세력이 그 패권을 빼앗아온 지가 백 년이 조금 넘었는데 미국의 지나친 패권 야욕이 머지않아 화를 자초하게 될 것이다. 언젠가 우리 통일 한국이 주도하는 대륙 세력이 미·일을 중심으로 한 해양 세력에게서 세계의 주도권을 빼앗아 오는 날이 반드시 올 것이란 말이다. 그러기 위해선 무조건 강자에게 빌붙어야 한다는 그런 비열하고 비겁한 생각을 버리고 영명하신 우리 조상님들께서 물려주신 충효사상과 삼강오륜을 근간으로 한 훌륭한 정신문화를 계승발전 시키면서 남북연방이 협력하여 힘을 기른 다음 통일법안을 제정하고 그에 따라 통일 대통령을 선출해서 옛 고조선시대와 고구려시대를 훨씬 능가하는 초강국이 되어 인류를 선도해 나가는 종주국이 되어야 할 것이다. 모두 반드시 그렇게 될 것임을 믿고 문재인 정부가 그러한 방향으로 나아갈 수 있도록 힘을 모아주시기 바라는 마음이다.

이 세상은 서로 다른 얼굴과 서로 다른 성품을 지닌 수많은 사람이 함께 어울려서 살아가고 있다. 같이 있기만 해도 기분이 좋아지고 헤어져도 그 좋은 느낌이 오래도록 남아있는 그런 사람이 있는가 하면, 다시는 마주하고 싶지 않은 사람도 있다. 너그럽고 따뜻하면서도 올곧고 강직하며 여유가 있고 예의를 아는 사람이거나 착하고 현명해서 긍정적인 삶의 자세를 갖고 밝은 에너지를 풍기며 소박하고 인간성이 풍부한 사람이 전자에 해당하고, 무례하고 경박하여 말조심을 하지 않고 상대방에게 불쾌감을 주면서 자신의 우월감을 드러내려고 하는 자들, 재승덕才勝德하거나 오만하여 남을 얕잡아보고 말투가 야비하고 둥글지 못해 상대방의 마음에 상처를 주며 자신의 무능과 잘못을 남의 탓으로 돌리면서 허구한 날 실의에 빠져 부모와 주변 사람들을 원망하고 미워하는 자들과 부당한 권력 앞에 아부하거나 황금만능주의에 빠져서 불의不義하고 파렴치한 처신을 하는 무리가 후자에 해당한다. 매우 진부한 얘기로 들리겠지만, 세상 사람들은 남을 평가할 때 주로 그 지위나 재력이나 학력이나 연봉이나 직업 등을 기준으로 삼아 평가

하며 또 그것이 불문율처럼 우리 사회에 암묵리에 통용되고 있어서 무슨 계급사회처럼 느껴질 정도인데 이는 크게 잘못된 현상이다. 예로부터 호방한 인물들은 자신의 행복이나 안락보다는 항상 부모님이나 가족을 먼저 생각하고 그를 위해 기꺼이 자신을 희생하는 데에 삶의 의미와 가치를 두며, 가슴속에 품은 뜻이 원대해서 오직 효孝와 충忠과 인의仁義를 중하게 알고 나라의 우환과 천하의 일을 걱정할 뿐 일신상의 부귀영화나 세속의 잣대를 하찮게 여긴다. 이와 같이 그 사고방식이 매우 파격적이고 심지心志가 군세고 바르기 때문에 구차하게 남의 도움을 받는 것을 원치 않으며, 그 어떤 난관도 헤쳐나갈 수 있다는 자신감으로 거친 광야로 나가서 풍찬노숙하는 것을 조금도 두렵게 생각지 않으며, 그 삶의 궤적 역시 평탄치 않아서 때로는 막노동을 하기도 하고 때로는 오두막집의 단칸방에서 기거할 때도 있다. 그러니 어리석은 무리가 날마다 그 얼굴을 마주한다 한들 어찌 그 사람됨을 알아볼 것이며, 또 어찌 그 가슴속에 품은 장대한 뜻을 헤아릴 수 있겠는가? 멀리 갈 것도 없이 이명박이나 박근혜, 그리고 그들을 추종했던 수많은 고위공직자만 보더라도 사회적 지위와 인격은 별개라는 사실을 우리는 금방 알 수가 있는 것이다. 그런데도 세상 사람들은 그들 앞에 서면 허리를 90°로 굽히면서 아부와 굴종을 서슴지 않는다. 『채근담』의 첫머리에 '서수도덕자 일시적막, 의아권세자 만고처량, 달인 관물외물 사신후신, 영수일시적막 무취만고처량'이라는 문구가 있다. 도덕에 근거해서 사는 사람은 일시적으로 적막하지만, 권세에 의지하고 아부하는 자는 만고에 처량하다. 달인은 사물 밖의 사물을 보고 몸 뒤의 몸을 생각하나니, 차라리 일시적인 적막을 택

할지언정 만고의 처량함을 취하지는 말라는 뜻이다. 그들이 일찍이 이런 글을 정신을 차리고 한 번이라도 읽어봤다면 그처럼 어리석은 삶을 살지는 않았을 것이다. 또한 최근에 일고 있는 '미투 운동'으로 인해 드러난 각 분야에 걸친 사회 저명인사들의 행태를 봐도 우리 사회는 뭔가 잘못 돌아가고 있다는 사실을 알 수가 있다. 따라서 사람은 모름지기 배워야 하며(이는 현대적 의미의 배움을 말하는 것이 아님), 무엇보다도 올바른 가치관을 갖고 올바른 생각을 하면서 살아가는 것이 가장 중요한 것이다. 그럼에도 불구하고 왜 이처럼 잘못된 사람들과 잘못된 생각이 우리 사회에 만연해 있는가? 이는 세상에 큰 스승이 없어 올바른 교육관과 올바른 가치관이 확립되어 있지 못했기 때문이다. 그래서 필자가 이를 바로잡고자 이 책을 쓴 것이다. 사람이 사람의 도리道理를 확실하게 배우지 못하면 비록 옳고 그름을 조금 알고 있는 사람이라 하더라도 그 도덕적 박력이 확고하지 못해 금전 등의 유혹이나 힘 있는 자들의 협박, 또는 막대한 권력이 주어졌을 때 그 바른 마음이 쉽게 무너지는 것이며, 그 악惡(욕심)이 점점 자라나 마침내 돈 때문에 부모형제까지 죽이는 극악무도한 패륜을 저지르고 도저히 상상조차 할 수 없는 사악하고 파렴치한 범죄들을 저지르게 되는 것이다. 옛사람들은 의義를 위해서 목숨까지도 버렸는데 고작 몇 푼의 돈 때문에 양심을 버리고 악행을 일삼아서야 되겠는가? 이것이 모두 배우지 못한 소치所致이다.

그래서 옛 성현께서는 "사람이 배우지 못하면 마치 어두운 밤길을 가는 것과 같다."고 하셨으며 또 한서漢書에 이르길 "상자에 황금을 가득 채워두는 것이 자식에게 한 권의 경서經書를 가르치는 것만 못하다."고 했던 것이다. 이러한 동양의 옛 경서들은 지금도 변함이 없이 우리에게 많은 교훈을 주고 있지만 세상 사람들은 그 것을 너무 가볍게 보고 있다. 이는 세상을 바르게 지탱해주는 대경대법大經大法으로서 세상의 여러 가지 아름답고 감동적인 삶의 얘기들이나 감성에 호소해서 사람의 심성을 정화하는 뛰어난 시작詩作들이나 어린왕자나 주홍글씨 그리고 돈키호테나 장발장이나 죄와 벌 같은 불후의 명작들이 시사하는 여러 가치들보다도 훨씬 더 크고 중대한 근원적인 대법대도大法大道인 것이다. 따라서 사장死藏되어버린 이러한 대법대도大法大道를 다시 바로 세워서 그러한 모든 잘못된 생각을 바로잡지 않으면 앞으로 세상은 점점 더 어지러워질 것이다. 일찍이 맹자 님께서 우리 인간 심성의 양면성을 본성本性(인, 의, 예, 지의 작은 싹인 4단)과 본능本能(식욕, 색욕, 물욕, 명예욕, 지배욕 등)으로 나누시고 본성인 4단을 가꾸고 키우면 대인大人이 되고 선善이 되며, 본능만을 따르면 소인小人이 되고 악惡이 된다고 말씀하시면서 본성으로써 본능을 자제하여 해서는 안 될 일을 하지 않는 부동심不動心을 길러야한다고 가르치셨다.

그리고 사람의 심성 속에 본래부터 내재된 이 4단을 근거로 들어 저 유명한 성선설性善說을 주장하신 다음 "누구나 타고난 이 4단을 끝없이 확충시켜 나가면 성인聖人이 될 수 있다."고 말씀하시면서 도덕적 완성의 길로 갈 수 있는 인간 본연의 능력에 대한 믿음을 주신 것이다. 여기서 본성本性이라 함은 우리가 흔히 말하는 양심의 근원이 되는 마음이다. 인류역사상 인간 심성의 본질에 대해서 이보다 더 명쾌하고 바람직한 해답을 준 사람은 없었다. 모든 인류가 이와 같은 맹자 님의 가르침을 공부하여 그것을 가슴 깊이 새기고 근신한다면 이 세상이 얼마나 깨끗하고 아름답게 돌아가겠는가? 우리 민족은 세상에서 가장 위대한 민족이다. 그리고 우리의 조상님들 역시 영명하고 위대하신 분들이었으며 충효정신과 삼강오륜을 근간으로 하는 우리 민족의 윤리도덕과 문화유산 역시 이 세상에서 가장 위대한 것임을 알아야 한다. 우리는 그에 대한 자존감과 자부심을 갖고 그것을 계속 계승, 발전시켜 나가야 할 것이다. 6·25 발발 3일 후인 1950년 6월 28일부터 지금까지 근 70년 동안이나 세계 최강인 미국이 바닷길을 막고 수출입 루트를 막으면서 동맹국들까지 동원하여 북한에게 경제적 제재를 가해왔으나 북한은 아직도 무너지지 않고 저토록 당당하게 버티고 있으며(만약 그런 일이 없었으면 북한도 진즉 경제대국이 되었을 것이다), 우리 남한 역시 해방 후부터 지금까지 힘 있는 자들이 끊임없이 뭉텅이 돈을 빼먹으면서 사욕을 채우고 부정부패를 계속해왔음에도 세계 10위권에 육박하는 경제대국으로 우뚝 서 있다. 세상에 이보다 더 불가사의한 일이 또 어디에 있겠는가? 이는 우리 민족이 그만큼 우수한 민족으로서 전 인류를 영도에 나갈 수 있는 선택된 민족임을 증명해주는 것이다.

우리 남과 북은 그 어떤 경우에도 다른 나라에게 휘둘리거나 이용당해서 서로 불신하고 등을 돌리는 우를 범하지 말고 서로를 믿고 의지하고 협력하면서 힘을 키워나가야만 이 아름다운 금수강산을 우리 후손들에게 물려줄 수 있다는 사실을 명심해야 한다. 그래서 한반도를 둘러싸고 있는 세계 4대 강국인 미국과 중국과 러시아와 일본을 제압할 수 있을 때까지 미·일과 중·러의 중간에 서서 힘을 길러 나가야 한다는 것을 강조하면서 길고 긴 머리말을 마감하는 바이다.

2018. 3. 20.
천강 문도연

권두에 앞의 머리말

    살다 보니 이런 날도 오는가 보다. 최순실의 국정농단으로 곪은 것이 터져서 촛불혁명을 통해 드디어 정권이 바뀌고 현명하고 충직한 분이 대통령으로 선출되어 국정운영을 잘해나가고 있는 모습을 보니 정말 좋다. 필자는 이제 직접 정치판에 뛰어들어 세상을 바꾸어 보겠다는 생각은 접었으나 여전히 걱정되는 부분이 있어 안타까운 마음에 이 책을 통해 국정의 방향에 대해 도움을 주고자 한다. 옛날엔 국사國師나 왕사王師가 있어 나라에 위급한 일이 닥치거나 중대한 정치적 결단을 내릴 때 조언을 주곤 했는데 지금 우리나라에는 그런 사람이 없는 것 같다. 필자 역시 그런 정도의 경륜과 식견에는 턱없이 부족한 사람이지만, 세상을 걱정하고 나라와 국민을 사랑하는 마음만큼은 역사 속의 그들에게 결코 뒤지지 않기 때문에 이 책을 내놓는 바이니 우선 대통령을 비롯한 위정자들이 시간을 내어 반드시 처음부터 끝까지 정독해보시길 바란다. 아울러 많은 사람이 서로 권하여 이 책을 구입하여 곁에 두고 읽으며, 정부 차원에서도 학생들과 군인들, 그리고 직장인들과 공무원들을 중심으로 전 국민이 이 책을 구입하여 읽도록 유도한다면 국론을 통일하고 나라의 기강을 바로 세우고 국기를 튼튼히 하여 장차 세계 모든 나라의 모범이 되는 올바르고 부강한 나라가 되어 명실상부한 지구촌의 종주국이 될 수 있으리라 믿는다.

옛 성현께서 말씀하시길 치국治国의 양대 기둥은 무농務農과 흥학興學이라고 했다. 무농務農이라함은 국가의 경제적 안정으로 온 국민이 걱정 없이 잘사는 것을 말함이요, 흥학興學이라함은 학문(정법대도)을 진작시켜 왕 이하 모든 대신은 물론이고 모든 백성까지 사람의 도리道理를 지키면서 바르게 살아가도록 만드는 것을 말함이다. 이렇게 되면 나라의 모든 것이 제대로 돌아가게 되어 부강한 나라가 되는 것이다. 지금 우리가 당면하고 있는 가장 어렵고도 중대한 국정 현안이 바로 사드배치 문제와 북핵 문제, 그리고 남북관계와 대미, 대중, 대러, 대일관계를 어떤 방향으로 풀어가느냐다. 사람들의 생각은 모두 제각각이지만 그 올바른 해법을 제시하는 사람은 없는 듯하다. 남북관계는 당사자인 남한과 북한이 진심으로 마음을 열고 대화로써 풀어나가는 것이 정답이다. 불세출의 요물인 이명박이 잘 진행되고 있던 남북관계를 망친 후(열 번 죽어 마땅한 대역죄) 박근혜 정부 역시 너무나도 어리석고 파렴치하게 처신하여 남북관계가 냉각되어 있는 상황이라 다시 관계를 복원하고 신뢰를 회복하여 남북관계를 증진시켜 나가는 것이 쉽지 않게 되어 버렸다. 하지만 길은 있다. 사드배치는 백해무익한 것이다. 북한은 우리가 그들을 사지死地로 몰아붙이지 않는 한 결코 우리를 먼저 공격하지는 않을 것이며, 남한의 사드배치는 미·일 본토와 괌과 오키나와에 있는 미군기지의 방어와 북한과 중국에 대한 감시정찰이 목적이지 북한의 남한 공격에는 전혀 실효성이 없으며 엄청난 화근의 씨앗(전쟁의 씨앗)이고 민족의 영구분단이라는 무서운 족쇄인 것이다. 그리고 이것은 의심할 여지 없이 전쟁을 위한 준비이며, 중국의 입장에서 보면 자신들의 동태를 낱낱이 감시하는 사드배치 그 자체가 이미 치명적인 공격과 같기 때문에 당연히 결사적으로 반대할 수밖에 없는 것이다. 다시 말해서 미·일의 공격이 있을 때 자위수단인 중국의 미사일이 한국에 배치한 사드 때문에 무력화되어 전쟁 시 미·일이 월등하게 우세한 지위를 점하게 된다는 뜻이다. 그래서 남한의 사드는 북한과 중·러에 있어선 눈엣가시와 같은 것이며, 제1의 공격목표가 되는 것이다. 또 북한이 핵무기를 계속 개발하는 것은 자신들의 체제 유지와 생존을 위한 유일한 수단이기 때문이지 남한을 공격하고 세계평화를 망가뜨리고자 함이 아니다. 그런데도 미국은 온갖 수단을 동원해서 북한을 못살게 괴롭히고 있으며 그로 인해 북한 주민들이 당하는 고통은 이루 다 말할 수 없다. 미·일은 서로 작당하여 우리를 자기들의 발밑에 두고 마음대로 조종하려고 하는데 북한에 핵이 있으면 그렇게 할 수가 없기 때문에 이처럼 발광을 하는 것이다. 미·일은 서로 야합하여 그 관계가 매우 긴밀하고 돈독하지만, 우리 남한은 그들이 봤을 때 쓰고 버릴 비닐우산과 같아서 우리가 죽든지 살든지 사실 큰 관심이 없는 존재이며, 한반도를 전쟁터로 생각하고 우리 남한을 찬밥이나 쉰밥 덩어리 정도로 여긴다는 것을 자각하고 하루빨리 정신을 차려야 한다. 북한이 핵을 포기하고 동결폐기 한다면 우리 한반도에 평화가 보장된다고 보는가? 만약 그렇게 생각한다면 그보다 더 어리석은 판단은 없는 것이다. 우리(남한과 북한)에게 핵이 없으면 우리 한반도는 머지않아 미·일에게 먹힐 것이며, 그렇지 않다고 해도 계속 주변 4대 강국의 종노릇을 면치 못할 것이다. 따라서 일단 핵을 보유한 후에 협상을 해야 한다. 그리고 그것을 6자회담을 통해 보장받아야 한다. 과거에 미국은 자신들의 국익을 위해 말도 되지 않는 황당한 이유를 들어 월남과 이라크를 침공했다. 또 해방 후 우리 한반도를 반쪽으로 동강 내서 신탁통치를 해야 한다고 가장 강하게 주장했던 나라가 바로 미국이었는데, 그 이유는 아시아에 교두보를 마련하여 영향력을 행사하겠다는 야욕 때문이었다. 그런데도 그동안 우리는 우리 민족의 허리를 두 동강 낸 장본인인 미국에게 고마운 우방이니 은혜가 어쩌니 아부를 하면서 역사상 가장 비굴한 자세로 철저하게 그들의 수족 노릇을 해왔다. 그래서 이젠 미국이 기침만 해도 그 앞에 엎드리고 눈치를 보면서 혼비백산한다. 미·일이 봤을 때 우리 한반도는 반드시 자신들의 지배 아래에 두어야 하는 곳이기 때문에 그것이 여의치 않으면 그들은 무슨 핑계를 대서든 전쟁의 구실을 만들어 야욕을 채우려 할 것이다. 따라서 우리는 결사적으로 그것을 막아야 한다. 미국이 우리 남한에 사드를 배치하는 것은 그런 의미에서 일석삼조이지만, 반대로 우리가 입는 손해는 계산할 수 있는 것만 해도 앞으로 매년 수십조 원에 달할 것이며 계산할 수 없는 것까지 따지면 엄청날 것이다. 남의 민족을 서로 원수로 만들어서 통일을 방해하고 남의 국토를 사지死地(전쟁터)에 몰아넣고도 오히려 우리에게 매년 1조가 넘는 사드 관리비를 요구하고 있으니 이 얼마나 황당한 현실인가? 이는 그들이 우리를 얼마나 무시하고 하찮게 여기고 있는지를 여실히 보여주는 사례이다. 우리는 이런 식으로 그동안 계속해서 미국에게 엄청난 돈을 갖다 바쳤다. 우리 남한에 사드를 배치함으로 인해 미·일이 얻는 이득은 돈으로 환산할 수 없도록 막대하기 때문에 만약 그들이 정말로 우리 남한에 사드를 배치하려거든 매년 미국이 최하 20조 원, 일본 역시 10조 원씩을 그 대가로 우리에게 지불해야 이치에 합당한 처사다. 이는 계산이 가능한 정당한 요구이며, 그렇게 할 수 없다면 우리에겐 필요 없는 무기이니 당장 가져가 버리도록 조치해야 한다. 이제 용기를 내서 단호하게 미국의 그늘에서 벗어날 때가 되었다고 본다. 사람들이 생각하기를 "만약 그렇게 해서 한·미동맹이 와해되고 미국의 미움을 받게 되면(사실은 미움을 받을 일도 아닌 정당한 요구임) 북한은 무력침공을 해올 것이며 그렇지 않다고 해도 미국이 어떤 압력을 행사할지 모르는데 그때는 어떻게 할 것인가?" 하고 걱정들을 할 것이다. 그 양쪽의 고민을 다 해결할 수 있는 카드가 바로 우리와 중·러의 새로운 관계설정이다. 북한이 우리에게 적대감을 보이면서 불바다 운운하는 것은 그동안 이명박 정부와 박근혜 정보가 미·일의 앞잡이가 되어서 동족인 북한의 목을 조이는 등 너무나도 미운 짓을 많이 하고 파렴치한 짓들을 많이 해서 오만 정이 다 떨어졌기 때문이다. 그래서 이젠 남한 정치인들을 사람 취급을 하지 않는 것이다. 북한이 문재인 정부의 대화 제의에 응하지 않는 것은 아직도 우리가 철저하게 미국의 눈치를 보면서 그 지시에 따라 움직이고 있기 때문이다. 북한 사람들은 우리가 생각하는 것보다 훨씬 더 똑똑하며 올바른 사람들이다. 그렇기 때문에 우리가 자주적인 민족의식을 갖고 똑바로 처신하면 언제든 대화의 장으로 나설 것이라고 본다. 우리 민족이 온전히 살아남아 후손들에게 아름다운 이 금수강산을 제대로 물려주려면 남북이 서로 협력하는 길밖에 없다. 그렇게 하지 않고 서로를 불신하면서 등을 돌리고 따로 놀아 제3국에게 이용당하고 조종당하면 우리나라의 앞날은 암흑과 파멸뿐임을 명심해야 한다. 북한이 미사일을 발사하든 핵실험을 하든 나쁘게만 보지 말고 오히려 그러한 행위가 정당한 자위적 조치임을 인정해주어야 한다. 어차피 북한과 미국이 모든 것을 걸고 힘겨루기에 들어갔는데, 마무리 단계에 있는 북한의 앞길을 가로막고 서서 더 이상 미사일 발사나 핵실험을 하면 우리와는 끝인 줄 알라고 으름장을 놓는 것은 참으로 눈치도 없고 어리석은 짓이다. 마무리를 지어야 미국과 협상을 하든 무엇을 하든 할 것 아닌가? 타는 속도 몰라주고 동족으로부터 그런 말을 들었을 때 얼마나 야속하고 밉겠는가? 한입에 먹어 치우려는 미·일 앞에서 어찌 보면 북한의 완전한 핵 보유가 오히려 우리 한반도의 평화를 보장해준다고 볼 수도 있다. 왜 그것을 우리를 향해서 겨눌 것이라고 단정하면서 그토록 호들갑을 떠는가? 아무리 압박을 가해도 북한은 핵을 포기하지 않을 것이며, 압박을 통해서 일방적인 협상을 강행하려고 하면 반드시 재앙이 뒤따를 것이다. 우리는 절대 그 압박에 앞장서거나 동참해서는 안 되며 단호하게 북한과 함께 가겠다는 모습을 보여줌으로써 북한의 닫힌 마음을 열어야 한다. 제발 좁쌀처럼 굴지 말고 좀 대범하고 대인답게, 그리고 대국답게 처신했으면 좋겠다. 우리는 이번 사드배치를 계기로 단호하게 미국과 거리를 두고 반드시 중·러와 동맹 관계를 새롭게 맺어야 한다. 그렇게 해서 미국의 지배에서 벗어나게 되면 더 이상 미국의 간섭을 받지 않아도 되기 때문에 차근차근 북한의 공격 무기들에 대한 방어체계와 신형무기를 구입 또는 개발해 나가야 한다고 본다. 이 말은 평화협상을 한 후에도 독자적으로 우리 남한의 자주 국방력을 향상시켜 나가야 한다는 뜻이다. 여기서 꼭 알아두어야 할 것이 있는데, 그것은 만약 우리가 미·일의 힘을 빌려 통일 전쟁을 시도한다면 통일은커녕 대재앙이 찾아올 뿐이며 중·러의 세력을 몰아낸다 해도 우리에겐 1%의 지분도 없고 100% 미·일의 식민지가 된다는 사실이다. 그러니 행여라도 외세를 끌어들여 덕을 볼 거라는 생각은 꿈에도 하지 말고 경거망동을 해서는 안 될 것이다. 또 한 가지 말해두고 싶은 것이 있는데, 요즘 소통이니 협치니 하는 말들을 많이 하지만 그것은 최소한 동서와 흑백 정도는 분간할 줄 아는 사람들과 하는 것이지 아는 것이라곤 오직 사리사욕뿐인 자들과는 결코 같이할 수 없다는 사실을 알아야 한다는 것이다. 몸속의 암 덩어리는 제거해야 하고, 나락(벼) 속에 섞여 있는 피(잡초)는 뽑아내야만 한다. 그러지 않으면 나라에 커다란 혼란이 올 것이며, 문 대통령의 경호에도 신경을 써야 한다고 본다. 법 위에는 헌법이 있지만, 헌법 위엔 천명天命이 있으니 하늘의 뜻에 거역하는 자들은 마땅히 벌을 받아야 한다. 타일러서 교화하고 좋은 말로 설득해도 듣지 않은 자들과 못된 죄를 지은 자들에겐 그에 상응하는 벌을 내리고, 사람이 지켜야 할 정법대도政法大道를 제시하여 천하의 질서를 바로잡아야 한다. 그리고 국정을 농단하고 국기를 어지럽힌 무리는 철저하게 조사해서 그 죄의 경중에 따라 엄벌에 처해야 한다. 이제 이 모든 문제를 어떻게 풀어나가느냐는 문 대통령의 정치적 역량에 달려있다고 본다. 또 한 가지 세상 사람은 서로 생각의 차이를 존중해야 한다고들 말하는데, 전후좌우는 기준점이 어디냐에 따라서 달라지지만 나침반이 가리키고 있는 동서남북의 방향은 확실하게 정해져 있듯 사람이 지켜나가야 할 정법대도政法大道는 해와 달처럼 영원히 우리의 갈 길을 밝혀 주는 절대 가치인 것이다. 그러한 가치 기준이 흔들리면 아무리 서로가 생각의 차이를 존중해준다 해도 세상은 점점 더 어지러워져서 요지경 속이 되고 말 것이다. 그렇다면 과연 그 절대 가치는 구체적으로 무엇인가? 모두가 그것을 알고 또 실천하여 나가는 세상, 필자는 그런 세상이 오기를 바라면서 이 책을 쓴 것이다.

끝으로 이 복잡한 정국을 풀어나가는 방책을 요약하여 제시하고자 하니 문재인 정부는 참고로 하길 바란다. 첫 번째 방책은 북한에 밀사를 보내 김정은을 대화의 장으로 끌어내서 남북협상을 한다음 핵동결을 조건으로 북미협상을 하게 해서 남북연방이 함께 미국의 편에 서는 것이다. 그렇게 되면 미국의 북한에 대한 제재를 풀 수가 있고, 남한에 배치된 사드는 오히려 중·러의 남진을 막아주는 방패막이가 되는 것이다. 그리고 남북연방은 미·일과 중·러의 중간에 서서 힘을 키워나갈 수 있다. 두 번째 방책은 첫 번째 방책이 성사되지 않으면 중·러와 수교를 맺거나 물밑 접촉을 해서 남한에 배치된 사드를 모두 돌려보내겠다고 말하고 그들을 우리 편으로 만든 다음, 만약 미·일이 그런 우리에게 군사적 압박이나 경제적 제재를 가할 때 우리의 뒤를 받쳐주겠다는 약속을 받아낸 후미·일에게 사드배치는 허락하되 매년 미국은 20조 원, 그리고 일본은 10조 원씩 그 대가로 부담하게 하면서 그 이유를 설명한다. 이는 순전히 사드를 돌려보내기 위함이니 독하게 마음을 먹고 사드배치의 절차상 하자 등을 거론하며 끝까지 밀어붙일 것이며, 말을 듣지 않으면 실어다가 울산 부두에 갖다 놓는다. 그런 다음 북한의 핵 보유는 자신들의 체제와 생존을 지키기 위한 정당한 자위적 조치라고 생각하며, 북한은 우리 남한은 물론이고 그 어떤 나라에게도 건드리지 않는 한 먼저 핵공격을 하지 않을 것이라고 생각하기 때문에, 핵확산금지조약 운운하면서 여러 나라를 동원하여 북한에게 그토록 심한 경제적 압박을 가하여 목을 조이는 것은 부당한 처사이니 당장 그러한 조치들을 그만들 것을 촉구한다는 성명서를 발표한다. 미국이 여러 나라를 동원하여 북한을 압박하고 경제적 제재를 가하는 명분이 동맹국인 남한을 보호하기 위한 것이라고 떠드는 마당에 그 당사자인 우리가 이러한 성명을 발표하면 미국은 매우 당황할 것이다. 그 명분이 없어져 버리기 때문이다. 이런 모습이야말로 우리 민족의 위대한 기백을 만천하에 보여주고 바야흐로 통일 한국이 세계 최강의 나라로 부상하는 서막을 장식하는 아름답고 장엄한 모습이 아니겠는가? 그런 다음 각종 제재로 인해 힘들어하는 북한을 도와주어 숨통을 터줌으로써 형님으로서의 도량을 보여 김정은의 마음을 녹이고, 남북이 평화협정과 경제 공동개발과 상호군사동맹을 맺은 다음 북한 전역을 남한 수준으로 개발하는 과정에서 실업자를 단 한 명도 없게 하고 옛 고구려의 위상을 되찾기 위해 북한과 함께 통일 한국의 초석을 다져나가는 것이다.

이것이 이 천강 문도연이 구상하고 있는 현 정국의 해법이다. 채 삼백 년의 역사도 되지 않은 저질스런 미국인들이 오천 년의 유구한 역사를 가진 위대한 우리 민족에게 건방지게 이래라저래라, 이것은 하고 저것은 하지 마라 하면서 사사건건 간섭하고 지시하는 것을 더 이상 용납해선 안 된다. 이제 해법을 제시했으니 이 문제를 어떻게 풀어 가는지 조용히 지켜보려고 한다. 만약 잘 풀어 가면 이 책 세 권을 세상에 남겼으니 필자는 평범한 생활인으로 그냥 칩거하겠지만, 또다시 나라를 엉망진창으로 만들어 놓으면 다음 대선에 이 천강 문도연이 직접 정치판으로 뛰어들어 천하의 질서를 바로잡을 것이다. 어차피 한 번은 넘어야 할 산이기 때문에 미국이 수족 노릇을 거부하는 우리에게 가하는 여러 가지 압박에 대해선 놀라지 말고 지혜롭게 대처해나가길 바란다. 일단 남북연방의 확고한 동맹 체제를 보면 미국도 우리가 중·러로 기울지 못하도록 태도를 바꿔 압박과 제재를 풀지 않을 수 없을 것이다. 이처럼 남과 북이 함께 가면 사는 길이 열리고, 따로따로 놀면서 등을 돌리면 함께 망하게 될 것이란 것을 예고해두는 바이다.

우리 남한이 끝까지 계속 미·일의 편에 서서 동족인 북한의 목을 조이면 북한은 남한을 불바다로 만들 수도 있으며 모두가 함께 죽는 길을 택할지도 모른다. 이런 경우를 가리켜 스스로의 어리석음이 불러들이는 재앙이라고 하는 것이다. 세상에서 가장 무서운 적은 같이 죽자고 대드는 적이다. 이 세상에서 건드려선 안 되는 나라가 딱 하나 있는데 그것이 바로 북한이다.

2017. 8. 10.
천강 문도연

追記: 남한에 대한 미국의 전술핵 배치는 한반도의 평화에는 백해무익한 것이다. 왜냐하면 그것을 우리가 사 오는 것도 아니며, 우리에겐 그에 대한 관리권이나 사용권이 전혀 없기 때문이다. 또 만약 그것이 북한에 대한 선제타격으로 사용된다 해도, 미·일은 그 책임을 우리에게 전가할 것이며 모든 허물은 결국 우리 남북한이 뒤집어쓸 것이기 때문이다. 그리고 남과 북 사이에 한층 더 긴장이 고조될 것이다.

미국은 남한과 북한이 힘을 합치는 것을 원치 않을 것이다. 겉으론 그렇지 않은 듯 행동하겠지만 내심으론 어떻게 해서든 남·북 화해를 방해하려고 할 것이다. 그래서 핵무기를 고집하는 북한을 응징하려고 할 것이며, 그런 북한과 가까이하려는 우리 남한에게도 경제제재를 가하는 등 심술을 부릴 가능성이 높다. 그럴 경우 우리 남한은 북한과의 긴장을 완화하는 한편 중·러와 수교를 맺을 수밖에 없는데, 이때 명심할 것은 우리 남한에 배치한 미국의 사드를 반드시 모두 돌려보내야 한다는 것이다. 그래야 중·러를 우리 편으로 돌릴 수 있고 전쟁을 막아 우리 남한과 북한이 모두 살아

남을 수 있는 방책이 되기 때문이다.

우리 남한이 미·일과 중·러에 양다리를 걸치고 북한에게 손을 내밀지 않고 단독으로 우왕좌왕하는 것은 천애고아가 되어 멸망으로 가는 길이다. 죽느냐 사느냐의 기로에서 망설임이 있어서는 안 된다는 말이다. 남한에 사드가 배치되어 있으면 미·일은 중·러에 비해 전략적으로 월등한 우위를 점하게 되므로 그만큼 먼저 북폭을 감행할 가능성이 높아지며, 그에 대한 중·러의 개입을 망설이게 하여 한반도는 삽시간에 처참한 전쟁터로 변하고 우리는 패전국의 신세가 될 것이기 때문이다. 우리 남한에 사드를 배치한다는 것은 싫든 좋든 우리가 한·미·일 MD체계(미사일 방어체계) 안으로 들어간다는 것이고, 그것은 한·미·일 군사동맹을 의미하며 미국과 일본에게 군사적으로 종속된다는 의미이다. 그러나 이것은 믿을 만한 공정한 동맹 관계가 아니라 효과적인 한반도 관리를 위한 방편에 불과하기 때문에 미·일은 결코 우리의 의사를 존중해주지 않을 것이며 약속을 어기고 자신들의 국익과 패권을 위해서 남북을 이간시키고 결국엔 우리의 등을 떠밀어 동족상잔의 비극 속으로 내몰 것이며 그 선봉에 우리 군을 세울 것이다. 그리고 일본군이 미국의 허락하에 우리를 돕는다는 명분으로 한반도에 상륙할 것인데, 이것은 바로 MD체계에 따른 이른바 '한·미·일 공동지역 방위'라는 원칙 때문이다. 이것이 얼마나 무서운 일인지 잘 생각해보아야 한다. 우리는 어떻게 해서든 김정은의 마음을 녹여서 남북협상을 성사시켜야 하며, 중·러를 등 뒤에 세운 후 남과 북이 서로 의지하고 협력하는 관계를 구축하여 미·일과 중·러의 중간에 서서 힘을 길러 나가는 것만이 실길임을 다시 한번 강조해 두는 바이다.

새로운 길을 가는 데는 언제나 용기가 필요한 것이다. 모든 정치인과 국민은 의심하거나 두려워하지 말고 다 함께 뜻을 모아 반드시 이 길을 가야 한다.

진정한 유법천지有法天地를 향하여 상

참으로 어지러운 세상이다. 옛 성현께서 "사람이 배우지 않으면 말과 소에게 옷을 입혀놓은 것과 같다."고 말씀하셨는데 여기서 배움이란 현대적 의미의 대학원 과정이나 박사학위 같은 것이 아니다. 그것은 바로 우리 동양이 전통적인 윤리와 도덕을 배우는 것을 말함이다. 하지만 사람들은 그러한 옛 성현들의 가르침을 지난 시대의 낡은 유물로 생각하면서 헌신짝 취급을 하고 있다. 그래서 세상이 이처럼 시끄럽고 우리나라의 정치 상황도 이처럼 어지러운 것이다. 지난 20대 총선에서 야당의 분열에도 불구하고 새누리당이 제2당으로 밀려나고 여소야대가 된 것은 다행스러운 일이었다. 일단 새누리당의 잘못된 독주를 막고 3당이 서로 소통·협력하여 나라의 장래가 조금 밝아지리라 기대했는데 작금의 정치 상황은 갈수록 암울하기만 하다. 특히 남과 북은 서로 원수지간이 되어서 일촉즉발의 위기 상황에 처해 있고, 국가 총부채는 국민 1인당 1억 원에 육박해 있으며 가계부채만도 국민 1인당 2,400만 원을 넘어섰다. 나라 경제가 이 모양이 되고 가계부채가 이토록 불어난 것은 지난 8년간 서민들의 삶은 뒷전으로 밀어두고 재벌들 위주의 정치를 했기 때문이다. 그리고 모든 힘 있는 사람은 대체로 자기가 가진 힘의 크기에 비례해서 국가의 장래나 국민의 복리보다도 그저 사욕을 채우는 데 급급했다. 그래서 제대로 돌아가는 것이 별로 없는, 그야말로 총체적인 난국이 아닐 수 없다. 내년 말에 다시 대선이 닥쳐오는데 아무리 눈을 씻고 둘러봐도 난마처럼 헝클어진 이 난국을 바로 일으켜 세울 만한 식견과 경륜과 사명감을 갖춘 대통령 후보는 보이지 않는 것 같다. 필자는 일찍이 젊은 시절부터 세상 돌아가는 모습을 보면서 나름대로 밤을 새워가며 그에 대한 해결책에 대해 공부를 계속해 왔고, 또 세상에 한 번 나서볼까 생각도 했으며 그를 위해 책을 내볼까 하여 원고를 작성해 두기도 했으나 번번이 그 뜻을 접고 그냥 구석진 곳에서 평범한 생활을 하면서 조용히 칩거해왔다. 그것은 잘못 돌아가고 있는 이 복잡한 세상과 맞서 싸워서 그 뜻을 이룬다는 것이 얼마나 어렵고 벅찬 일인지를 잘 알고 있기 때문이다. 허나 그렇다고 해서 세상이 이처럼 어지럽고 나라의 장래가 이토록 암울하기만 한데 나의 품은 뜻을 그냥 가슴속에만 묻어둔 채로 무덤까지 그대로 가지고 갈 수는 없다는 생각을 하게 되었다. 이에 감히 이 책을 통해 치국治国의 법도와 사람의 도리道理와 국정国政의 방향을 밝히고 세상 사람들과 후손들에게 나의 남은 뜻을 전하고자 한다.

2012년 1월 25일 스위스 다보스에서 열린 세계경제포럼(다보스포럼)에서 전 세계가 이미 디스토피아로 치닫고 있다는 뼈아픈 진단이 나왔다. 그러나 그 어떤 지도자도 이런 악순환을 막지 못하고 있으며, 우리 대한민국 사회에 짙게 드리워진 디스토피아 먹구름은 다보스포럼에서 내린 진단보다 훨씬 넓고도 어두우며 심각하다고 할 수 있을 것이다. 디스토피아란 이상향인 유토피아와는 반대되는 개념으로 폭력과 각종 범죄, 부정과 비리, 실업난과 양극화, 황금만능주의, 교육 붕괴와 인간성 상실, 가치관 부재, 사회 불신, 리더십 실종, 늘어나는 우울증과 자살, 노인 학대, 묻지 마 살인 등이 총체적으로 확장되고 있음을 의미하는 것이다. 살인, 강도, 폭력 등 5대 범죄가 나날이 흉폭해져 가고, 친구들 따돌림과 폭력을 견디다 못한 학생들이 스스로 목숨을 끊었다는 소식이 들려올 정도로 교육 현장이 병들어 있다. 이득을 위해서라면 먹는 음식에 유독한 화학약품 섞는 것을 조금도 망설이지 않으며 살인까지 저지르는 어린이 성범죄 사건이 늘어가고 있다. 기본적인 인성과 시민 소양을 길러줘야 할 가정교육과 공교육은 제 기능을 못 한 지

오래다. 얼핏 보기에는 참으로 살기 좋은 세상처럼 보이지만 그 속을 들여다보면 기득권층이 철옹성처럼 약자들을 짓밟고 있으며, 좋은 사람들도 많긴 하지만 대체로 사회 전반에 걸쳐 모든 부분이 통째로 썩어가고 있으며, 온갖 기기묘묘한 신종 범죄들이 갈수록 사악해지면서 진화해가고 있다. 심지어는 돈 때문에 친부모와 친형제를 죽이는 패륜의 살인사건이 점점 늘어나고 있으니 과연 누가 있어 이 난세를 바로잡을 것인가? 만약 이대로 가다간 짐승만도 못한 놈들이 더욱 늘어가게 될 판이다. 이 책은 사실 필자가 2011년 12월경에 집필을 끝내서 2012년 1월에 출간하려고 했으나 형편상 그것이 여의치 못해 실행에 옮기지 못했었다. 그 후 난 지금까지 당시 92세였던 노모와 매일 한방에서 함께 기거하며 한 상에서 밥을 먹고 한 이불 속에서 자면서 손수 침식을 챙겨드리고 경로당에 오가시는 것을 모시고 보살펴드렸는데, 그를 통해 지금까지 노모의 건강을 유지하고 인생 최대의 보람과 행복을 누리는 한편, 시대의 흐름을 정화하고 세상을 바꾸기 위한 공부를 계속해왔다. 이제는 내가 세상에 나서야 할 때가 된 것 같고 그 무엇도 두렵지 않으며 죽어도 후회는 없을 것 같다. 나의 뜻은 변함이 없고 세상 또한 그때와 별로 변한 것이 없으며, 이 책 역시 그때와 마찬가지로 여전히 우리 인간 사회에 꼭 필요한 책이기 때문에 내용에 대한 큰 수정 없이(머리말을 포함해서) 오늘에 와서야 이 책을 뒤늦게나마 세상에 내놓게 된 것이다. 자, 그러면 지금부터 독자들께선 그때 과연 필자가 무슨 내용의 글을 써서 무슨 마음을 갖고 이 책을 세상에 내놓고 또 후세에 남기고자 했는지 그 뜻을 곰곰이 생각해 보시길 바란다.

진정한 유법천지有法天地를 향하여 상

이 책 속에 현재 우리나라의 역사적, 사회적, 정치적, 경제적인 여러 가지 문제점과 그 해결책이 있으며, 남북통일의 방향과 민족 재도약의 비전이 있고 사람으로서 걸어가야 할 바른길과 시대의 흐름을 정화하고 세상을 바꿀 수 있는 방책이 있다. 그리고 종교에 대한 비판도 있는데 그것은 매우 준엄해서 지금까지 동서양을 통틀어 역대 최강의 수준일 것이며, 감히 그 거대한 대상을 향하여 필자만큼 담대하게 정면 비판을—더구나 대권에 뜻을 둔 사람으로서—할 수 있을 만큼의 기백과 식견을 갖춘 사람은 인류 역사상 다시는 나오지 않을 것이라고 자부하는 바이다. 필자가 종교에 대해서 이처럼 과격하고 통렬하게 그 잘못됨을 꼬집는 이유는, 그들은 웬만한 비판에는 눈썹 하나 까딱하지 않을 만큼 맹신적이어서 그 잘못됨을 좀처럼 깨닫지 못하기 때문이며, 그들이 인류에게 끼치는 병폐와 해악이 너무나 커서 이제는 그 거짓된 허상을 무너뜨리고 우리 인류 사회에서 영원히 퇴출시킨 후 진정한 성인의 가르침을 배우고 실천해야 한다는 당위성이 절실하기 때문이다. 우리 조상들이 신봉했던 유교 사상은 결코 지난 시대의 낡은 유물이 아니고, 그 귀중한 알맹이를 다시 취하고 그 번거로운 껍데기들을 버린다면 우리 인류의 미래를 위해서 이보다 더 큰 가치 기준은 없다는 것을 우리 후손들은 분명히 알아야 할 것이다. 그중에서도 특히 제10장의 맹자 님 말씀들을 눈여겨보시길 바란다.

원을 그리기 위해선 컴퍼스가 가장 좋은 기준이 되듯 사람의 도리를 배우고 좋은 세상을 만들기 위해선 우리 동양의 고전들, 그중에서도 특히 『孟子』만한 책이 없음을 분명히 밝혀두고자 한다. 유교를 본래부터 별로 신통치 못한 것이라고 보는 사람이나, 전엔 필요했지만 지금 시대엔 무슨 큰 도움이 되겠느냐고 생각하는 사람은 자신들의 그러한 생각이 크게 잘못된 것임을 제발 깨닫길 바란다. 그것은 인류가 멸망하는 순간까지 우리 인간에게 있어 가장 소중한 가르침인 것이다. 우리 조상들이 그토록 신봉했던 유교 사상의 진수가 도대체 무엇인지 지금부터라도 관심을 갖고 이 책을 읽으면서 진지하게 생각해보시길 간절히 바라는 마음이다. 이 세 권의 책을 반복해서 읽으면 그 누구나 효자가 되고 참된 진리에 눈뜨게 되며, 인성이 반듯한 참인간이 될 것이니 비록 다섯 수레의 책을 읽은 사람이라 하더라도 어찌 이에 미칠 수 있겠는가? 자손에게 천만금을 물려주는 것보다 이 책 세 권을 사다가 읽게 하는 것이 훨씬 더 큰 선물이 될 것이다. 그리고 시대의 흐름을 정화하고 세상을 바꿀 수 있다는 희망도 갖게 될 것이다. 사회 정의가 실현되고, 정부가 나라 살림을 똑바로 하여 예산을 아껴 정의로운 선진 복지정책을 잘 시행하면 국민의 삶은 몰라보게 향상될 뿐만 아니라 새로운 경제도약의 출발점이 되리란 것을 확신한다. 사람들은 복지 얘기를 하면 포퓰리즘이라고 하면서 예산이 어디서 나와 복지를 하냐고들 말한다. 하지만 사실은 그렇지 않다. 여기서 필자가 이에 대해 알기 쉽게 설명을 해보고자 한다. 우리나라는 비교적 예산 규모가 큰 경제 대국에 속한다. 개인으로 친다면 연봉이 1억 정도, 즉 월급이 800만 원 정도 되는 대기업의 중견 사원과 같다. 그런데 그 사람이 자꾸 여러 가지 의복과 신발을 구입하는 등 절실하지 않은 곳에 과소비를 하고 그 가족들도 그와 같이 한다면, 그 가정은 저축은커녕 매년 적자를 면치 못할 것이다. 나라 살림도 이와 마찬가지고 지방자치단체의 경우도 마찬가지인 것이다. 그래서 지방자치단체의 장이 현명하고 올바른 사람으로 바뀌면 막대한 빚이 있는 지방 정부도 임기 내에 그 빚을 다 갚고 오히려 남은 예산을 비축하는 경우를 볼 수 있는 것이다. 그리고 이명박 정부 때는 20조 원이 넘는 막대한 예산을 무리하게 떼어내어 4대강 사업에 퍼붓고, 자원 외교 등으로 다시 수십조 원의 예산을 낭비했음에도 남은 돈으로 나라 살림을 했던 것이다. 실제로 우리나라 중앙정부와 지방정부의 예산집행은 여러 면에서 잘못 쓰이고 있다. 그래서 그것을 바로 잡으면 엄청난 국가의 변화를 가져올 수 있는 것이다. 오랜 기간의 준비과정을 거쳐 이제 필자에겐 확고한 통치 철학과 우리나라를 어떻게 이끌어 갈 것인가에 대한 청사진이 분명하게 정립되어 있기 때문에 드디어 대권 도전의 뜻을 밝히며 이 책을 세상에 내놓으니, 이 책을 접하시는 모든 분께선 잘 읽으신 후 그 큰 뜻에 적극적으로 동참해주시기를 간절히 호소하는 바이다. 할 수 있다는 굳은 신념만 있으면 우리는 뭐든 할 수가 있는 것이다. 우리가 한마음으로 굳게 뭉치면 우리는 반드시 우리의 손으로 세계 모든 나라가 우러러보는 위대한 대한민국을 새롭게 건설할 수 있다는 것을 믿어 의심치 않는다. 정치는 결코 한 사람이 하는 것이 아니며 최고 통치자라고 해서 모든 것을 다 잘할 수 있는 것은 아니다. 머리가 해야 할 일과 몸통이 해야 할 일과 팔다리가 해야 할 일이 따로 있는 것이며, 세상을 바로 세우는 대업은 결코 세속적인 경력이나 학력이나 막대한 자금이나 인맥 등으로 할 수 있는 것이 아니다. 현실과 현상이 그것을 증명하고 있지 않은가? 깨끗하고 바른 마음과 전체를 보는 안목과 올바른 판단을 할 수 있는 것이 통치자의 가장 큰 덕목이라고 생각한다. 곧은 것을 들어 굽은 것 위에 놓으면 밑에 있던 것도 따라서 곧아지는 법이니, 위에서 높은 학덕과 경륜을 갖춘 최고지도자가 앞장서서 가야 할 방향과 방법을 제시하면서 잘 이끌면, 마치 바람에 풀들이 한 방향으로 나란히 눕듯 헝클어진 세상이 점차 바로 서게 되는 법이다. 눈을 씻고 둘러봐도 그럴만한 인물이 보이지 않기 때문에 필자가 감히 그러한 대임을 맡고자 하며, 그 첫걸음으로 우선 이 책을 세상에 내놓으니 뜻을 함께하는 분들의 뜨거운 관심과 지도편달과 격려가 있으시길 다시 한번 호소드리는 바이다.

2016년 10월 10일
천강 문도연

그야말로 혼돈의 시대다. 하지만 사람들은 뜯어고쳐서 바로잡아야 할 것들이 수없이 많은데도 이러한 세상을 그다지 심각하게 생각하고 있지 않은 듯하여, 또 이러한 혼돈의 시대를 제대로 진단하고 제대로 이끌어갈 만한 정신적 스승이나 정치적 지도자 역시 아무리 눈을 씻고 온 지구촌을 둘러보아도 보이지 않은 것 같다. 지금과 같이 복잡 미묘하고 혼란한 세상을 바로잡으려면 어떤 뛰어난 사상이나 정신이 우리 인류에게 새롭게 수혈되어야 한다. 그러지 않으면 사회적, 경제적 개혁이나 문화적·도덕적 향상은 결코 실현되지 못할 것이다. 오직 천인합일天人合一의 큰 덕을 갖춘 사람이어야만 하늘의 뜻을 받들어 불의한 무리를 누르고 교화하여 민중의 눈물을 닦아주고 진정한 법도가 살아있는, 다 함께 잘사는 좋은 세상을 만들 수 있는 것이다. 이는 바로 옛날로 치면 순임금과 주무왕周武王을 합해놓은 것 같은 인물을 말함인데 유柔와 강剛을 겸비한 덕德이 높은 인물이어야 한다는 말이다. 그리고 옛것과 지금의 양쪽 모두에 통달해있는 인물이어야 할 것이다. 그런 인물이야말로 이 시대를 선도하고 개혁할 수 있는 가장 적합한 인물인 것이다. 그리고 그 길엔 일체의 어리석은 고정관념이 타파되고 오직 진리와 진실만이 존재하게 될 것이다. 이 책은 대체로 직설적인 표현이 많다. 그런데 직설과 막말은 근본적으로 다른 것임을 알아야 한다. 직설은 곧고 바른말을 거침없이 내뿜어 진리眞理를 밝히고 역사를 바로 세우며 사람의 가슴을 시원하고 통쾌하게 해주는 것이고, 막말은 되지도 않는 말을 함부로 내뱉어 사람들의 마음을 불쾌하게 만드는 것이다.

심상치 않은 먹구름이 우리 한반도 주변을 감싸고 있다. "민중이 아프기 때문에 나도 아프다."라는 말이 있다. 더 이상은 도저히 두고 볼 수가 없어 대권에 뜻을 두고 이렇게 붓을 들어 저작을 통해 처음으로 세상에 내 모습을 드러내고자 한다. 하지만 한 나라를 잘 다스려 보겠다는 이러한 큰 뜻도 이 책을 내가 후세에 남기려는 더욱 큰 뜻에 비한다면 10분의 1 정도밖에 되지 않는다고 말할 수 있겠다. 나의 글이 세상에 나가면 아마 사해四海가 진동하고 온 천하가 출렁거릴 것이며, 그 여진이 수천 년 동안 이어질 것이다. 호랑이 없는 굴에 여우가 호랑이 노릇을 한다고 세상에 성인이 안 계시고 성인의 정법대도正法大道가 희미해지니까 교황이니 달라이 라마니 문선명이니 심지어는 일본의 이케다 같은 인물들까지 나서서 그럴듯한 교설을 늘어놓으며 스승임을 자처하나 이는 어리석은 무리를 부추겨 세상에 어지러움만 더할 뿐이다. 그래서 인륜人倫이 바로 서지 못 한 채 이 세상은 점점 더 요지경 속으로 빠져들고 있으니, 어찌 이를 바로 잡아줄 북극성과 같은 큰 스승이 없어서야 되겠는가. 필자는 일찍이 스무 살이 되자 그러한 큰 뜻을 세우고 천지신명 앞에 예를 올린 후 왼쪽 팔뚝에 손수 '天下統治'란 글자를 써서 새긴 바 있다. 그래서 일반 사람이 추구하는 모든 것에 초연한 자세로 오직 큰 뜻과 어려운 처지에 처한 부모님을 섬기는 두 가지 일만을 염두에 두고 살아왔는데, 도도하게 흐르는 시대의 탁류를 어찌할 방도를 찾지 못하고 좌절의 늪에 빠져 한동안은 방황을 하며 지낸 적도 있었다. 하지만 그 후 또다시 인류가 남긴 모든 종교, 철학, 주의, 사상과 동서양 역사적 인물들의 진면목과 세계사의 흐름 등을 공부하여 그 허와 실과 크고 작음과 깊고 얕음을 비교 분석하여 융회관통한 후, 이제야 크게 눈을 뜨고 답을 찾아 이렇게 세상에 모습을 드러내고자 한 것이다. 이는 마치 태산 위에서 천하를 내려다보듯 세상이 환히 보였기 때문이다. 비록 예수나 석가라 할지라도 결코 젊은 나이에 진리의 원천에 도달하고 원숙한 인품에 이르기는 힘들다는 사실을 나는 확신한다. 반만년의 긴 역사를 가진 우리 한민족韓民族도 근세에 들어 한층 더 혼탁해진 세상 조류에 휩쓸려 영명한 지도자를 만나지 못하고 민족정기를 상실한 채 혼란에 혼란을 거듭하다가, 이번에는 또 도무지 그 속내를 이해하기 어려운, 괴이한 인물이 나라의 최고 통치자가 되어 그 주변의 한 줌도 안 되는 무리와 함께 국정을 함부로 농단하여 그렇지 않아도 힘들어하는 민초들을 더욱 도탄에 빠뜨리고 동족불화와 동족상잔의 불행을 자초하려 하고 있으며, 역사를 왜곡하고 후손에게 물려줄 금수강산을 다 파헤쳐 대재앙을 자초하면서 돈 잔치를 하고 있으나 이들 세력과 맞서서 싸워 이길 수 있는 사람이 아무도 없는 것 같다. 난 이미 각오를 단단히 했기 때문에 하고 싶은 말은 다 할 것이며, 그로 인해 수많은 적을 만들고 어려운 처지에 빠진다 해도 개의치 않으려 한다. 앞으로 셀 수 없이 많은 어리석은 무리가 다양한 방법으로 나에게 공격을 가해올 것이다. 아마도 인류 역사상 가장 많은 적을 둔 사람이 될 것이 분명하다. 하지만 대장부가 한번 뜻을 정했으니 비록 칼산지옥을 간다 한들 그 무엇이 두렵겠는가? "비록 끓는 기름 가마솥에 던져진다 할지라도 바른 말을 하는 것이 바로 충忠이다."라고 옛사람께서 말씀하셨다. 정신이 올바른 사람이 오히려 바보 취급을 받는 세상이지만, 단 몇 사람만이라도 나의 이러한 진심을 알아주고 박수를 쳐주는 사람이 있다면 그것으로 위안을 삼고자 한다.

진정한 유법천지有法天地를 향하여 상

문화는 한 국가의 정체성이고 역사이며 영혼이다. 그리고 어린이는 국가의 꿈나무요 청소년은 국가의 희망이고 미래인 것이다. 오늘날 자정 능력을 상실한 각종 대중매체의 지나친 상업주의로 인하여 이 땅의 청소년 문화와 대학가 문화는 우리 고유의 전통문화를 제대로 습득하지 못한 채 서구문화 종속주의로 전락하고 말았다. 그래서 초등학교 시절엔 그토록 순진하고 해맑은 이 땅의 아들 딸들이 나이가 더해질수록 변질되어 중심을 잃고 방황하는 세태가 너무도 안타깝다. 그리고 대학과 대학원을 나와도 마땅한 일자리를 찾지 못하고 힘들어하는 모습들이 너무도 가슴 아프다. 이 모든 것이 그들을 그런 식으로 몰아가는 우리 기성세대의 책임이다. 그러기에 더욱 이 땅의 뜻있는 젊은이들에게 이 책의 일독을 권하고 싶은 것이다. 이 책은 당면한 우리나라의 역사적, 정치적, 사회적, 경제적인 문제점과 해결책을 제시했을 뿐만 아니라 사람으로서 걸어가야 할 바른길을 밝히고, 진정한 유법천지有法天地를 만드는데 필요한 여러 가지 문제들을 여러 장으로 나누어 알기 쉽게 정리했다. 얼핏 보면 서로 무관해 보이지만 실은 이 모든 내용이 다 우리가 반드시 알아야 하고 또 '진정한 유법천지'를 만드는 데 꼭 필요한 내용이니, 후세에 세상을 바르게 경영하고자 하는 사람들에게는 더 없는 좋은 지침서가 될 것이다. 특히 우리나라의 시급한 현안인 학벌 위주로 인한 사교육 문제, 빈부 격차, 남북문제, 정치체제와 복지 문제 등에 대한 해법에 대해서도 언급을 했지만, 그런 모든 문제를 해결하는 진짜 비책에 대해서는 함구했다. 나는 이 책을 통해 잘못된 역사에 대해 직격탄을 날리고 모든 사특한 것에게 철퇴를 내리며 모든 무지몽매한 자를 깨우려 한다. 그리고 조상들의 혼이 담긴 전통문화를 다시 한번 뒤돌아보면서 과연 만고불변의 진리는 무엇이고 참된 삶의 의미는 무엇인지 깊이 생각해 보고자 한다. 조상들과 민족문화에 대한 드높은 자부심과 자존감이 없이는, 또 그 유산을 계승·발전시키지 않고는 절대로 우리나라가 바로 설 수가 없으며, 세계 속에 우뚝 솟아 다른 나라들을 선도해 나갈 수 없기 때문이다. 사람은 인륜人倫이니 도덕道德이니 하는 말을 들으면 진부陳腐하다 하여 금방 고개를 돌리고 만다. 하지만 도덕이 땅에 떨어지면 또다시 그것들을 돌아보게 되는 것이다. "천하에 도道가 성盛하면 도둑들에게도 도道가 있고, 쇠衰하면 선비에게도 도道가 없어진다."는 옛말이 있다. 세상은 선과 악, 빈곤과 풍요가 함께 어우러져 놀라운 속도로 변하면서 어지럽게 돌아가고 있다. 모든 가치의 중심은 오직 돈이며 동서東西와 흑백黑白 조차도 분간하지 못하는 무리가 점점 늘어가고 있다. 우리가 꿈에 그리는 세상은 어디쯤 오고 있는지, 그러한 세상을 만드는 것은 진정 꿈으로만 끝나야 하는지 골똘히 생각해본다.

사람들은 흔히 말이나 글로는 누군들 성인의 흉내를 못 내고 위인의 흉내를 못 내느냐고 생각하기 쉽지만, 아무리 미사여구를 동원하고 만 권의 시서를 인용한다 해도 누구든 결코 자기 그릇의 한계 이상을 그 글 속에 담을 수는 없는 것이다. 그래서 똑같은 경서를 해석하고 똑같은 원서를 번역해도 그 사람의 주관적인 철학과 경륜과 성품 등 모든 것이 그 글 속에 녹아들어 살아 숨 쉬고 있기 때문에 그 내용의 느낌과 깊이가 달라지는 것이며, 또 그래서 글은 곧 그 사람을 나타낸다고 하는 것이다. 이 책은 전문분야의 학술논문도 아니고 문학작품도 아니기 때문에 당연히 창작일 수는 없다. 그래서 평소의 독서나 자료 등을 통해 여러 사람의 기고나 서적들의 문구나 내용들이 산발적으로 인용되었음을 미리 밝혀둔다. 본시 모든 철학이나 사상은 다른 사람들의 직간접적인 영향을 받아 탄생하는 것이다. 그런데 여기서 중요한 것은 정正과 사邪, 그리고 큰 것과 작은 것을 분별할 줄 아는 신중함과 바른 안목이 필요하다는 것이다. 오직 사람만이 사람을 알아보고 영웅만이 영웅을 알아보며 성인만이 성인을 알아보는 것이다. 그래서 용렬하고 우매한 소인배들은 전대의 용렬하고 우매한 인물에게 심취해서 그의 사상을 칭송하면서 따르고, 지혜롭고 덕 있는 사람들은 전대의 지혜롭고 덕 있는 사람을 흠모하면서 그의 사상을 따르고, 어리석은 무리는 전대의 요망하고 사특한 인물들의 요설에 현혹되어 그들을 스승으로 삼고 우상으로 삼아 평생을 요지부동으로 추종을 하게 되는 것이며, 진실로 성인의 자질을 가진 사람만이 진정한 성인이 누구인지를 알아보고 자신도 그와 같은 사람이 되기를 바라면서 평생을 공부하고 수련하는 것이다. 경제적 우위를 위한 상호경쟁이 치열하게 전개되고 있는 21세기를 맞이한 우리 인류에게 있어 과연 최고의 가치는 무엇인지, 또 어떻게 살아가야 할 것인지에 대해 우리 모두 다시 한번 깊이 생각해 보아야 할 것이다. 독자들께서 이 책을 끝까지 읽고 나면 반드시 느끼는 바가 있을 것이며, 반복해서 읽을수록 또 나이가 들고 정신연령이 높아질수록 그 읽는 느낌이 점점 달라질 것이다. 온고이지신溫故而知新이라 했으니 제아무리 뛰어난 인물이라 해도 옛것을 제대로 알지 못하면 나라와 민중을 바른길로 인도하기는커녕 그 자신마저도 마치 캄캄한 밤길을 걷는 것과 같아서 갈 길을 알지 못해 헤매게 되는 것이다. 이 책을 읽고 자기 것으로 만들면 세상에 둘도 없는 보배가 될 것이요, 읽지 않고 버려두면 한낱 종이 뭉치가 될 것이다. 통치하는 사람이 읽으면 밝은 지도자가 될 것이요, 가르치는 사람이 읽으면 스승의 자격을 갖출 것이며, 온 국민이 읽으면 도의道義와 민족정기民族正氣가 되살아나 국가의 기강이 바로 서고 그 올바른 기운이 세계만방에 퍼져서 후세에까지 인류에게 길이 전해질 것이다. 그래서 필자는 이 책이 성경과 팔만대장경을 초라하게 만드는 진정한 성학지

서聖學之書이며, 앞으로 오랫동안 감히 이 책과 비교할만한 책은 나오지 않을 것이라고 자부하는 것이다. 이 땅의 젊은이들이여! 이 말은 결코 허장성세가 아니니 깊이 새겨들을지어다. 이 책이 그대들에게 평생 흔들리지 않을 확고한 가치관을 심어줄 것이며 사람이 걸어가야 할 바른길을 제시해 줄 것이다. 그리고 나는 비록 죽어서 한 줌의 흙이 되어 사라질지라도 앞으로 이 땅에 태어날 수많은 젊은이가 내가 써서 남긴 이 책을 읽음으로써 사람의 도리를 알고 조상과 민족문화에 대한 드높은 자부심을 갖고 세계인을 주도할 수 있을 것이다. 끝으로 이 책 속에서 필자에게 혼이 난 사람은 (사자死者들 포함) 결코 사적인 감정이 있어서 그런 것이 아님을 넓은 마음으로 이해하고 너무 노여워하지 마시기 바라며, 아울러 자신이나 자신의 조상에게 잘못이 있었다면 대인답게 그것을 인정하고 또 반성하시길 바라마지않는 바이다. 미거未擧한 사람의 오만함이 도가 지나친 듯하여 쑥스러운 감이 없지 않다. 삼가 초야에 묻혀 조용히 지내시는 고인지사高人志士들의 아낌없는 지도편달과 온 세상 강호 준재들의 따끔한 채찍을 기다리면서 서문을 맺을까 한다.

2012년 1월 1일
천강 문도연

追記(추기): 천강天綱은 필자의 호號이며 도연道演이란 이름도 자字이자 필명筆名이다. 이는 어리석은 무리와의 번거로운 시비에 휘말리고 싶지가 않아서이다. 허나 필요에 따라, 또 적당한 시기를 택해 본명을 밝힐 것이다. 순임금은 논밭 가운데서 황제의 후계자로 선택되었고, 부열은 성벽 쌓는 일터에서 등용되었고, 손숙오는 바닷가에서 살다가 등용되었으며 백리해는 시장 바닥에서 등용되었고, 강태공은 백발이 성성할 때까지 주인을 만나지 못하고 낚시질로 세월을 보내다가 늘그막에야 등용되었지만, 그들 모두가 역사에 남을만한 커다란 업적들을 남기고 좋은 세상을 만들어 백성들을 살기 좋게 해주었다. 이처럼 하늘이 큰일을 맡기고자 할 때는 특별한 시련을 통해 단련을 시키는 법이니, 인간이란 혹독한 고난을 통해 가없이 겸손해지고 관대해지며 또한 끝없이 강해지고 커지며 더욱더 그 지혜가 깊어지고 태산북두와 같은 신념과 자존감이 형성되는 것이다. 그런 사람들의 공통점이 있으니 그것은 사욕이 없어 세속적인 부귀공명엔 초연하지만, 아무리 힘든 처지에 처하더라도 잘못된 세상을 바로잡겠다는 그 뜻만큼은 절대 잊지 않고 그 목적

진정한 유법천지有法天地를 향하여 상

을 위해 계속 자신을 단련하고 궁리하면서 노력한다는 것이다. 이처럼 인간의 성숙은 혹독한 삶의 체험과 평생 동안의 면학에 대한 열정으로 이룩되는 것이니, 소위 엘리트 그룹이라고 자부하는 꼬맹이들은 그 젖 냄새나는 입으로 감히 어른을 능멸하고 함부로 사물의 장단을 논하는 우를 범해선 안 될 것이다. 그리고 인간의 학문이나 사상은 하루아침에 그 개인의 두뇌 속에서 독단적으로 만들어져서 나올 수 없는 것이다. 전대의 여러 성왕聖王과 현인賢人들의 행적과 말씀이 공자라는 성인聖人에 의해『論語』라는 책을 통해 다시 태어남으로써 후세의 인류에게 더 큰 가르침을 남길 수 있었던 것이다. 나 역시 다른 사람들의 글이나 서적들의 내용을 인용했지만, 의미하는 바를 이미 통달하여 그 뜻을 더욱 또렷이 했다. 금옥 같은 문구가 수백 개라 한들 읽어도 느끼지 못한다면 무슨 소용이 있겠는가. 그래서 일찍이 맹자 님께서도 "아! 성인의 도道가 뚜렷이 남아있건만 이제 후세엔 들어도 알 자가 있을 것 같지 않구나!" 하고 탄식하셨다. 이 책은 특별한 책으로 그 저술 목적이 오직 '진정한 유법천지'를 만들고자 함에 있으니, 혹여 자신의 글이 이 책에 인용되었다고 생각하는 분들은 그 큰일에 동참하셨다고 생각하시고 크나큰 양해가 있으시길 앙망하는 바이다. 독자들께선 모든 선입견을 버리고 정신을 집중하여 반드시 이 책을 처음부터 끝까지 정독해 보시길 바란다. 고유한 우리 것을 알지 못한대서야 말이 되는가. 과연 우리 조상들이 그토록 오랜 세월 동안 가장 소중하게 생각했던 것이 도대체 무엇인지 이제 그 진수를 알게 될 것이다. 하지만 돼지에게 진주를 던져준들 어찌 그 가치를 알겠는가. 오직 사람이 된 자들에게만 최고의 보배가 될 것이니, 경박하고 재승

덕한 무리는 이 책을 여기저기 조금씩 보다가 던져버릴 것이나 충
후하고 지혜로운 이들은 끝까지 받들어 정독할 것이다.

뜻을 같이하는 사람끼리 서로를 찾고, 길을 같이하는 사람끼리 서로를 도와 학문을 닦고 대법大法을 세워 세상을 바로잡는다면 이 어찌 가슴 벅찬 일이 아니랴! 하늘이 나를 시켜 이 어지러운 세상을 바로잡고자 이 책을 쓰게 했으니 사람마다 구입해서 열심히 배우고 익혀 몸을 닦고, 모든 불의不義한 무리와 난신적자들을 타도·교화하며, 온갖 부조리와 비리를 척결하여 새 세상을 만드는 데 적극 동참함이 또한 하늘의 뜻에 합당하지 않겠는가?

제 1 장

통치자의 정신 자세

　한 나라가 잘 다스려지고 잘못 다스려지는 것은 최고 통치자의 책임이 매우 크다. 그래서 통치자의 경륜과 정신 자세가 그만큼 중요한 것이다. 치국治国의 양대 기둥은 무농務農과 흥학興學이다. 즉 백성들의 경제적 삶의 안정과 온 국민이 모두 도덕적이 되도록 배움을 일으키는 것이다. 그리고 정치의 요점은 청렴함과 공평함과 신중함과 근면함이며, 백성을 대하는 도리道理는 내 몸을 바르게 함으로써 대상을 바로잡는 것이다.

　청렴함이란 공직에 재직 중 일체의 부정한 돈을 탐하지 않을 뿐만 아니라 평소의 삶과 생활방식에 있어서도 안빈낙도의 정신이 몸에 배어있어야 한다는 뜻이다. 따라서 부정한 돈을 보기를 돌같이 하는 정도가 아니라 마치 똥을 보듯이 멀리해야 한다. 실제로 필자는 TV에서 어쩌다 부동산이나 주식 동향에 대해 아는 채 열변을 토하는 자들의 모습이 나오면 그 즉시 채널을 다른 곳으로 돌려버린다. 그런 것을 보고 있으면 너무 가소롭고 왜 하필이면 저런 공부를 해서 그런 세계 속에 깊이 빠져있을까 측은한 생각이 들었다. 과욕을 부리는 무리는 오히려 그 끝이 좋지 않은 법이다. 청소년 시절 시골에서 부모님과 함께 살 때 재래식 변소에서 똥을 푸곤 했는데 그때마다 똥물이 튀어 손이나 옷에 묻기 십상이었지만 그다지 더럽게 느껴지지는 않았다. 말하자면 지나치게 축재에 집착하는 모습들이 똥물보다도 싫다는 말이다. 이것은 생존을 위해서 열심히 일하는 보통 사람들을 말하는 것이 아니다. 군자君子가 책을 좋아함은 마치 소인배들이 돈만을 밝힘과 같고, 소인배들이 역사나 인륜이나 도덕에 관한 대화를 싫어함은 마치 군자가 부정한 돈을 싫어함과 같다.

호랑이나 늑대 같은 짐승들도 배가 부르면 사냥을 중단하고 자리에 누워 쉬거늘 어찌 만물의 영장인 인간으로서 다른 사람들의 생사존망에는 무관심하면서 자신들만의 탐욕을 그토록 그치지 못한단 말인가? 똥은 썩어서 퇴비가 되어 생산을 돕지만 돈을 밝혀서 남을 짓밟고 세상에 해악을 끼치는 자들은 짐승이나 똥 덩어리보다도 못한 자들임이 분명하다. 그런데도 세상 사람은 청빈한 군자는 쓰레기 보듯 경시하면서 하찮은 명예와 부만을 밝히는 쓰레기 같은 자들을 우러러보면서 자신들도 그렇게 되고자 발버둥을 치고 있으니 참으로 안타까운 일이 아닐 수 없다. 그래서 세상이 이토록 어지러운 것이다. 돈을 탐하면 모아놓은 돈이 아까워 행여나 가진 것을 잃을까 봐 의로운 길로 나가기가 쉽지 않다. 돈에 대해서 마음속으로부터 완전히 자유로울 때 비로소 물에 빠져도 젖지 않고 불에 들어가도 타지 않는 고매한 정신의 세계에 첫발을 내딛고 입문하게 되는 것이다. 무릇 위정자들은 '위국헌신 보국안민, 중의경리 여민동락' 해야 한다고 주장하셨던 맹자 님의 말씀을 가슴속 깊이 새기고 청렴한 마음가짐을 유지해야만 나라가 제대로 다스려지는 법이다. 다음으로 공평함이란 국가의 혜택이 어느 일부 계층에게만 편중되지 않고 고르게 베풀어져서 모든 국민이 생계의 어려움으로부터 해방되어 다 함께 잘 살 수 있게 됨을 말한다. 이것은 시혜가 아니고 헌법에 보장된 국민의 기본권이다. 왜 매 정권 때마다 정치 권력자는 막대한 돈을 챙기고 재벌들에게만 특혜를 주며, 국민의 혈세가 잘못 집행되고 낭비되는 것인가? 왜 비정규직 노동자들은 열악한 작업환경에서 부당한 대우를 받으면서 계속 착취를 당해야만 하는가? 왜 일용직 근로자들은 하루하루 불안하게 보내면서 삶의 질곡에서 벗어나지 못하는가? 왜 정부는 정당한 주장을 하는 노동자들의 목소리엔 귀를 막고 억압하면서 깡패들과 경찰들을 풀어 있는 자들만의 손을 들어주는가? 왜 대기업에 납품하는 중소기업들이나 하청업체들은 일방적으로 온갖 불이익을 당하면서 경쟁력을 키우지 못하고 발전할 수 있는 기틀을 상실한 채 쓰러지고 마는가? 왜 가난한 집의 자식들은 대입 경쟁에서 밀리고 취업 경쟁에서도 밀리며 출발지점도 달라서 가난이 대물림되는 것인가? 왜 재개발지역의 주민들은 삶의 터전을 잃고도 깡패들과 경찰들에 의해 생명까지 잃으며 그 남은 가족들은 왜 또 유죄판결을 받아야 하는가? 이것이 과연 공정사회란 말인가. 부의 분배와 효과적인 복지정책이 부재한 경제발전은 아무런 의미도 없는 것이다. 신중함이란 국가의 모든 크고 작은 정책들을 수립하여 실행함에 있어서는 신중하고 또 신중해야 한다는 말이다. 그래야 국가의 기강이 바로 서고 국민의 혈세가 낭비되지 않으며 나라의 경제가 튼튼하게 되고 국민의 행복도 보장되는 것이다.

자원외교나 4대강 사업과 같이 거대한 사업을 졸속으로 밀어붙

이는 것은 크게 잘못된 일이다. 다음으로 정치에 있어서의 근면함이란 무슨 뜻인가? 사회 구석구석에는 도움의 손길을 필요로 하는 곳이 너무 많다. 그리고 정부가 바로잡아주고 개선해야 할 사안들 역시 무수히 많다. 범죄의 온상이 되는 곳, 인권이 유린당하고 억압당하는 곳, 복지혜택의 사각지대, 부정과 비리의 온상이 되는 곳, 금융권의 부정 대출 문제, 학교폭력 등등 크고 작은 해야 할 일들과 신경 써야 할 일들이 산처럼 쌓여있다. 그래서 위정자들은 쉴 새 없이 그것들을 살펴보고 조사하여 바르게 조정하고 공정하게 처리해주어야 한다. 뿐만 아니라 사후에 뒷북치는 일을 반복하지 말고 모든 일을 미리 살펴서 예방하고 준비해야만 불의의 재난을 방지할 수 있고 나라가 제대로 다스려지는 것이다. 그리고 통치자는 항상 국민의 소리에 귀를 기울이고 윗사람으로서의 모범을 보여 관료들은 물론 온 국민이 본을 받도록 해야 한다. 정치政治란 바르지 않는 세상을 바르게 하는 것이며, 그러기 위해선 무엇보다도 최고 통치자가 먼저 바른 마음을 갖추어야 한다.

사서四書 중 『大學』과 『中庸』이 둘 다 그러한 내성외왕內聖外王의 덕을 갖추기 위한 제왕지학帝王之學인데 여기서 '外王'은 부수적인 것이요, 주主는 '內聖'에 있다. 즉 제왕帝王(최고 통치자)은 제왕이기 이전에 성인聖人의 자격을 갖추어야 하며, 이는 인도人道와 치도治道가 둘이 아니고 하나임을 뜻하는 것이다. 『中庸』에서 제왕帝王이 천하국가를 다스리는데 있어 아홉 가지 원칙을 제시하고 있는데 이를 중용구경中庸九經이라고 한다. 그 첫째가 수신修身이니 이는 학덕學德을 닦아 통치자의 자격을 갖추는 것이고, 그 둘째가 존현尊賢이니 이는 학덕을 갖춘 현자賢者를 존중한다는 말인데 현자란 오늘날의 이른바 참된 지식인을 말한다. 그들에겐 양심과 지혜와 우국충정의 정열이 있다. 통치자가 이러한 인물들을 존중함으로써 사람이 바른 가치관을 정립하게 되고 건전한 사회 기풍을 진작할 수 있는 것이다. 셋째는 친친親親인데 이는 친족을 친애해야 한다는 말이다. 즉 집안을 잘 다스려 만천하에 모범을 보이고, 친족과 측근들을 사랑하되 탈선하지 않도록 잘 이끌어나가야 한다는 뜻이다. 넷째는 경대신敬大臣인데 청렴하고 경륜이 있는 대신들을 존중한다는 말이다. 정치는 결코 혼자서 하는 것이 아니다. 여러 인재가 힘을 합해 큰 집단을 이루어 함께 나라를 다스려야 하는데 그중에서도 특히 소신이 있고 실력이 있는 각료들을 존중하고 그들의 의견을 수렴하여 통치자가 독단으로 국정을 처리하는 일이 없도록 주의하라는 말이다. 다섯째는 군신群臣을 체찰體察하는 것이다. 무슨 말인가 하면, 여러 신하를 진심으로 잘 대우해서 마음을 얻는 한편 모든 것을 잘 살펴서 기강을 바로잡아 모두가 한마음 한뜻으로 정사政事에 전념하도록 만드는 것이다. 여기서 '체찰'이라 함은 "자신을 상대방의 위치에다 두고 그 마음을 살펴서 헤아린다."는 뜻이다. 그 여섯째는 자서민子庶民인데 이는 통치자가 백성들을 자식처럼 여기고 사랑해야 한다는 말이다. 일곱째는 래백공來百工인데 현대적으로 해석하면 창의력을 가진 기술자들을 우대하고 우수한 경제인들을 존중하며 그들이 마음 놓고 활동할 수 있는 여건을 만들어준다는 말이다. 여덟째는 유원인柔遠人인데 이는 멀리 있는 사람들을 따뜻하게 잘 보살펴 주어야 한다는 말이다. 즉 멀리 있는 친척이나 친지들은 물론이고 해외동포들이나 우리나라를 찾는 외국인들, 또는 국내로 들어와서 살고 있는 모든 다민족 귀화인에게까지 바르고 친절한 태도로 잘해주고 살 수 있도록 도움을 주어야 한다는 말이다. 마지막으로 아홉째는 회제후懷諸侯인데 이는 여러 제후를 너그럽게 포용한다는 뜻이다. 옛날에 황제는 여러 제후국을 거느리고 있었는데 천하를 다스리는 황제가 여러 제후국의 왕들을 품에 안아 서로가 좋은 관계를 유지한다는 말이다. 현대적으로 해석하면 주변국들과 우호적인 외교정책을 펴서 고립되고 난관에 빠지지 않도록 주의하라는 뜻이 되겠다. 이상으로써 중용에 나오는 구경九經의 내용을 살펴보았는데, 그 아홉 가지 상도常道의 뿌리를 파고 들어가면 마침내 맹자 님께서 주장하신 인仁과 의義의 정신에 도달하게 되는 것이니 요컨대 정치는 인의仁義의 정신으로 해야 하며 그것을 가능하게 해주는 것은 바로 성誠(정성, 진심, 성실)인 것이다. 다음은 통치자의 정신 자세에 대해 퇴계 선생께서 옛 성현들의 저서나 글 등에서 가려 뽑아 성학십도聖學十圖를 만들어 나이 어린 선조에게 올릴 때의 상주문上奏文(첫머리에 아뢰는 글)을 살펴보도록 하겠다.

성학聖學이란 성인聖人이 되는 방법을 일러주는 학문이며 동시에 성왕聖王이 되는 방법을 일러주는 학문이니 정치에 뜻을 둔 자치고 어찌 이것을 공부하지 않을 수 있겠는가? 이 성학십도에 대해서는 하권의 11장에서 따로 설명하기로 하고 우선 상주문의 앞부분 문장 일부만을 간단히 소개해 볼까 한다.

　　도道는 너무 넓고 옛 성현들의 교훈은 너무 많으니 어디서부터 공부를 시작해야 할 것입니까? 성학聖學에는 큰 실마리가 있고 심법心法에는 지극한 요점이 있으니, 그것을 그림으로 그리고 설명을 붙여서 도道에 들어가는 문과 덕德을 쌓는 기초를 보여주는 것은 후현後賢들이 부득이 해야만 할 일인 것입니다. 임금의 마음은 모든 정사政事가 나오는 곳이 며, 모든 책임이 돌아가는 곳입니다. 그리고 수많은 욕심이 서로 공격하 고 모든 사특함이 번갈아 가며 그 마음을 손상시키려고 하니, 임금의 마 음이 단 한 순간이라도 게을러지고 방종해진다면 산이 무너지고 바다 가 넘치게 될 것인즉 누가 그것을 막을 수 있겠습니까? 옛날의 성왕聖王 과 명왕明王들은 이것을 걱정하여 항상 조심하고 삼가는 마음으로 하루 하루를 지내면서도 오히려 부족하게 생각하여 스승으로 삼는 관직을 세 우고 전후좌우에 간쟁諫諍(강경하게 잘못됨을 간함)의 직책을 두었으며, 눈 길이 닿는 곳이나 몸이 거처하는 곳에는 어느 곳이나 경계하는 말을 걸 어두지 않는 곳이 없었습니다. 이처럼 자기의 마음을 유지하고 몸을 단 속하는 것이 지극하였습니다. 그런 까닭에 덕이 날로 새로워지고 업業이 날로 넓어져 티끌만 한 과실조차 없게 되어 큰 이름을 남기게 되었던 것 입니다. 그러나 만약 자신을 다스리는 도구道具가 엄격하게 갖추어져 있 지 아니하면서도 스스로 성인인 채 오만 방종 한다면 결국은 무너져서 어지럽게 망하게 될 것이니 이는 조금도 이상한 일이 아닙니다.

이처럼 통치자의 근신함이 지극해야 하고 그 책임이 무거운 것 이다. 다음엔 '제왕학'이라고 불리는 『大學』에서 위정자라면 반드시 공부해야 할 삼강령三綱領과 팔조목八條目에 대해 간단히 설명해보 고자 한다. 삼강령이란 명명덕明明德(밝은 덕을 밝히는 것), 신민新民(백 성을 새롭게 하는 것), 지지선止至善(지극히 선한 경지에 그침)이며, 팔조 목은 격물格物, 치지致知, 성의誠意, 정심正心, 수신修身, 제가齊家, 치 국治国, 평천하平天下이다. 격물格物은 사물의 이치를 궁리하는 것이

진정한 유법천지有法天地를 향하여 상

며, 치지致知는 그를 통해 앎을 극진하게 하는 것이다. 성의誠意는 뜻을 진실하게 함을 말하며, 정심正心은 그를 통해 마음을 바르게 한다는 뜻이다. 수신修身은 자기 몸을 수련하여 닦는 것이고, 제가 齊家는 그를 바탕으로 집안을 가지런하게 하는 것이다. 치국治国은 나라를 다스리는 것이고, 평천하平天下는 세상을 평안하게 만드는 일이다. 이에 대해 공자께선 대학大學의 첫째 장에서 다음과 같은 글을 남기셨다.

대학의 도道는 밝은 덕을 밝혀서 백성을 새롭게 하여 함께 지극히 선한 경지에 그침(머무름)에 있다. 사물事物에는 근본과 말단이 있고 일에는 시작과 끝이 있으니 먼저 할 것과 나중에 해야 할 것을 안다면 도道에 가까운 것이다. 옛적에 밝은 덕을 천하에 밝히고자 하는 사람은 먼저 그 나라를 바르게 다스리고, 그 나라를 다스리고자 하는 사람은 먼저 그 집안을 가지런하게 하고, 자기 집안을 가지런하게 하고자 하는 사람은 먼저 자기 몸을 닦고, 자기 몸을 닦고자 하는 사람은 먼저 자기 마음을 바르게 하고, 자기 마음을 바르게 하고자 하는 사람은 먼저 자신의 뜻을 진실되게 하고, 그 뜻을 진실되게 하고자 하는 사람은 앎을 극진하게 하였으며, 앎을 극진하게 하는 방법은 사물의 이치를 궁리함에 있다. 사물의 이치를 궁리한 다음에 앎이 투철해지고, 앎이 투철해진 다음에 그 뜻이 진실하게 되고, 뜻이 진실하게 된 다음에 마음이 바르게 되고, 마음이 바르게 된 다음에 몸이 닦여지고, 몸이 닦여진 다음에 집안이 가지런해지고, 집안이 가지런해진 다음에 나라가 다스려지고, 나라가 다스려진 다음에 온 천하가 평안해진다. 천자天子(황제)로부터 서민에 이르기까지 모두 몸을 닦는 것을 근본으로 삼아야 하니 근본이 어지러운데 말단이 다스려지는 사람은 없으며, 두텁게 해야 할 데(일차적인 修身) 엷게 하면 엷게 해야 할 데에 두텁게 되는(제대로 잘되는) 일이 없다.

다시 설명하자면 밝은 덕(인륜 도덕과 착한 본성)을 천하에 밝혀서 백성을 새롭게 하고, 백성들과 더불어 불선不善의 경지로 빠지지 않도록 하는 것이 『大學』에서 가르치는 삼강령三綱領이며, 천하를 올바르게 다스리기 위한 순서가 바로 팔조목八條目이다. 여기서 처음의 격물과 치지는 지知(앎)에 해당하고, 다음의 성의, 정심, 수신은 뜻을 성실하게 하여 마음을 바르게 함으로써 자신을 수양함인데 이것은 실천이 포함되는 것이므로 행行에 해당한다. 명명덕明明德이란 지知와 행行을 일치시켜 밝은 덕을 세상에 밝힌다는 것이다. 8조목의 나머지 셋인 제가, 치국, 평천하는 성의, 정심, 수신한 행(실천)의 영역을 더욱 확대시켜 나가는 것을 의미하며, 이는 사회적 실천의 일로서 백성을 새롭게 한다는 의미라고 할 수 있다. 또한 명명덕을 본本이라 할 수 있고 신민을 말末로 볼 수 있으며, 명명덕을 체體(본체)로 삼고 신민을 용用(작용)으로 볼 수 있다. 그리고 지지선止至善에서 그칠지(止)자는 지극히 선한 경지에 머물러 거기서 한 발짝도 물러서지 않는다는 단호한 의지를 담고 있으며 그러한 경지를 고수해야 한다는 뜻이다. 즉 통치자가 학문을 하는 목적은 '지극히 선한 경지'가 어디인가를 알아서 '백성을 새롭게 하는 것'이라고 할 수 있다.

그런데 8조목의 가장 기본이 되는 격물格物과 치지致知에 대해서 잘 모르는 사람이 많은 것 같다. 모르니까 그것이 어떤 특별한 뜻이 있는 걸로 생각하는데 그냥 격물格物은 사물의 이치를 궁리한다는 낱말이고 치지致知는 그를 통해 참된 앎에 이르게 된다는 낱말일 뿐이다.

진리를 규명하고 앎을 투철하게 하는 데 있어 사물의 이치를 궁리窮理(깊이 생각함)하는 것보다 더 좋은 방법이 도 어디에 있겠는가? 격물과 치지를 합해도 한 낱말같이 사용이 가능하며 격물치지를 잘할 수 있는 방법에는 박학博學(널리 배움), 심문審問(살펴 묻는 것), 신사愼思(신중하게 생각하는 것), 명변明辨(밝게 분별하는 것)의 네 가지가 있는데 이것이 바로 『중용』에 명시되어 있는 사물의 이치를 깨닫는 네 가지 궁리지요窮理之要인 것이다. 그리고 이 격물과 치지는 어떠한 사물의 현상을 물리적인 관점에서 관찰하거나 분석하는 과학적인 탐구방식이 아니고 인문학적이고 정신 도덕적인 측면의 탐구를 의미하는 것이다. 이상으로 통치자의 정신 자세에 대한 글을 끝맺고자 한다. 이는 시대를 불문하고 정치에 뜻을 두고 세상을 바르게 경영하고자 하는 사람이라면 반드시 배우고 익혀야 하는 공부이니 그러한 큰 뜻을 품은 후인들에게는 이 책이 많은 참고가 될 것이다.

현재 우리나라는 역사적, 정치적, 사회적, 경제적으로 많은 문제점을 안고 있다. 정치적, 사회적, 경제적인 문제점은 따로 그 경계가 있는 것이 아니고 서로 맞물려 있기 때문에 개별적으로 따로 다루는 것은 적절치 않다고 본다. 역사적 문제점 역시 나머지 세 부문의 문제점과 전혀 무관한 것은 아니나 어느 정도는 개별적인 서술이 가능하기 때문에 먼저 이 부분만을 따로 떼어서 다룬 다음 나머지 세 부문은 함께 묶어서 얘기해 보려고 한다.

제2장

현대 한국의 역사적·정치적·사회적· 경제적인 문제점과 그 해법

1부

현대 한국의
역사적 문제점과 그 해법

　오늘의 역사는 결코 어제의 역사와 무관할 수 없기 때문에 지나간 역사를 정확하게 돌아봄으로써 많은 교훈과 유익함을 얻을 수 있고, 또 그를 통해 바람직한 오늘을 살아가고 밝은 내일의 역사를 창조할 수 있다고 본다. 그리고 역사는 춘추필법으로 조금이라도 보태거나 빼서는 안 되며, 역사적 인물들에 대해서도 정확하게 그 진면목을 살펴 알아야 한다. 그만큼 역사를 바로 안다는 것은 중요한 일이다. 그래서 함부로 역사를 왜곡하여 미화하거나 비하하거나 호도하는 행위는 크나큰 잘못이기 때문에 그에 대해서는 엄히 다스려야 한다.

　필자는 우리나라의 역사적 문제점을 일곱 가지 정도로 요약해 보고자 한다. 그 첫째가 거의 온 국민이 일제가 만들어놓은 식민사관의 그림자에서 벗어나지 못해 조상과 민족문화에 대한 자부심은커녕 그에 대해 매우 좋지 않은 선입견에 젖어있다는 것이다. 그래서 유교 사상을 매우 싫어하고 조선시대의 사대부들과 양반들을 부패와 무능과 위선의 대명사로 오인하고 있으며, 후손에게 길을 물려주어야 할 전통문화를 헌신짝 취급을 하고 있다는 것이다. 우리의 민족문화는 항상 하늘의 뜻을 살피고 하늘을 경배하는 고대로부터 그 맥을 이어온 상제문화와 공·맹의 유교 문화가 합쳐진 인류 역사상 가장 위대한 문화다. 그리고 일찍이 단군성조로부터 인간을 널리 이롭게 한다는 홍익인간弘益人間의 사상을 신봉하여 평화를 사랑하는 민족이며 동방예의지국으로 이름 높은 나라이다. 그런데 원수의 무리에게서 잘못된 세뇌 교육을 받아 그러한 위대한 선조들의 정신문화를 그토록 멸시하고 있으니 참으로 통탄할 일이다. 배운 사람이건 배우지 못한 사람이건 우리나라 사람들 대부분이 이러한 잘못된 식민사관에 물들어 있으며, 그것을 제대로 통찰하여 바르게 인식하고 있는 사람은 사실 손가락을 꼽을 정도에 불과하다. 그리고 부정하고 싶겠지만, 그러한 잘못된 선입견은 이미 우리 국민의 뼛속 깊이 파고들어 아무리 설명해도 모두 고개를 돌리고, 귀담아들으려는 사람이 없을 정도다. 일제 강점기의 마지막 조선 총독이었던 아베 노부유키란 자가 한반도를 떠나면서 다음 같은 말을 남겼다.

> 우리는 비록 전쟁에 패했지만 조선이 승리한 것은 아니다. 장담하건데 조선인들이 제정신을 차리고 옛 조상들의 민족혼을 되찾으려면 적어도 100년은 걸릴 것이다. 우리 일본은 조선인에게 총과 대포보다도 더 무서운 식민교육을 심어 놨다. 조선인들은 앞으로 서로 이간질하고 서로 다투면서 노예적인 삶을 살 것이다. 그리고 나 노부유키는 다시 돌아온다.

그자의 말이 맞다. 그래서 해방이 된 지 70년이 다 되어 가지만 아직도 남과 북은 원수처럼 대치하고 있으며 온 나라가 통째로 병들어 아는 것이라곤 돈밖에 없고, 글을 통해 세상을 밝히고 사람들을 깨우쳐야 하는 작가들도 너나 할 것 없이 모두 조선시대의 양반계층을 파렴치한 인물들로 묘사하여 커가는 우리의 아들딸들에게 조상들에 대한 나쁜 선입견을 더욱 심화시키고 있다. 우리는 기시 노부스케의 외손자인 일본의 아베 신조란 자를 경계하고 조심해야 한다. 기시 노부스케는 만주국을 건설하여 갖은 수단을 동원해 중국인과 조선인의 항일투쟁을 무력화시킨 간특한 자다.

충효정신과 삼강오륜이 과연 무엇인가에 대해서는 제3장에서 설명하기로 하고 여기서는 언급하지 않으려 한다. 다만 일제가 어떤 방식으로 식민사관을 세뇌·교육시켰는지, 조선시대의 사대부들과 양반들은 어떤 분들이었는지, 그리고 그처럼 훌륭한 조선의 선비정신이 왜, 언제부터 병들기 시작했는지에 대해서만 간단히 밝히고자 한다. 우리 자신들이 우리 조상들의 위대한 정신문화를 전혀 알지 못하고 유교 문화를 비하하기 때문에 외국인들도 따라서 우리나라에 좋지 않은 일만 생기면 유교 문화의 잔재가 있어서 그런다고 생각하는 것이다. 우리 민족이 오천 년 동안이나 수많은 외적의 침공을 받고도 이렇듯 살아남은 것은 바로 충효忠孝정신이 투철했기 때문이다. 충忠이란 성심誠心이고 성실誠實이며, 사욕을 버리고 목숨을 바쳐서라도 국가와 민족을 위해서 자신의 본분을 끝까지 지키는 정신이다. 그런데도 서구사대주의적인 사이비 지식인들은 말하기를 유교란 말로만 도덕을 내세우며 매사에 적당주의로 일관한다고 한다. 이는 유교에서 '학문이란 곧 실천 그 자체'였음을 모르고 지껄이는 망발이다. 그리고 패거리를 지어 서로 도와주며 이득을 챙기는 것도 다 유교 문화의 잔재라고 하는데, 우리 조상들이 친족과 친척 간에 친애를 중시하고 이웃과 더불어 상부상조하고 덕업상권하고 선공후사先公後私(먼저 공적인 일을 생각하고 다음에 자기 개인의 일을 돌아보는 것)하면서 사이좋게 살아왔던 것은 자랑할 만한 미풍양속이며, 유교 윤리가 무엇보다도 중시하는 것이 바로 중의경리重義輕利(의를 무겁게 여기고 이익을 가볍게 여기는 것) 사상인데 그런 되지도 않는 말을 함부로 입에 담고 있음을 자주 보아왔다. 이 모두가 다 배우지 못한 무지의 소치이며, 나라와 민족을 욕되게 하는 반역행위이며, 커가는 우리의 아들딸들에게 조상들에 대한 나쁜 선입견을 심어주는 크나큰 잘못인 것이다. 일제는 우리의 뿌리에 대한 기록인 고대 역사서와 고구려 사서와 조선시대의 사서를 중심으로 한 우리나라 사서史書를 무려 20여만 권이나 약탈하여 태워 없애버리고 '조선사 편수회'란 기관을 만들어 우리나라의 역사를 조작하였다. 효과적인 식민통치를 위한 일제의 흉계는 매우 집요해서 1910년부터 자료수집에 들어간 일제는 드디어 1916년 1월에 한국 역사의 왜곡과 우리의 민족의식을 배제하기 위해서 '조선반도사 편찬위원회'란 것을 만들었는데, 1922년 12월에 그것을 '조선사 편찬위원회'라고 그 명칭을 바꿔 총독부 산하기관으로 삼아 역사 왜곡에 몰두하다가, 다시 1925년에 일황의 칙령에 따라 '조선사 편수회'라고 개칭한 후 독립기관으로 격상시킨 다음 엄청난 자금과 본토의 최고 엘리트들을 대거 투입하고 총독부의 정무총감 등 고위 관료들과 일본 정부와 군부의 수뇌부, 그리고 박영호, 이윤용, 이병도, 신석호와 같은 일제에 아부하는 한국의 역사학자들까지 동원하고 이완용과 권중현 등을 고문으로 앉히는 등 모양새를 갖춘 다음 15년이란 세월 동안 아주 치밀하고 지능적이고 체계적으로 조선사 37권을 편찬해냈다. 그 내용이 우리의 민족혼과 민족문화를 말살하기 위해 날조된 것임을 두말할 필요도 없다. 그런데 해방이 된 후 친일세력을 비호하는 이승만 정권에 의해 군부, 법조계, 재계, 문화계 등과 마찬가지로 역사학계 역시 조선사 편수회에 몸담았던 이병도와 신석호 등이 국사편찬위원회를 장악하여 그 잘못된 역사를 바로잡지 못하고 지금에 이르도록 그 역사책을 반복해서 배우고 합창하고 있는 것이다. 참으로 한심한 일이 아닐 수 없다. 그래서 찬란했던 우리의 고대사와 고구려 역사에 대한 기록물을 거의 찾아볼 수가 없다. 조선시대의 역사 역시 전반적으로 날조·왜곡되어 있다는 사실을 알아야 한다. 연산군의 포악성도 과장되었고, 병자호란 때 우리 조상들의 실상도 왜곡·과장된 부분이 적지 않다. 특히 그 시대의 남성들이 청나라에 끌려갔다가 돌아온 여자들을 손가락질하면서 구박했다고 하는데, 이는 일본인들이 우리가 우리의 조상들을 욕하면서 멸시하게 만들려는 음모였다. 인조는 청나라에서 돌아온 여성들에게 "홍제원의 냇물(오늘날의 연신내)에서 목욕을 하고 서울로 들어오면 그 허물을 묻지 않겠다."고 선언한 후 환향녀들의 정조 문제를 거론하는 자들은 엄벌에 처하겠다고 했다. 이 얼마나 지혜로운 대처인가? 그리고 그 당시 조선에서 돈(이른바 속전이라고 함)을 보내면 붙잡고 있던 여자들을 고향으로 돌아갈 수 있도록 조치해주었는데(신분에 따라 그 속전의 액수가 달랐다고 함) 조선의 남자들은 자신의 아내와 딸을 찾아오기 위해서 전답을 팔고 전 재산을 바치기도 했으며, 돈을 마련하기 위해서 뼈가 으스러지도록 일을 했다. 돌아오면 구박을 하고 버리기 위해서 그리했겠는가? 물론 간혹 그것을 문제 삼은 자들도 있었을 것이며,

극소수겠지만 눈앞의 호사에 팔려 스스로 청나라 남자들에게 몸을 허락한 조선 여자들도 있었을 것이다. 그런 여자들이 청나라에서 몸을 함부로 굴리다가 조선에 온 후 말썽을 일으켰을 가능성도 있다. 다시 고향으로 돌아온 여자라는 뜻의 환향녀還鄕女를 몸을 함부로 굴리는 화냥년이라고 표현한 것도 일본인들이 그 당시 조선 남자들이 환향녀들을 심하게 구박했다고 기록해 놓았기 때문임을 알아야 한다. 3대 조선 총독이었던 사이토란 자가 부하들에게 그 당시 역사교육시책을 하달한 문서의 내용을 보면 다음과 같다.

먼저 조선 사람이 자신의 일, 역사와 전통을 알지 못하게 하라. 그럼으로써 민족혼과 민족문화를 상실케 하고, 그들의 조상과 선인들의 무위無爲, 무능無能, 악행惡行을 들춰내어 그것을 과장하여 조선인 청년들에게 가르침으로써…… (중략) …… 그 결과 조선 청년들이 자국의 역사적 인물과 사적에 대하여 부정적인 지식을 얻게 될 것이며 반드시 실망과 허무에 빠지게 될 것이니, 그때 일본문화와 일본의 사상을 잘 소개하면 그 동화 효과가 지대할 것이다. 이것이 제국 일본이 조선인을 반半 일본인으로 만들 수 있는 요결인 것이다.

이는 글자의 가감 하나 없이 그대로 옮긴 내용이다. 그래서 지금도 우리는 스스로 "조선 종자들은 틀려먹었어."라는 말을 서슴없이 사용하곤 한다. 결국 모든 것이 그들이 의도했던 대로 되고 만 것이다. 그러나 조선시대의 사대부들과 양반계층들은 결코 우리가 생각하고 있는 그런 사람이 아니었다. 그분들은 개혁파인 신진사대부들이건 훈·구파들이건 모두가 유림儒林이라는 이름 아래 옛 성현들의 법도를 공부한 사람들로서 대부분 예의와 염치를 중히 여기고 탐욕을 멀리했으며 충효와 인의를 아는 분들이었다. 여기서 과연 선비란 무엇이며 선비정신이란 무엇인가에 대해 잠시만 설명하고자 한다.

　선비란 본디 책(동양의 경서)을 읽는 사람을 말하며 선비의 참된 가치는 책을 읽는 행위를 통해서 내면적 성찰을 하고 사람의 바른 도리가 무엇인가 고민하는 데 있다. 초야에 묻혀있지만 삶의 궁극적인 진리를 탐구하는 선비들을 사림士林이라고 하는데, 선비가 탐구하고자 하는 궁극적인 진리는 결코 특별한 무엇이 아니고 나날이 살아가는 일상생활의 합당한 바를 찾고자 한 것이다. 그것은 남편, 아버지, 아들로 병행竝行되는 가족의 관계에서부터 나아가서는 우주 삼라만상 속에서의 내가 갖는 위치까지 일관된 태도를 갖고자 하는 것이었다. 선비들이 추구한 내면적 진실은 극도의 추상성과 사변성으로 일관되지만 고도의 논리를 구사하는 내면에도 불구하고 그 일상생활은 비교적 간명했다. 선비들의 간소한 삶은 죽음의 자세에서도 쉽게 찾아진다. 죽음을 담담하게 받아들여 "내가 생사의 이치를 오래전에 깨달았으므로 마음이 편안하다."라고 대답한 점은 선비들의 참다운 면모를 발견할 수 있는 적절한 사례이다. 선비는 높은 이상과 경지를 터득한 위에 다시금 일상성의 세계로 내려와서 평범함 속에서 비범함을 실천하고자 했다. 그래서 어찌 보면 아무것도 아닌 삶을 살다가 간 것 같지만, 그들은 지고한 삶의 경지가 무엇인가를 실천적으로 보여준 인물들이다. 선비는 기거起居(일상생활)에 엄격하고 말은 반드시 신의信義의 뒤에 서며, 행동은 반드시 알맞고 올바르며, 길에 나서서는 편안한 길을 다투지 아니하고 여름에나 겨울에는 시원하고 따스한 곳을 다투지 않았다. 선비는 땅을 차지하는 것을 추구하지 않고 의로움을 세우는 것을 땅으로 삼으며, 재물을 많이 축적하기를 바라지 않고 학문이 많은 것을 부로 여겼다. 여럿이서 위협하고 무기로 협박을 받아 죽임을 당한다 해도 그 소신을 바꾸지 않으며, 어려운 일이 생기면 위험을 무릅쓰고 그 일의 해결을 위하여 앞장을 섰으니 그들의 행의行誼가 뛰어남이 이와 같았다. 선비는 충성과 신의를 중시하고 마음속에 예禮와 인仁과 의義를 안고 처신했다. 또 선비는 빈천하다고 해서 구차하게 굴지 아니하고 부귀를 누린다고 해서 함부로 행동하지 않았다. 임금의 권세에 눌려서 욕된 곳에 나아가지 않았으며 높은 자리 사람들의 위세에 눌려 끌려다니지 않고 관권에 눌려서 그릇된 짓을 하지 않았다.

이처럼 위대한 조상들을 함부로 비하하면서 자신들이 대단하다고 착각하는 현대의 철없는 지식인들은 마치 여름밤 개똥벌레가 해와 달과 더불어 그 밝음을 다투는 것과 같은 어리석음의 극치임을 알고 반성해야 할 것이다. 스스로 대학자이며 평생 동안 공부를 하고 동양 고전의 대가라고 자부하는 어떤 이는 증자가 주장했던 효친사상과 충서忠恕(스스로 정성을 다하며 남의 사정을 헤아리는 마음), 그리고 송유들이 주장했던 충효와 인의를 공자 사상을 왜곡시킨 저급하고 구역질 나는 것이라고 비하하면서, 맹자야말로 공자의 가장 큰 이단아이며 증자 따위를 존숭하는 인물로 공자의 초기 제자들보다 못한 존재라고 평하고 있다. 맹자 님은 증자를 존숭한 것이 아니고 다만 그분의 훌륭하고 좋은 면을 존중하면서 유교의 학통을 잇는 선배 중 한 분으로 인정해드린 것뿐이다. 유학자를 그저 속물 같고 허례허식에 얽매어 경직되고 사고의 깊이가 없다고 생각하면 큰 오산이다. 오히려 유학을 공부한 사람은 욕심이 적고 자연과 하나 되어 마음이 고요하고 깨끗하며 그 따뜻하고 훌륭한 인품이 저절로 다른 사람들에게 감화를 주어 마치 한지에 먹물이 스며들 듯이 그 높은 덕이 상대방의 마음속에 스며들어 교화를 미치는 것이다. 반면에 외침이나 큰일을 당하면 그 충절과 신의가 태산처럼 굳건하고 반듯한 기운이 파도처럼 솟구쳐서 그 기백이 천지에 진동하는 것이다. 이것이 유교를 신봉하는 선비들의 본질이고 무인들의 드높은 기상인 것이다. 우리 인간에게 있어서 최고·최선의 절대 가치인 충효와 인의를 그처럼 왜곡하고 가볍게 여기다니 대소와 경중을 구분하지 못한다면 어찌 학문하는 사람이라 할 수 있겠는가? 사람마다 생각이 다르니 그가 내 글을 본다면 할 말이 많겠지만, 난 그와 시비를 가리고자 함이 아니고 단지 세상 사람들과 후세에게 이 글을 남겨야 한다는 생각을 한 것뿐이다. 우리는 조선시대의 사대부들과 양반계층이 백성들을 위하고 올바른 의식을 갖고 살았다는 것을 '대동법'의 시행을 통해서 엿볼 수 있다. 한 나라가 500년의 역사를 유지한다는 것은 절대로 쉬운 일이 아니다. 이는 동아시아 전근대 국가에서 가장 오랜 역사로서, 중국의 성공한 왕조들인 당, 송, 명, 청 등의 수명도 모두 300년을 넘지 못했음을 상기할 때 이것은 결코 우연이 아닌 것이다. 우리 조선은 임진왜란 후에도 300년 가까이나 흔들리지 않고 왕조를 이어갔는데 과연 그 체제를 유지하는 원동력은 무엇이었을까? 바로 훌륭한 통치철학과 대동법의 시행 때문이었다. '대동법'은 조선 중기부터 시행된 조세제도로, 그전까지는 각 지방에서 중앙에 현물로 바쳐야 했던 공물을 쌀로 대신 낼 수 있게 만든 제도라고만 단순하

진정한 유법천지有法天地를 향하여 상

게 생각하기 쉬운데 사실은 민생을 증진시키려했던 거대한 개혁이었고 그 당시의 시대정신이었던 것이다. 조선의 재정 체계는 기본적으로 중국의 조租, 용庸, 조調 체계를 따랐다. 이는 토지에 부과하는 세금, 노동력 수취, 현물로 받는 지역 특산품을 가리킨다. 이 가운데 토지(전결田結)를 기준으로 삼지 않고 사람(호구戶口)을 기준으로 삼아 따로 부과되었던 조調, 즉 공납貢納의 경우 중간 단계에서 백성들이 부과해야 할 몫을 터무니없이 키우거나, 여러 차례 거둬들이는 첩징, 가징 등의 폐단이 발생했다. 이는 16세기 중반까지도 조선사회에 유교 문화가 정착되지 못하고 신라, 고려 때부터 이어져 온 온갖 퇴폐문화(탐욕, 불효, 자유연애, 불교문화)가 근절되지 못했기 때문이다. 그래서 이이(율곡)는 선조 때부터 공물을 포함한 모든 세금 항목을 쌀로 받자는 '공물변통'을 주장했고, 그러한 수취구조의 개혁만이 민생을 돌보고 국가재정의 확보로 이어질 것이라고 보았다. 그의 이 공물변통안은 당시의 뜻있는 지식인들과 관료들이 공감했던 일종의 시대정신이었다. 임진왜란이 끝난 뒤 피폐한 민생의 회복을 위해 삼도대동청 설립으로 처음 시도된 대동법은 병자호란을 거친 뒤 효종, 현종 대를 이어가며 점차 뿌리를 내려갔다. 대동법의 확립과정은 성리학이 정착되어감과 함께 국왕과 정치 세력들이 꾸준하게 정책논쟁을 벌인 결과다. 이러한 과정에서 예전의 조세체제로 이득을 누리던 기득권 세력과의 마찰도 있었으나 100여 년간의 꾸준한 개혁을 단행한 결과 완전히 뿌리를 내릴 수 있었던 것이다.

대동법은 공물의 부과 기준을 사람이 아닌 토지로 삼고 수취수단을 쌀로 정해 그 두 가지를 법으로 규정함으로써 양입위출量入

爲出(확보된 세입에 따라 지출하는 것)의 객관적 지표 역할을 할 수 있게 한 것이다. 다시 말해 대동법 실시는 국가가 백성들로부터 거둘 수 있는 재정 규모를 미리 예측하고 그에 맞추어 지출을 짜는 것을 가능하게 만들어준 '제도개혁'이었던 것이다. 이 대동법 실시에 따라 백성들이 부담한 세금은 기존의 5분의 1 가량으로 줄었다. 그 대신 녹봉을 모아 토지를 사들인 양반들이나 토지가 많은 지주들은 전결(토지)의 넓이에 비례해서 세금을 부과하는 새로운 조세원칙에 따라 토지 1결당 12두씩 계산해서 세금을 내지 않을 수 없었던 것이다. 이처럼 조선 초기에 시행되던 과전법이 대동법으로 바뀌면서 토지 조사를 시행하여 각 필지마다 위치, 형상, 면적, 소유자 등을 기재한 토지대장인 '양안'이란 것을 작성하여 호적과 함께 이 양안이 조세를 부과하는 기준이 되었으며, 토지 소유의 한계가 보다 분명해지고 조세의 부담이 줄어든 반면 쌀로 통일하여 모두가 공평하게 토지 1결당 12두씩 조세를 납부토록 했던 것이다. 우리는 이 대동법의 시행에서 조선시대 경세론의 핵심을 읽을 수 있다. 백성들의 안정과 생계를 중요시한 당시 조선의 지배층은 자신들이 믿는 성리학 이념을 민생문제와 관련시켜 고민했던 것이다. 반계 유형원은 공물을 쌀로 내는 정당성과 청나라의 과도한 공물 요구의 부당성을 맨 처음 정전제를 창안하신 맹자 님의 말씀을 인용해 "제후(작은 나라의 왕)가 천자(황제)에게 바치는 봉헌은 예禮를 표하는 것일 뿐 토지에서 10분의 1(원래는 9분의 1)의 세금만 내면 되는 백성들에게 따로 부담을 지울 순 없다."고 강하게 주장했다. 이는 자신들의 학문과 믿음을 정치나 사상 속에만 가두지 않고 생활과 삶의 양식으로까지 확장하려는 태도였다. 대동법과 같이 제도와 현실 사이에 벌어진 틈을 조정과 합의를 통해 다시 묶어내는 '온건한 제도개혁'이 가능했던 이유도 여기에서 찾을 수 있다. 정전제란 사방 1리(400m)씩의 토지(약 5만 평)를 9등분해서 8농가가 1칸(약 5,500평)씩 나누어 갖고 나머지 1칸은 공동으로 농사를 지어 조세(8농가 분의 세금)로 내는 제도를 말하는데, 후대에 내려오면서 그냥 수확량의 10분의 1을 세금으로 내는 개념으로 자리 잡았다. 대동법이 시행되면서 이 정전제의 취지를 받아들여 기존에 토지 1결당 30두(쌀 여섯 가마)씩 내던 세금을 12두(12말)씩으로 대폭 줄여서 내게 된 것이며, 이로 인해 백성들의 삶이 많이 안정되었던 것이다. 그 시대에 군대에 가지 않는 대신, 즉 군역을 대신하여 군포를 1년에 2필씩 국가에 납부했는데 사람은 말하기를 그것을 양반들은 내지 않고 아전이나 서리 등 힘 있는 양인들까지 빠져나가 힘없는 백성들만 내게 되어 매우 힘들었고, 게다가 이웃 사람이 군포를 내지 않을 때 내는 인징, 친척 대신 내는 족징, 죽은 사람에게 부과하는 백골징포, 16세 미만의 아이들에게까지 부과하는 황구첨정 등으로 엄청난 어려움을 받아 그 고통을 견디지 못해 사람이 고향을 버리고 산속으로 들어가 화전민이 되고 도둑이 되었다고 하는데 이는 삼정이 문란해진 조선 후기, 특히 철종 대에 있었던 얘기이며, 영·정조 시대까진 인징이나 족징이 다소 있었을 뿐 군포로 인한 백성들의 어려움은 전혀 없었다. 군대를 가지 않는 대신 1년에 군포 2필(1필은 길이가 16m, 폭은 약 30cm 정도이다)을 부과하는 것은 절대 과도한 부담이 아니며, 그 당시 사람들이 산자락 등을 파 일구어 모시와 삼을 심어 식구들이 손을 모아 껍질을 벗기고(이 일은 남자들이 많이 도와줌) 실을 삼으면 정작 베틀에 앉아 한 필의 베를 짜는 것은 4

일 정도밖에 걸리지 않기 때문에 비 오는 날이나 밤을 이용하여 많은 가정에서 1년에 10여 필 정도의 베를 짜서 장에 내다 팔아 가용에 보태 썼기 때문에 값이 그렇게 비싸지도 않고 구하기도 어렵지 않았다. 따라서 설령 백골징포나 황구첨정 등을 부담했다고 해도 그것 때문에 고향을 버리고 산으로 들어갈 일은 아닌 것이다(베틀의 역사는 매우 오래되어 삼국시대에도 베틀이 존재했다). 그리고 양반들과 지주들도 대동법이 뿌리를 내린 후 많은 쌀을 국가에 납부하고 있었고, 일반 백성들도 가벼운 조세를 쌀로 통일하여 내고 있던 시절이라 영조 대까진 세금 때문에 백성들이 어려움을 받는 일은 없었다. 그럼에도 불구하고 영조는 균역청을 설치하여 군역의 부담을 경감해주기 위해서 균역법이란 세법을 만들어 1년에 두 필을 내던 군포를 한 필로 줄여주고 양반들에게 토지 1결당 2두씩을 내거나 은 5전을 내게 했으며 상층 양인들에게도 선무군관포란 것을 1필씩 내게 하여 군포로 대신했으며 어전세, 어장세, 염전세, 선박세 등을 걷어 절반으로 줄어든 군포의 부족분을 충당하였다. 이처럼 영조 대까지는 양반들과 관료들이 백성들의 모범이 되어 모든 것이 제대로 되어가고 있었는데, 정조 대에 들어와서 중기로 접어들 무렵부터 부패하기 시작하여 말기가 되자 급격하게 부패하기 시작했다. 그리고 철종 대에 이르러선 그 폐해가 극에 달해 수십만 명이 그 학정을 견디지 못하고 산속으로 들어가 화전을 일구고 도적이 되었다. 왜 그렇게 되었는지는 잠시 후 설명하도록 하겠다. 지금 우리 한국 사회에서 고위직 부정부패나 경제민주화, 부자 중세 같은 문제를 조정과 합의를 통해서 바로잡는 것이 쉬운 일인가? 그당시 조선 왕조의 통치체제는 맹자 님의 왕도사상을 신봉하여 민본주의民本主義적 요소가 매우 강했다. 삼사三司의 동의 없이는 왕명이 시행되지 못했고, 경연제도를 두어 왕이 학자들과 함께 조석으로 옛 경서를 공부함으로써 바른 정치를 하도록 종용했으며, 엄격한 사관을 두어 거의 모든 정사政事가 그때그때 사실 그대로 기록되었다(지금은 일제에 의해 불태워져서 대부분 사라져버리고 없음). 사법제도에 있어서도 정확한 증거주의를 채택했으며 모든 범죄 사건에 대한 기록을 정확하게 남기고 그에 따라 벌을 주었다.

이처럼 조선시대의 지배체제는 매우 깨끗하고 투명했으며 오늘날 우리의 민주주의보다 훨씬 더 잘 확립된 제도였음을 알아야 한다. 그런데도 원수의 무리에게 세뇌 교육을 받아 이처럼 훌륭한 우리의 조상이신 조선시대의 왕들과 사대부들과 양반계층을 부패와 무능과 위선의 대명사처럼 오인했던 후손들은 뼈아픈 반성을 하고 선조들의 그 위대한 정신을 계승해야 할 것이다. 당파싸움이라는 것도 나쁘게만 생각해선 안 된다. 지금의 양당제도나 다당제도처럼 정치적으로 서로 다른 견해가 있을 수 있으며, 서로가 견제 세력이 있어야 일당독재를 막을 수 있고 부패도 막을 수 있는 것이다.

여기서 잠깐 우리가 알아야 할 한 가지 역사적 사실을 밝혀두고자 한다. 임진왜란 전에 일본에 통신사로 갔던 황윤길과 김성일이 서로 다른 주장을 했던 일을 두고 후세 사람은 당파로 나뉘어 그저 반대를 위한 반대를 했다고 하면서 김성일을 포함한 그 당시 우리의 선조들을 아주 보잘것없는 사람들로 생각을 하지만 사실은 그렇지 않다. 김성일은 1572년에 상소를 올려 사후 백여 년이 넘도록 그 누구도 감히 거론하지 못했던 사육신을 복관시키고 그 후손들인 종친들을 등용할 것을 주장했으며, 1579년에는 사헌부 장령에 임명되어 종실(왕실의 종친들)의 비리를 탄핵하여 대궐 안의 호랑이라는 별명을 얻은 사람이다. 1583년에는 나주 목사가 되어 도내의 여러 민폐를 척결한 강직한 성품으로 전국시대 일본의 절대 권력자인 풍신수길에게 "그대는 국왕이 아니므로 왕과 동일한 예를 표할 수 없다."고 주장하여 이를 끝까지 관철했는데, 이는 목숨을 걸지 않고는 행할 수 없는 담력과 기개였다. 왜란이 일어나 경상도 일대가 왜군에 의해 유린당하자 사태 수습을 목적으로 각지를 순행하면서 의병을 모집하는 격문을 뿌리고 군량으로 쓸 양곡을 수집했으며, 관군이 궤멸된 상황에서도 곽재우, 김면, 정인홍 등의 의병장들을 서로 협동하게 하고 용맹한 자들을 선발하여 수령이 없는 고을의 행정을 관장하도록 주도하였다. 그리고 자신도 왜군과의 전투에 선봉을 섰으며 결국 싸우다가 정렬한 최후를 맞았다. 그 당시 김성일이 일본의 침략은 없을 것이라고 주장한 것은 민심이 혼란해지는 것이 염려되기 때문이라고 서애(유성룡)에게 말한 바 있으며, 실제로 황윤길의 보고에 따라 조정에서 전쟁이 있을 것을 염려하여 각지에 성을 쌓고 장정들을 징집하는 등 전쟁에 대비를 시작하자 사람이 일본과의 전쟁을 두려워하여 안전한 지역이나 깊은 산 속으로 이주하는 등 민심의 동요가 적지 않았다고 한다. 이에 김성일이 두려운 것은 섬나라 도적이 아니고 민심의 향배이니 우선 내치內治에 힘써서 국력을 키워야 한다는 상소를 올렸다고 한다. 하지만 우리 조선이 우수한 무기를 갖추고 전쟁으로 단련된 일본군을 막는 것은 역부족이었다고 생각된다. 이처럼 우리 조상들은 비록 조금 부족한 부분이 있었다곤 하지만 결코 우리가 생각하는 것처럼 그렇게 보잘것없는 사람은 아니었음을 모두 가슴 깊이 새겨두길 바란다.

또 그 시대에 있어서 신분제도는 다른 나라에서도 흔히 볼 수가 있었고, 그 어느 시대든 간에 부리는 자와 부림을 받는 자는 있어 왔다. 그중에서 우리 유교 문화권의 주종관계처럼 인간적인 유대관계가 돈독한 문화권은 없었다는 점을 분명히 알아야 한다. 종들에 대한 학대와 착취 현상도 정조 대 후기부터 생겨난 신풍속도였으며, 영조 대까지의 주종관계는 그야말로 한 가족과 같았다. 그래서 "부하 관리들을 내 집 하인 아끼듯이 해야 한다."는 말이 있었던 것이다. 조선시대의 사대부들과 양반들은 "학문하는 사람은 일하지 않는 대신 충효忠孝와 인의仁義의 대도大道를 실천하고, 그러한 도리를 가르쳐 올바른 세상을 만드는 것으로써 하니 일 중에 이보다 더 큰 일이 어디에 있으며, 또 어찌 이 일을 소홀히 할 수가 있겠는가?"라고 하신 맹자 님의 말씀을 신봉하여 종들도 가족으로 생각하여 인仁으로써 사랑하고 의義로써 빼앗지 않았던 것이다. 그리고 "큰 것(본성: 인, 의, 예, 지의 마음)을 따르면 대인이 되고 작은 것(본능: 식욕, 색욕, 물욕, 명예욕)을 따르면 소인이 된다."는 맹자 님의 가르침을 신봉하여 배우지 못한 상놈들보다 훨씬 더 크고 의젓했다는 점도 알아야 한다. 조선시대의 노비는 세습이 가장 큰 비중을 차지하고 다음이 범죄자, 부채(빚), 자매自賣(부모가 스스로 자식을 파는 경우), 부모가 버린 유기 아동 순이었는데, 애당초 노비의 시작은 범죄자가 그 기조를 이루고 있다. 노비들의 삶에 변동이 오는 건 주로 그 주인들이 서로 서신이나 담화를 통해서 결정을 한 후 그에 따라 그 집으로 이사를 가서 새 주인에게 종사하는 식이었는데, 집안이 완전히 망하지 않는 한 남에게 넘기는 일은 드물었으며 서양처럼 노예시장이 활성화되어서 소나 돼지같이 팔려 다니는 것도 아니었다. 기독교를 신봉하던 16세기 초부터 19세기 중반까지 영국을 중심으로 한 유럽 각국과 아메리카 신대륙의 미국인들이 아프리카에서 수천만 명의 흑인을 묶어서 화물선에 태워 끌고 와서 짐승처럼 부렸던 사실을 안다면, 찬란한 민족문화와 영명하신 우리 선조들을 경멸·비하하면서 야만스럽고 비인간적인 서양인들과 서양 문화를 그토록 맹목적으로 우러러보는 어리석음에서 벗어날 수 있을 것이다. 조선시대의 노비들은 그 시대의 서양 노예들과는 비교도 할 수 없을 정도로 인권이 존중되었는데, 노비의 종류를 보자면 우선 소유 주체로 보아서 공노비(관노비)와 사노비(양반가의 종이나 유모, 찬모, 침모 등)가 있었고, 거주 형태로 본다면 솔거노비(주인 호적에 함께 등재되고 문간채 등에서 거주함)와 외거노비(별도의 호적을 가지고 따로 집을 짓고 독립해서 거주함)가 있으며, 의무형태로 보면 입역노비(노동력을 제공하는 노비)와 납공노비(주인에게 일정한 물품을 바치는 노비)가 있었다. 노비도 결혼을 해서 살림을 차릴 수가 있었고, 양인(평민)과도 혼인이 가능했으며, 양반이라도 노비의 가족을 침해하거나 인권을 유린해서는 안 된다는 법 조항이 있었다. 공노비들은 글을 배워 관청의 서리나 악기를 다루는 예술 활동을 할 수 있었고 서당 훈장도 할 수가 있었으며, 외거노비들은 재산을 소유하는 것은 물론 거주지 이동의 자유도 있었는데, 거주지를 옮길 때는 주인(공노비는 해당 관아)에게 그 사실을 알릴 의무가 있었으며 주인에게 매년 일정량의 미포米布(쌀과 피륙)를 바쳤다. 그래서 이들을 납공노비라고 한다. 세종 때는 관비의 출산 휴가를 7일에서 100일로 늘려주고 그 남편도 한 달간 쉬게 해주었다는 사실을 알면 모두 놀랄 것이다. 이처럼 우리 조선시대의 노비들은 우리가 생각했던 것처럼 인권을 유린당하고 노예적인 삶을 살았던 것이 아니라는 사실을 알아두시기 바란다. 그리고 주인과 종 사이에 정이 오가는 가족 같은 유대감이 있었다. 물론 연속극에서처럼 도망친 노비의 얼굴에 글자를 새긴 적도 없고, 전문적인 추노꾼들도 없었다.

그런데 19세기로 들어와서 순조가 비록 공노비를 해산했다 하지만 이는 양반들이나 토호들이 갖은 방법으로 세금을 포탈하자 부족한 세수를 증대시키기 위한 방편이었을 뿐(국가에서 노비들에겐 직접 세금을 받지 않았음) 노비들의 인권엔 전혀 도움이 되지 못했으며, 세상이 점차 부패하면서 오히려 그들에 대한 수탈과 박해가 훨씬 심해졌을 뿐이다. 양반들이 여자 종들을 성적으로 유린하고 백성들의 고혈을 짜내서 오늘날 우리 후손들이 이토록 조선시대의 양반들을 미워하게 된 것도 바로 18세기 말부터 생겨난 신풍속도 때문이란 사실을 잊어서는 안 된다. 그래서 18세기 말이 진짜 양반과 가짜 양반이 나뉘는 분기점이라고 할 수 있는데, 이 말은 성학聖學(전통 유학과 성리학)의 맥이 사실상 끊긴 것이 바로 그 무렵이었다는 뜻이다. 안동 김씨의 세도정치가 그토록 문란했던 것도 성학의 맥이 이미 끊겼기 때문이다. 원래 상전은 노비의 부모와 같은 존재로 인식되었기 때문에 18세기 중반까지의 양반들은 여종을 건드리는 것을 자제했으며, 그런 실수를 하는 이는 극소수였다. 그 당시 국법에는 상전과 노비와의 간통은 양쪽 다 참형으로 엄히 다스린다는 지엄한 법조문이 있었는데 18세기 말부터 서서히 모든 악폐가 고개를 들기 시작했으며, 그때부터 음욕을 참지 못한 여주인들도 병약한 남편이 집을 비운 사이에 건장한 남자 노비나 잘생긴 머슴과 눈이 맞아 불륜을 저지르는 사례가 생겨났다. 그래서 열녀가 존중되었던 것이고 열녀문을 세워서 그러한 폐단을 막고자 했던 것이다. 전통유학과 성리학을 신봉했던 18세기 중반까지의 조선 선비들은 언행이 매우 반듯하여 후안무치한 행동을 자제했다. 그리고 임진왜란과 병자호란을 거치면서 무기의 중요성을 절감한 조선 조정은 훈련도감을 설치하여 보다 나은 성능의 조총과 화포 생산에 전력을 기울이고 사격술과 전략 전술을 훈련시켜 그 당시 동아시아에서 가장 우수한 화포 부대를 갖추고, 효종 때 북벌을 꿈꾼 후부터 정조 대까지 광산 개발과 공업 발전과 부국강병에 힘을 기울였다. 그러나 그러한 귀중한 노력이 조선 말기에 열매를 맺지 못한 것은 성리학을 신봉한 유교 사상 때문이 아니고 순전히 정조 사후에 고개를 든 안동 김씨의 탐욕과 부패정치 때문이었으며, 조선이 그리 쉽게 망한 것도 그 부패정치가 60년 동안이나 계속되었기 때문이다. 여기서 세상 사람들 그 누구도 간파하지 못했던 중대한 역사적 사실을 이 천강 문도연이 밝혀두고자 한다. 대동법을 시행하면서 100여 년간이나 꾸준히 개혁을 단행하여 그것이 완전히 뿌리내려 모든 정사政事가 투명하게 잘 시행되고 백성들 역시 인륜과 도덕을 지키면서 잘살고 있었는데, 이처럼 반석 위에 올라섰던 조선사회의 사대부가 왜 갑자기 부패와 탐욕에 눈이 멀어 위로는 고관대작으로부터 아래로는 지방의 아전들까지 백성들의 고혈을 짜고 부모에게 불효하며 치정살인이 빈번한 난세로 변하고 말았는가?

정조 말기부터 전통적인 우리 민족 고유의 가치관과 예속 질서가 문란해지고 사람이 물욕에 눈을 뜨면서 매관매직이 성행하고, 힘에 의한 쟁탈이 가속화되면서 점차 토호들이 생겨나 그들에 의해 농민들이 토지를 빼앗기고 소작농으로 전락했으며, 탐관오리들이 생겨나 들어간 돈을 챙기기 위해서 백성들에게 가렴주구를 일삼는 난세로 변했는데, 그것은 바로 연암 박지원의 불학무식한 졸저와 이승훈 등의 천주교 전도로 우리 민족 고유의 유교 윤리와 미풍양속이 와르르 무너졌기 때문이다. 그가 「호질」과 같은 요망한 글을 써서 조선 사대부 전체를 능멸하고 옛 성현들의 법도를 무너뜨려 그 잘못된 사고방식이 그의 제자들과 후학들에게 매우 좋지 않은 영향을 끼쳐 마음을 다스리는 위대한 학문인 성리학을 백해무익한 공리공론으로 보는 등 우리 동양의 성학聖學을 경시하는 풍조를 만연시켜 세상을 끝없이 어지럽히고 결국은 망국의 길로 인도했다는 말이다. 나는 「호질」을 처음 읽었을 때 '아! 이 사람은 천성이 순수하지 못하고 학문이 일천하여 성학聖學의 위대함을 전혀 깨닫지 못한 자로서 세상을 끝없이 어지럽게 했겠구나.'라는 생각을 하게 되었다. 그래서 내 생각이 맞는지 조사를 해보았는데, 1737년에 태어난 그는 1765년, 그의 나이 28세가 되어서야 초시인 향시에 도전했으나 낙방을 하고 그 후에도 몇 차례 낙방을 한 후 크게 상심하여 정신적 안정을 찾지 못했다. 그러다가 그의 나이 43세 때 그의 친척인 박명원이 사은사로 연경에 갔을 때 따라가게 되어 『열하일기』를 쓰고 「호질」과 「허생전」 등을 쓴 후 사려심이 부족한 자들의 우상이 되어 북학파란 무리가 생겨났는데, 이들은 하나같이 선비정신을 지키면서 청빈하게 살아가는 유림들을 비웃으며 안동 김씨와 함께 청나라에서 값비싼 생활용품을 들여와 호사를 누리면서 나라 살림을 말아먹은 사실이 역사 속에 감춰져 있다.

생각과 수준이 비슷한 청나라 대신들은 홍대용이나 박제가 같은 북학파들과 상당히 죽이 잘 맞았을 것이다. 그들은 청나라에 아부를 일삼으며 뻔질나게 청나라를 드나들었다. 안동 김씨 세도 정권의 맹장인 김조순(노론시파)은 북학파의 핵심인 그런 홍대용, 이덕무, 박제가 등과 매우 친밀하게 지냈으며, 북학파의 종장인 박지원 역시 사실상 노론시파였고, 김조순의 패거리들인 남공철, 이상황 등의 초계문신 출신의 명문가 자제들까지 모두가 박지원의 패관소품체를 따라 썼기 때문에 정조께서 이른바 문체반정의 죄를 물어 이들에게 반성문을 써내도록 했다. 따라서 그들 모두가 북학파라고 할 수 있는데, 이들의 공통점은 공·맹의 유교 사상과 신유학의 성리학을 비하하고 가벼이 여기면서 천주학을 기웃거리고 입으로만 실사구시를 외치고 입으로만 이용후생을 외치면서 정작 해놓은 일은 아무것도 없는 불학무도한 오합지졸들이었다고 보인다. 패관소품체란 당시 청나라에서 소설을 쓰는 문체였는데 정조께서 "근래 들어 선비들의 문풍(文風)이 날로 비속해지고 과문(科文 : 과거시험 때의 문장)을 보더라도 내용이 빈약하고 기교만 부려 조급하고 경박하여 평온한 세상의 문장 같지 않다. 오늘날 선비들의 문풍(文風)이 이와 같이 된 것은 그 근본을 캐보건대 박지원의 죄가 아님이 없다 『열하일기』가 세상에 돌아다닌 뒤로 이와 같아졌으니 마땅히 결자(結者)가 해지(解之)해야 할 것이다."라고 말씀하시면서 반성문을 써내라고 하셨던 것이다. 여기서 중요한 것은 정조가 어리석은 군주가 아니고 영명한 군주였다는 것이다. 「호질」은 『열하일기』 같은 책과는 비교가 안 될 정도로 그 끼친 해악이 커서 그 당시 조선 사회를 온통 아수라장으로 만들어 놓고야 만 것이다. 조선의 실학자라

함은 오직 이익과 그의 제자들이 있을 뿐이다. 세상을 어지럽히고 조선을 망국의 길로 몰아간 또 한 가지의 원인은 바로 천주교 신앙이 양반층과 서민층에 급속하게 전교되면서 전통적인 예속 질서에 혼란이 초래되고 가부장적 가족제도와 유교적 신분 질서가 도전을 받게 되었기 때문이다. 우리 조선이 중국을 통해 서양의 문물을 받아들이기 시작한 것은 박지원이 세상에 태어나기 150여 년 전인 선조 중엽부터이다. 이 무렵 해마다 중국에 파견되는 부경사대사행 원들이 북경에서 서학에 밝은 중국의 선각자들과 접촉하여 한역서학서漢譯西學書와 서양기술문물을 도입하여 서양과 서양문물에 대한 이해가 생겨나기 시작했던 것이다. 이때 파견되던 외교적 사명을 띤 사신과 수행원들은 모두 선발된 인물들이었기 때문에 정치적 식견과 학문적 소양을 갖추고 있었는데, 이들이 매년 북경에 들어가 머무르는 동안에 중국어와 중국 문화를 익힌 서양 성직자들과 한문으로 필담을 주고받으면서 여러 가지 의견도 교환하고 중국의 모든 선진 시설을 관람하였으며, 많은 한역서학서와 서양과학기술문물을 얻어서 귀국하였다. 그 당시의 세계지도를 들여와 나름대로 세상이 얼마나 넓은지도 알았고, 많은 나라가 존재한다는 것도 알았으며, 천문, 역산, 지리에 관한 한역서학서와 홍이포紅夷砲, 천리경, 자명종 등 다수의 서양과학기술의 이기를 받아가지고 왔으며, 서양 역법을 토대로 한 시헌력을 채용하게 되었다. 수도 한양(지금의 서울)에서 의주를 거쳐 북경으로 연결되는 부경사대사행로赴京事大使行路는 대륙과 서양의 선진 문명도입을 위한 문화도관文化導管이었다. 바로 이 길을 통해 선조 중엽부터 숙종 중엽까지 약 100여 년간 교류를 하는 동안 선각적 지식인도 그 수가 늘어나서

서양문물에 대한 이해와 깊이도 심화되어갔고, 그래서 우수한 화포 부대와 광산 개발과 공업 발전의 기틀도 마련할 수 있었던 것이다. 그 당시 석학이었던 안정복은 다음과 같이 기록했다.

> 한역서학서는 선조 말부터 우리나라에 흘러들어왔는데 명경名卿, 석유碩儒들도 이를 읽지 않은 사람이 없으며, 도교나 불교의 서적들처럼 다들 서재에 갖추어두게 되었다.

이러한 추세를 바탕으로 마침내 이익에 이르러 조선 서학으로서의 학문 세계가 열리게 된 것이다. 100여 년 동안의 서학 접촉기에서 서학 점성기로 들어서는 기점을 이루는 이익의 학문 세계는 18세기를 전후한 역사적 상황을 배경으로 형성되었다. 이이와 유형원의 경세의식經世意識을 이어받은 이익은 정치 기강과 농촌 생활의 안정을 위하여 다각적인 노력을 하였으며, 박학과 실용에 치중한 그의 실학정신은 서학西學에 까지 확대·적용되었다. 이익은 실학의 조종祖宗이었고 동시에 그때까지의 조선 서학을 학문적 기반 위에 올려놓은 뛰어난 학자였다. 이익이 공부한 한역서학서는 역사서 6종, 천문서 6종, 지리서 3종, 세계지도 3종, 그 외에도 많은 과학서와 『천주실의』를 위시한 다수의 종교윤리서 등이 있다. 그는 서학서의 중요 내용을 이해하기에 힘쓰면서 파악된 내용을 메모식의 문장으로 기록해 두었는데, 『성호사설』이나 『성호사설유선』과 『성호사설문집』에 실린 많은 서학관계 논평문을 통하여 그의 서학에 대한 학문적 깊이를 알 수 있다. 그는 브라해의 천문과학을 골자로 한 서양 천문학을 전적으로 수용하였다. 즉 지구 중심의 천동적天動的인 우주체계를 이해하였으며, 시헌력의 선진성을 받아들이는 동시에 서학의 새로운 우주체계와 역산술의 이해를 통하여 서학 세계로 문화 인식의 폭을 넓혀갔다. 그는 서학의 정신적 측면인 종교윤리에 대해서도 큰 관심을 가지게 되어 서학서를 통한 자신의 이해와 제자들과의 토론을 통하여 천주교를 선유先儒들의 상제사상上帝思想과 통하는 보유론적補儒論的인 가치를 지닌 것으로 이해하였다. 그러나 천주교의 당옥론堂獄論 등을 허황된 것으로 규정하고 천주교 신앙을 수용하진 않았다. 현명하게도 이익은 실학적 실증정신을 살려 엄격하게 서학을 비판하였고, 수용해야 할 가치가 있는 것과 배척해야 할 것을 가려가면서 선택적으로 인식하였다. 이처럼 이익은 많은 서학 자료를 활용하여 다각적으로 검토하고 확고한 학문 정신 위에서 파악하였기 때문에 '서학'이라는 학문 분야를 올바르게 개척할 수 있었던 것이다. 이러한 그의 서학열은 문하에서 배출된 많은 제자에게 계승되었으며, 이 제자들의 서학 연구로 조선 서학의 폭이 더욱 확대되고 질적으로 심화되어 마침내 서학의 수용·실천과 서학의 배척이라는, 대립하는 두 경향의 이론적인 배경이 성숙해졌다. 참으로 훌륭하고 자랑스러운 일이 아닌가. 그의 수제자인 안정복은 천주학을 이단지학異端之學이라고 단정하고 장차 천주교가 홍수나 맹수보다도 더 무서운 해악을 가져올 것이라고 인식해 그 위험성을 깨우쳐주기 위해 천학고天學考와 천학문답天學問答을 저술하였다. 또 한 사람, 이익의 애제자인 신후담은 철저한 유교적 교양을 쌓은 매우 박학다식한 학자인데 『하빈잡저』 등 100여 권의 저서를 남겼으며 여러 가지 한역서학서를 공부한 후 『시학변』이라는 장편의 서학론을 폈는데, 그는 여기서 세계의 대세와 서양의 교육과 학술의 장단점을 논평하였고 천주교의 영혼론을 극명하게 비판하면서 서양의 종교적·정신적 측면뿐만 아니라 과학기술과 물질적 추구에 대한 부작용을 역설하면서 이마저 배격할 필요가 있다고 주장했다. 이는 정학正學(聖學)의 보위와 사학邪學의 배격을 전제로 한 위정척사의식衛正斥邪意識으로 후학들의 난동을 미리 경계함이었다. 그런데 그가 우려했던 대로 연암과 같은 어리석은 자가 생겨나 「호질」과 같은 요망한 글을 써서 세상을 온통 어지럽게 만들고야 말았다. 100여 년간의 서학 접촉기에 이어 또다시 80년간이나 계속된 서학점성기의 후반 무렵인 정조 대에 이르러서야 뒤늦게 박지원을 중심으로 한 소위 북학파란 무리가 등장하게 되었는데, 서학에 대한 180여 년간의 탄탄한 기초 위에서 출발한 이들이 정조와 체제공의 지원을 받았음에도 왜 그토록 아무런 공훈도 남김이 없이 스러져 버리고 말았는가? 사람들이 북학파인 그들이 등장하기 전에는 우리 조선이 당파 싸움이나 하면서 긴 잠속에서 서양 문물과는 담을 쌓고 살아온 것으로 오인하고 있으며, 반듯한 선각자들인 그들이 아무리 개혁을 하려고 해도 유교를 신봉했던 그 당시 사대부들이 썩어 빠져서 실패했다고 잘못 생각하면서 충효와 인의를 숭상하며 서양 문물을 선택적으로 받아들여 꾸준히 연구해온 지혜로운 우리의 선조들을 무조건 비하하고 있으니 참으로 한심한 일이다. 연암 역시 그것을 알고 그 유지를 이어받았어야지, 그런 글을 써서 그런 식으로 접근한 것은 옳지 못했다. 연암은 본시 그릇이 작고 학문이 일천하며 성품이 충후하지 못했다. 그를 따르던 무리 역시 모두 오합지졸로서 나라를 개혁할 경륜도, 의지도, 도덕성도 없었기 때문에 우왕좌왕 사욕을 채우고 천주교를 기웃거리다가 뒤를 봐주던 정조와 채제공이 사망한 후 천주학을 싫어하던 벽파들의 득세로 짧은 영화의 단맛을 뒤로하고 역사의 장막 뒤로 사라져 버린 것이다.

그래도 그 무렵 후기의 실학자 중 나라에 큰 공을 세운 진실되고 훌륭한 인물이 한 사람 있었으니 바로 방대한 내용의 『임원경제지』란 백과사전을 집필하고 19세기 조선농업의 혁신을 통해 우리나라 근대농업의 기반을 닦은 서유구란 인물이다. 그러나 불행하게도 그의 사후로부터 경술국치에 이르는 기간 동안 그와 같은 훌륭한 실학자가 우리 조선에 다시는 나타나지 않았다. 그 시절 제대로 된 백과사전 한 권이 국가의 발전과 장래에 얼마나 큰 영향을 끼쳤는가는 세계 각국의 역사를 살펴보면 이해가 갈 것이다. 작은 것과 큰 것을 구별하지 못하고 공맹지도를 배척한 사이비 실학자들과 서유구란 인물의 다른 점이 무엇인지 모두 깊이 생각해보시길 바란다. 박지원은 "서양의 과학기술은 잔재주가 아니라 정신의 극치."라고 하면서 "국민 대중에게 유익하고 국가에 도움이 된다면 그것이 비록 오랑캐의 소산이라 해도 받아들여야 한다."고 주장했으며, 박제가는 "중국에서 전교 활동을 하고 있는 서양 신부들이 이용후생의 기술에 밝으니 그들을 초청하여 과학기술을 배워야 합니다."라고 하면서 적극적인 기술 도입론을 폈다. 그래서 정조께선 어느 정도 그들의 의견을 수용하셨는데, 남인계의 소장파인 이벽, 정약전, 권철신, 이승훈 등은 그리스도교 관계인 서교서西敎書를 연구하였다. 이승훈은 부연사신의 수행원으로 북경에 갔는데, 그곳에서 정식으로 천주교에 입교하고 귀국하자 1784년(정조8년) 서울에서 정기적인 신앙의 모임을 가지게 되었고 마침내 조선천주교회를 창설하였다. 이들로부터 신앙을 전수받은 이존창은 내포에, 윤지충과 유항검은 전주에 교회를 창설하여 천주교 신앙을 봉행하게 되었다. 이들이 교세를 확장하여 마침내는 중국으로부터 주문모 신부를 맞아들였다. 또한 서민들의 교화를 위하여 교리서를 간행하였는데, 정약종의 『주교요지』는 그중 하나이다. 이런 과정 속에서 조선사회 내부에 이질적인 종교 체계인 그리스도교가 자리를 잡기 시작하였다. 이로써 천주교 신앙이 양반층과 서민층으로 급속하게 전교되었고 사문난적인 연암의 영향을 받은 사람들로 인해 인류 역사상 최고의 윤리도덕인 우리 민족의 고유의 예속 질서에 혼란이 초래되고 나라 질서가 어지럽게 되자 다시금 국초 이래의 성리학적인 벽위정신闢衛精神이 발동되었다. 거기다 서학에 대하여 온건한 교유책을 써오던 정조의 죽음과 서학을 비호하던 채제공의 사망, 순조의 즉위에 따른 반천주교적 성향을 지닌 벽파들의 득세로 19세기를 맞이하면서 조선 서학은 점차 쇠퇴하면서 점식기에 들어가게 되었는데, 그것은 시대적인 조류였다. 1801년 신유박해가 전개되자 천주교회의 지도적인 인물들이 일소되고 교회 활동은 잠행적으로 진행될 수밖에 없었다. 박해의 대상은 서교에 그치는 것이 아니라 서학 자체의 거부로 확대되었는데, 이는 서구의 열강들이 식민세력이 되어 청나라를 침범하고 동남아 여러 나라에 이양선들이 침략적인 접근을 시도했으며, 외국 성직자들이 무분별하게 잠입하여 선교 활동을 펼치기 시작했기 때문이다. 어리석은 무리가 이들과 영합하여 영명하신 조상님들이 남겨주신 위대한 우리의 전통 윤리를 내팽개치고 세상을 끝없이 어지럽히기 시작했다. 만약 연암이 성호 이익의 10분의 1 정도의 식견만 갖추었어도 조선의 실학은 또 한 번 도약을 하여 나라의 운명을 바꿀 수 있었을 텐데, 연암은 그런 큰일을 할 만큼의 그릇이 아니었고 식견과 경륜도 턱없이 부족한 인물이었다. 그리고 그를 추종했던 성학을 모르는 무리도 그를 정신적 스승으로 존숭한 것이 아니라, 그저 깐깐한 사대부들을 비판하는 자유분방한 글을 보고 덩달아 통쾌하게 생각하여 동감하는 정도에 불과했다. 그는 법고창신을 주장했으나 옛것이 무엇이고 성학聖學의 가치가 무엇인지를 알지 못했고 전통·유학과 성리학이 이용후생利用厚生에 관심이 없는 걸로 오인하였다. 옛 성현들께선 다만 의義가 무엇보다도 우선되어야 한다는 것을 강조했을 뿐이며 백성들의 이용후생에 무관심한 것은 결코 아니었다. 또 이利(사욕)를 밝히는 것은 이용후생과는 별개의 문제이기 때문에 중의경리重義輕利(의를 중하게 여기고 사욕을 천하게 보는 것)를 주장한 유학이 이용후생을 가볍게 생각했다고 보기는 어렵다. 마찬가지로 유교가 공업과 상업을 농업보다 천하게 생각한 것도 똑같은 맥락으로 볼 수 있다. 요컨대 그 근본을 중요하게 생각하고 다음에 부수적인 것이 와야 한다는 도덕적 원칙론이었을 뿐 결코 공업이나 상업을 배척하고 가볍게 여긴 것은 아니었던 것이다. 연암은 국정에 관여할 만한 큰 관직에 한 번도 있어 본 적이 없었고, 그의 사상에 동조한 무리도 연암을 스승으로 생각하진 않았기 때문에 초야에 머물러 어떤 영향력을 뒤에서 발휘할 만한 힘이 없었으며, 여러 사람의 다양한 의견들을 조정하거나 강력한 명분을 내세워 정국을 주도할 만한 식견이나 경륜도 없었다. 1786년, 그때 나이로 쉰 살이 되어서야 그는 겨우 음서(추천)로 선공감 감역(토목 감독관)이라는 미관말직을 얻어 처음으로 관직 생활을 시작했는데, 이어서 안음 현감

면천 군수 등의 지방관을 연임하다 양양 부사를 끝으로 관직에서 물러났다. 사람들은 연암이 대학자이며 대문장가이고 뛰어난 선각자란 선입견을 갖고 있다. 진사과에 급제했으나 친구의 죽음을 보고 스스로 조정을 멀리했다고 알고 있으나 그에 대한 정확한 문헌(나이, 연도)이 없으며 벼슬길에 나가려고 수차례나 과거시험에 응시했으나 계속 낙방을 하고 그 때문에 낙심을 해서 허랑방탕한 생활을 했다는 기록은 남아있다. 그래도 다소의 문재文才가 있어 정조에게 칭찬을 받은 적이 있으며, 그 문장력으로 글을 써서 당대의 어리석은 무리와 후세의 사려심이 부족한 무리에게 존숭되는 존재가 된 것이다. 그가 진정으로 담대하고 고매한 인품으로 조정을 아래로 보는 인물이었다면 그 나이에 현감 따위를 했겠는가? 정조께서 승하하고 순조가 즉위한 후 천주교를 신봉하는 무리와 함께 북학파의 무리도 사라졌지만, 김조순을 중심으로 한 안동 김씨는 그 입지를 점점 강화해 본격적인 세도정치를 시작하게 된다. 아무튼 그러한 혼란을 겪으면서 우리 민족 고유의 전통윤리가 사라지자 세상은 무도한 난세로 변하고 말았다. 그 당시 우리 조선은 겉으로는 어쩔 수 없이 청나라에 매인 상태였으나 내심 우리 조선을 참혹하게 짓밟았던 여진족의 후예인 청나라(누르하치가 여진족을 재통일하여 후금을 세웠는데, 후에 그의 아들인 홍타이지가 국호를 '대청'이라고 고쳤음)를 못마땅하게 생각하고 있었다. '북학파'란 말이 생겨난 것은 조선이 결코 잊어서는 안 될 정묘년, 병자년 양란을 일으켰던 그들의 비위를 맞추고 그들의 문화와 그들의 문물을 받아들여야 한다고 주장한 데서 비롯된 것이다.

여기서 잠깐 우리가 잘못 생각하고 있는 또 한 가지 역사적 사실에 대해 짚고 넘어가고자 한다. 그것은 정묘년과 병자년에 있었던 양대 호란과 그와 관련된 주화파와 척화파, 그리고 광해군과 인조의 외교 노선에 대한 진실이 무엇인지 살펴보자는 말이다. 사람들은 말하기를 광해군은 명과 후금 사이에서 중립외교를 함으로써 환란을 피했기 때문에 영명했으며, 인조는 청을 멀리하고 명을 가깝게 했기 때문에 국난을 자초하여 삼전도의 치욕을 겪고 수많은 백성이 엄청난 수난을 당하게 되었다고 하면서 화평을 주장하며 청나라의 비위를 맞춘 주화파들이 옳았고, 명과의 신의를 내세우며 싸우자고 한 척화파는 화를 불러들인 어리석은 무리였다고 하는데 과연 그럴까? 광해군은 1608년에 제위에 올라 1623년에 쫓겨났고 인조는 1623년부터 1649년까지 제위에 있었으며, 정묘호란은 1627년에, 병자호란은 1636년에 일어났다. 명나라는 신종 황제와 희종 황제 같은 암군들이 실정을 거듭하자 이자성과 고영상 같은 자들이 새 세상을 만든답시고 반란을 일으켰고, 그중 이자성은 세력을 키워 황제까지 자칭했으나 이는 오히려 청(후금)에게 어부지리만 안겨준 셈이었다. 명의 마지막 황제인 숭정제는 후금 홍타이지의 이간책에 놀아나 당대 최고의 충신이며 당대 최고의 명장이었던 원숭환을 믿지 못하고 의심하여 죄없이 참살한 후 자금성에서 이자성에게 패하여 자신이 어리석었음을 탄식하면서 자결을 했는데, 이로써 홍타이지(황태극)는 1626년 영원성 전투에서 부친인 누르하치를 죽게 한 원숭환에게 복수를 한 셈이다. 한편 명나라의 대장군까지 지낸 오삼계 같은 역적은 1644년 6월에 철옹성 같은 만리장성의 산해관 문을 열어서 누르하치의 여러 아들 중 청 태종 다음으로 뛰어난 전략가인 도르곤을 맞아들여 따르던 군사들을 데리고 그의 수하 장수가 되어 함께 이자성의 군대를 괴멸시켜 그를 재기불능으로 만들어 패퇴시키고 명나라의 수도인 북경 함락을 돕는 매국노 짓을 하였는데, 이는 이자성과의 사적인 원한이 있었기 때문이었으며 이자성 역시 황제의 그릇은 못되었다고 보인다. 청에 투항했던 수많은 명나라 사람 중 오삼계 다음으로 큰 공을 세운 두 사람의 역적이 더 있었으니, 바로 가도의 명군을 지휘하던 모문룡의 휘하 장수였던 공유덕과 경중명이다. 이들은 모문룡이 죽은 후 등주에 머물다가 185척의 선박과 수만의 병력을 대동하고 청에 투항했는데, 병자호란 때 강화도에 피신해 있던 소현세자와 봉림대군을 잡는데 결정적인 전공을 세웠다. 만주족(여진족)의 통일체가 금나라였는데 그 금나라가 몽골족(원나라)에 의해 쇠퇴했고 원나라는 명과 조선의 연합군에 의해 변방으로 밀려서 쇠퇴했으며, 누르하치가 다시 흩어져 있던 여진족들을 재통일하여 1616년에 후금을 세웠는데 그 후금이 1627년 1차 침입(정묘호란)을 했고, 1636년에 누르하치의 아들인 청 태종 홍타이지가 국호를 '대청'이라고 고친 후 그해 12월 6일 압록강을 건너 우리 조선을 다시 공격해왔으니 그것이 바로 병자호란이다. 명나라와 후금은 사생결단의 대전투를 앞두고 그 사이에 있는 우리는 양자택일의 입장에 서 있었다. 광해군의 재위기간까지는 중립외교로 버틸 수 있었지만, 약소국의 운명이란 양다리를 걸치면서 말 몇 마디로 환란을 피해갈 수 없는 것이다. 명나라와는 이백 년 동안이나 고락을 함께하면서 여진족과 몽골족을 힘을 합해 물리쳤으며 임진왜란 때는 명나라가 1차 원병 때 5만, 그리고 2차 원병 때는 10만이라는 대군을 파견하여 우리를 도운 바 있다. 이처럼 우리나라와 중국은 마냥 나쁜 사이만은 아니었음을 알아 두시기 바란다. 그로 인해 명나라는 많은 국력을 소모하게 되었고, 또 많은 젊은 병사들이 죽게 되었던 것이다. 그리고 청나라가 후에 중국의 유교 문화를 받아들이고 명나라의 인재들도 차별 없이 등용하여 비교적 좋은 정치를 했지만, 병자호란 당시까지만 해도 짐승만도 못한 살육과 만행을 일삼던 미개한 족속에 불과했다. 그렇다면 우리는 명나라와의 의리를 지켜 국론을 통일하여 신의를 지키는 것이 옳은가, 아니면 청국에 붙어 명나라에게 칼을 겨누는 것이 옳은가? 우리가 양쪽을 저울질하면서 중간에서 어정쩡한 모습을 보이지 않고 단호하게 명과의 동맹을 확고히 했더라면 청과의 전쟁이 일어났을 때 명군이 보다 적극적으로 지원병을 보내왔을 것이다. 또 그 양란을 치르는 시기는 명나라가 아직 건재했기 때문에 우리가 조금만 더 버티어냈다면 후방의 명나라가 신경이 쓰여서 그들은 조선 정복을 뒤로 미루고 되돌아갔을 것이며, 명나라의 사기도 올라가 명과의 연합으로 그들을 물리쳤을 가능성이 높았다.

그런데 인조반정에 참여했던 공신 대부분은 대의와 충절을 모르고 그저 권력욕과 사리사욕만을 알아서 중립 외교니 뭐니 하는 황당한 주장을 하다가 전쟁이 일어나자 자기 한 몸 살겠다고 가족만 챙겨서 무책임하게 도망을 가고 항복을 해버림으로써 그토록 참담한 치욕의 역사가 전재된 것이다. 그 이유는 임진왜란 때 이미 사람다운 사람이 많이 죽어 용맹스런 기개가 많이 위축되고 그 기운이 다음 세대로 이어지지 못했기 때문이다. 후금이 양란을 일으킨 것은 인조가 모문룡이 이끄는 명나라 군대를 평북 가도에 주둔하도록 허락하고 군사 원조까지 하면서 후금에게는 머리를 숙이지 않은 것도 원인이고 이괄의 난에 참여했던 한윤과 한택 등이 후금을 찾아가서 역적질(인조반정의 부당성과 조선의 병력이 오합지졸이니 속히 조선을 치라고 종용함)을 한 것도 원인이지만, 그 진짜 이유는 그 당시 청은 명나라의 경제 단교로 그동안 명나라의 상인들에게서 공급받던 쌀을 비롯한 막대한 물자를 공급받지 못해서 엄청난 경제적 압박을 받고 있었기 때문이다. 또한 조선을 쥐어짜서 물자를 공급받고 아울러 명과의 결전을 하기 전에 명에 우호적인 후방의 조선을 굴복시켜 화근을 없애 명의 사기를 꺾은 후 조선의 인력과 군대를 명과의 전쟁에 이용하고자 함이었다. 만약 그 당시 우리 조선이 명나라를 멀리하고 군신 관계를 요구하는 그들의 청을 들어주었다 할지라도 그들은 물자와 인력(군대)을 동원케 하여 명과의 전쟁에 앞장세웠을 것이며, 명을 정복한 후에도 협력한 공을 알아주기는커녕 과거 고려조 때와 조선 초기에 자신들을 속국으로 삼아 하대하던 일 등을 트집 잡아 사대의 예를 강요하고 수탈과 박해를 멈추지 않았을 것이다. 싸움(전쟁)은 피해갈 수만 있다면 피하는 것이 상책이지만, 그 시기에는 피해갈 수 있는 상황이 아니었기 때문에 단호하게 먼저 대처하여 국론을 통일하고 전략 전술을 세워 전투 준비를 했어야 했다. 그러나 그 당시 조선에는 그런 역할을 할 만한 인물이 없었다. 사람들은 그 모든 것이 무사안일한 유교 사상에만 젖어 있어서 그런 결과를 초래하게 되었다고 하지만, 과거 중국의 역사를 보면 신의와 충절을 지켜 엄청난 큰 공을 세우고 나라와 백성을 구했던 수많은 영웅호걸이 있었는데, 그분들의 드높은 기개와 천고에 빛날 의협심과 애국심 등은 모두가 충효와 인의라는 네 글자를 중심으로 한 유교 사상에 그 기반을 두고 있음을 알아야 한다. 또 신의와 충절을 지키다가 패하여 엄청난 수난을 당한다 하더라도 그 민족은 그 상처를 치유하고 그 정신을 계승하여 다시금 미래로 힘차게 뻗어 나갈 수 있지만, 불의와 배신에 빠져 수모를 당한 민족은 자존감을 상실해서 다시금 힘차게 발전해나갈 수 있는 동력을 잃어버리게 되는 것임을 명심해야 한다. 또 한 가지, 사람들은 청을 칭키스칸의 몽고족으로 착각하여 명은 지는 해요 청은 뜨는 해이기 때문에 명의 국력이 청의 국력의 십 분의 일도 되지 못했을 것으로 아는데 사실은 그 반대였다. 경제력도 명의 거부나 교관 대작 몇 사람의 재산이 청의 전체 재정과 맞먹을 정도였고, 군사의 수도 명이 수십 배나 많았다. 망해버린 금나라의 여진족들은 계속 명나라와 조선의 속국으로 지내왔는데, 조부와 부친을 명 조정에 잃고서도 누르하치는 발톱을 감추고 처음엔 명에 충성을 다하면서 벼슬을 하사받고 명으로부터 물자를 보급받아 조금씩 조금씩 힘을 키우면서 칼을 갈고 있었다. 그리고 이처럼 무서운 누르하치를 명나라 대신들은 그저 던져주는 먹이에 감사하는 하찮은 오랑캐의 족장쯤으로 가볍게 보고 적당히 힘을 실어주면서 재기를 노리고 있던 몽고족을 견제하는데 이용하고 있었다. 그러다가 조선에 임진왜란이 발발하여 명이 군대를 파병하고 명 조정이 갈등과 알력으로 사분오열되고 이자성과 고영상 같은 자들이 이곳저곳에서 민란을 일으키는 난세가 되자 지모가 뛰어난 누르하치는 드디어 본색을 드러내고 이 모든 상황을 교묘하게 이용하여 명나라 인재를 자기편으로 끌어들이고 서로 이간질을 시키는 등 온갖 수단을 동원해서 최선을 다했는데 그래도 초기에는 모든 면에서 누르하치의 세력은 명의 국력과는 비교도 할 수 없을 만큼 미약한 세력이었다. 모든 나라가 망하는 것은(개인도 마찬가지) 먼저 스스로 망한 후에 남에게 당하게 되는 것이다. 명의 신종 황제와 희종 황제 등이 어리석어 실정을 거듭하고 명 조정이 부패하여 부정과 비리가 만연하고 유교 윤리도 쇠퇴하자 국력이 분산되어 관리들은 조국을 배신하고 일신과 일족의 안위와 부귀만을 누리고자 했다. 당시 조선 역시 국론을 통일하지 못하고 척화파와 주화파가 서로 갑론을박을 계속하다가 청 대군이 압록강을 건넌 것도 알지 못하고 청 태종의 10만 군사에게 고작 40여 일만에 나라를 내주고 말았는데, 그 과정을 보면 다음과 같다.

인조는 공신인 김류와 김자점 같은 간신들을 중용하여 그들이 권력을 쥐고서 전쟁 정국을 주도했는데 정말 무능과 무책임과 무사안일의 진수를 보여주었다. 우선 김자점은 겨울에는 추워서 침략이 없을 것이라고 하면서 최전선인 국경 지역의 압록강 변에 방어선을 구축하지 않아 청의 십만 대군이 마음 놓고 도강하게 하였으며, 김류 역시 당시 조정의 권력과 병권을 한 몸에 지녔던 사람임에도 자신과 가족의 안위만을 챙겼을 뿐 진군로에 있는 협곡 같은 요충지 중 단 한 군데에도 방어선을 구축하지 않고 모두 성안에 숨어서 지키는 수성 작전만을 폈으니 참으로 한심한 일이 아닐 수 없다. 그래서 당시 의주 부윤이던 임경업은 의주의 군민軍民들과 함께 최전선인 백마산성에, 평양의 군민들은 자모산성 안에, 황주의 군민들은 정방산성 안에, 평산의 군민들은 장수산성 안에 들어가 진을 치고 있었으며, 그 외의 촌락에 사는 백성들은 그냥 방치되어 있다가 급히 산속으로 피신하여 참변을 피하기도 하고, 미처 피하지 못한 백성 중 청군의 진군 로에 자리한 백성들의 마을은 비참하게 초토화되었다. 그 당시 백마산성의 임경업 장군 휘하에는 조선의 최정예 부대들이 포진해 있었는데, 청 태종은 병자호란 당시 백마산성을 두세 차례 공격하다가 몇천 명만을 백마산성 앞 청군 진지에 남겨두고 수가 많은 것처럼 위장한 후 밤을 틈타 대부분의 나머지 군대를 이끌고 다른 산성과의 충돌을 피하면서 곧장 인조가 있는 수도 한양을 향하여 빠르게 진군했다. 그러나 다들 성안에 숨어 성이 공격받지 않은 것만을 다행으로 여겼으며, 진군의 상황을 봉화대의 봉홧불을 올려 알렸으나 당시 황주의 정방산성에 주둔하고 있던 도원수 김자점은 이 사실을 미리 알리면 민심의 동요만 가중된다면서 미루다가 청군이 순안을 지나 안주를 통과할 무렵에야 장계를 올렸는데, 인조가 그 장계를 받아본 날이 12월 13일이었다. 이튿날 청의 선봉대가 이미 개성을 지났다는 보고가 들어오자 인조는 어찌할 바를 모르고 강화도로 피신하려고 했으나 일기가 워낙 불순하여 소현세자와 봉림대군만 강화도로 보내고 자신은 그냥 가까운 남한산성으로 들어가게 되었는데 호위하는 군사가 채 2만이 되지 못했다(공신들이 모두 사병을 나누어 보유하고 있었기 때문). 이에 인조가 하삼도(경상도, 충청도, 전라도)에 속히 지원병을 파병하라는 전령을 보냈는데 경상 감사 심연이 8천 명, 충청 감사 정세규가 7천 명의 군사를 이끌고 왔으나 무 연대, 무 전략으로 허망하게 패퇴하여 다들 고향으로 돌아가거나 들판에 진을 치고 머뭇거렸으며 한양 이북에 있던 군사들도 무 연대, 무 전략으로 한양을 향해 진군하다 길목 요소를 지키고 있던 청군에게 패배하여 뿔뿔이 흩어졌다. 김자점 역시 정방산성에서 군사를 거느리고 나와 척후병도 세우지 않고 무작정 진군하다 청군에게 많은 군사를 잃고 패퇴하여 강원 감사 조정호와 유도대장 심기원 등을 만나 다시 2만여 명의 병사를 거느리고도 남한산성을 포위하고 있던 청군의 진영을 교란시킬 그 어떤 전략도 구상하지 못하고, 또 용기를 내서 한번 싸워보지도 못하고 병자호란이 끝날 때까지(왕과 왕자들이 항복할 때까지) 미원에서 사태를 관망하며 움직이지 않았다. 그러나 전라 감사 이시방의 휘하에서 선봉장을 맡은 전라 병사 김준룡은 고작 2천의 병사로 청나라의 거물급 장수인 양고리(청 태종 홍타이지의 매부)가 이끄는 5천 정예병과의 전투에서 대승을 거두고 양고리를 전사시키는 큰 공을 세웠다. 이처럼 전쟁이란 숫자가 문제가 아니라 얼마나 필승의 각오를 다지고 용맹하게 그 전투에 임하는가가 중요한 것이다.

잘 알지도 못하면서 청의 국력이 명보다 강했기 때문에 그쪽에 붙는 것이 현명했다느니 명·청 전쟁에 우리 조선은 큰 도움이 되지 못했을 것이란 등의 후세의 평은 썩어빠진 패배주의에 불과하다. 모두가 김준룡 같이 용감하게 힘을 합해 싸웠더라면 어찌 그와 같은 참담한 치욕을 당했겠는가? 한편 강화도로 피신한 소현세자와 봉림대군의 호위를 맡은 김경징(공신 김류의 아들)과 부장인 장신 같은 자들은 대륙에서만 활동하던 청의 철기군이 날개가 없는 한 강화도엔 들어오지 못할 거라면서 연일 술을 마시고 놀다가 청군이 섬에 상륙하자 나룻배를 타고 조용히 도망을 가버렸다. 강화도를 호위하던 조선 수군도 청에 투항했던 공유덕이 이끄는 청의 수군이 홍이포를 쏘아대며 진군하자 얼마 버티지 못하고 앞을 다투어 뱃머리를 돌리고 도망을 가서 강화도로 건너오는 바닷길을 내주고 말았다. 그러나 척화파였던 김상용은 그들의 손에 죽을 수는 없다면서 강화산성의 남문루 위에서 화약을 터뜨려 자결을 하는 의기를 보였다. 임경업은 상황 판단을 제대로 하지 못하고 종합적인 전략을 세우지도 못했으며 그저 우왕좌왕하고 있다가 남한산성의 인조와 강화도의 두 왕자가 항복을 하자 따라서 항복을 하게 되었으니 그를 진정한 명장이라고 보기는 어려울 것 같다. 그 시절 우리 조선이 치욕을 당한 것은 신의와 충절에서 우러난 기개가 없었기 때문이며, 거대한 명나라가 하찮은 여진족에게 망한 것도 나라가 썩었기 때문이다. 싸우자는 척화파나 피해가자는 주화파나 모두 책임이 있지만, 그중에서도 무사안일만을 추구한 주화파들의 책임과 죄가 훨씬 더 컸다는 것을 밝혀두고자 한다. 왜냐하면 그들 주화파가 전쟁에서 척화파보다 훨씬 더 빨리 항복을 하고, 훨씬 더 무책임한 행태들을 보인 것으로 보아 그만큼 정신 상태가 더 많이 썩어 있었다는 것이 증명되었기 때문이다. 주화파에서는 단 한 사람, 압록강 변 수비를 언급했던 최명길만이 진실로 백성들의 안위를 걱정했던 인물이었고 나머지 대부분의 주화파는 자신의 안위만을 생각하면서 신의와 충절을 헌신짝같이 여기던 무리였다고 보면 된다. 병자호란 직전에 명의 감군어사 황손무는 우리 조선에게 "압록강과 청천강, 그리고 평안도의 험준한 지형을 잘 이용하고 병사들을 조련하여 화약과 총포를 제대로 갖추면 적을 막을 수 있다."고 조언했으며, 채유후는 "청군이 수군을 보유할 수도 있으니 동궁을 호남으로 보내는 것이 최상책이고 영남으로 보내는 것이 중책이며 강화도로 들어가는 것이 최하책."이라고 진언했으나 인조와 대신들은 들은 척도 하지 않았다. 압록강과 청천강에 방어선을 구축하고 산세와 지형지물을 이용하여 방어와 유격전을 병행하면서 청군의 후미를 교란하고 기습을 하는 등 연합 작전을 폈더라면 장기전을 할 수 없는 청군은 견디지 못하고 패퇴하여 철군했을 것이다. 어찌 되었던 청나라는 우리 조선과는 철천지원수였음이 분명하다. 큰 것과 작은 것을 구별하지 못하고 철천지원수인 그들의 문물에 압도되어 박제가 같은 자는 우리도 청나라의 언어를 사용해야 한다는 망발까지 입에 담았는데, 영명하신 선조들이 물려주신 위대한 우리 것을 비하하고 요사스런 천주교를 기웃거린 그들을 우리 후손들은 준엄하게 성토해야 한다.

선조 중엽부터 천주실의와 같은 서양의 종교 서적이 이미 들어왔지만 우리 조선은 그로부터 150여 년간이나 서양종교에 대해 아무런 탄압도 하지 않고 금서로 규정하지도 않았기에 누구나 서고에 꽂아두고 볼 수가 있었다. 왜냐하면 사람들이 우리의 전통윤리를 계속 지켜나가면서 서양의 종교 서적을 읽었기 때문이다. 그런데 정조 후기부터 어리석은 맹신도들이 생겨나 아예 우리의 전통윤리를 내팽개치고 사특한 서양 종교에 깊숙이 빠져서 중국에 나와 있던 천주교 신부들에게 "미개하고 불쌍한 우리 조선에도 교구를 설치하여 성스런 가르침을 주시고 주님의 은총을 내려주시라." 라고 수십 차례나 서신을 보내 청원을 하고 애원을 하였는데, 정약용도 그에 앞장을 섰던 주모자 중 한 명이었다. 그래서 브뤼기에르가 명목상 초대 조선 천주교 교구장이 되었고, 이어서 2대 교구장인 앵베르 주교와 모방, 샤스팅 같은 신부들이 중심이 되어 본격적으로 우리 조선에서 전도를 시작하게 된 것이다. 그런데 최초의 조선 순교자인 윤지충과 권상연 등은 친척이나 친지들이 상을 당해도 조문을 가지 않고 조상에 대한 제사를 무속의 잡신들에게 행하는 어리석은 짓이라 하면서 가문의 사당을 부수고 조상의 위패를 불태우는 등의 만행을 저지르며 맹렬한 기세로 기독교의 전도에 나섰다. 이로 인해 장례의 절차가 번거롭고 무의미한 짓이라 하면서 부모의 시신을 산골짜기에 내다 버려서 산 짐승들이 뜯어 먹고 맹금류들이 쪼아 먹으며 파리와 구더기가 시체의 썩은 물을 파먹도록 방치해두는 자들까지 생겨났다. 만약 그 시대에 그들이 칼자루를 쥐고 있는 집권자의 위치에 있었다면 서구열강들이 기독교의 강제 전도를 위해서 마야와 잉카 문명을 흔적도 없이 초토화시키고 아메리카의 원주민인 인디언을 75% 정도나 살육한 것처럼 조선 반도를 피바다로 만들었을 것이다. 실제로 그들은 새 세상을 만든답시고 세상을 끝없이 어지럽혔기 때문에 박해를 받았다는 사실을 알아두시기 바란다. 윤지충은 정약용의 소개로 가톨릭에 입교했으며 외사촌인 정약용 형제에게서 천주교 교리를 배워 전도된 후 모친상을 당하자 신주를 불사르고 제사를 폐한 후 모친의 시신을 유기했다. 권상연은 윤지충으로부터 전교를 받았는데 그 역시 가문의 사당을 부수고 조상의 위패를 불사르는 등 윤지충과 똑같은 죄를 지었으며 그 과격함이 윤지충을 능가하는 인물이었다. 이에 대해 1791년 10월 20일에 대사간 신기가 정조에게 아뢰기를 "권상연과 윤지충 양적은 요학妖學을 주장하고 정학대도를 배척한 것만으로도 그 죄가 가볍지 않은데 사당을 부수고 신주를 태워버리고, 제사를 거부하는 것으로도 부족하여 친시親屍(부모의 시신)를 내팽개쳐버렸으니 이는 실로 하늘과 땅 사이, 사람이 사는 공간에 한순간도 용납할 수 없는 자들입니다. 그들에게 물든 경외의 무지한 무리까지 모조리 찾아내서 엄하게 그 죄를 묻지 않는다면 어찌 이 땅에 강상綱常의 법도가 바로 서겠습니까?"라고 했으며, 홍낙안은 채제공에게 장문의 편지를 보냈는데 그 내용은 대충 다음과 같다.

…(전략)… 윤지충 등은 부모가 죽어도 조문객을 받지 않으며 심지어는 그 신주를 불태운 후 나무토막 따위에 어찌 부모의 혼령이 있을 수 있느냐고 하면서 그런 사실을 모르고 조문을 온 사람이 위로의 말을 전하자 "부모가 죽은 것은 축하할 일이지 위로받을 일이 아니다."라고 대답했다 하니 아, 실로 가슴 아픈 일입니다. 천리天理가 생긴 이후 어찌 이런 변괴가 있겠습니까? 율문(법 조문)에 이르기를 "남의 신주를 손상시킨 자는 그 죄가 살인과 같다."고 했는데 스스로 그 조상의 신주를 태워버렸으니 이는 시역弑逆(부모를 살해하는 것)의 변괴와 다를 것이 없습니다. 그 죄악을 분명히 밝혀 처벌하지 않는다면 장차 삼강오륜은 땅에 떨어지고 4백 년 동안 지켜온 우리나라의 강상綱常이 침몰해서 짐승이나 오랑캐의 구역이 되고 말 것입니다. 생각이 이에 미치니 어찌 가슴이 막히지 않겠습니까? 만약 조정에서 이 양적을 가볍게 처벌하면 이는 마치 황하의 강둑이 터져 골짜기를 휩쓸고 물고기들이 짓이겨지는 것과 같은 걷잡을 수 없는 혼란이 올 것입니다. …(후략)…

하지만 천주교에 비교적 호의적인 당시 좌의정이었던 채제공은 이 두 사람의 목숨만은 살려주고 싶어서 정조에게 "윤지충이 그 모친의 시신을 유기했단 말은 모함이고 와전된 것입니다."라고 변호를 해주었지만, 실제론 그런 패역무도한 죄를 저지른 매우 사려짐이 부족한 어리석은 인물이었다. 조상님의 현신이 눈앞에 계시지 않기 때문에 나뭇조각으로 조그만 위패를 만들어서 사당에 모셔

놓고 제사를 모시는 것은 동으로 수많은 불상을 만들어 금색, 은색으로 치장을 한 후 시도 때도 없이 그 앞에서 절을 해대는 불가의 무리와는 그 차원이 다른 것이다. 당시 정조께선 천주교에 대한 직접적인 탄압보다 문체반정의 죄를 물어 유교의 기풍을 바로 세우면 사학邪學(천주교) 따위는 저절로 없어질 것이라고 생각했는데, 윤지충 등의 죄악이 너무나 크고 분명하여 가볍게 넘길 사안이 아니라고 생각해서 결국 참형을 명하신 것이다. 그러나 이 두 사람은 살 수 있는 기회가 많았다. 무슨 말인가 하면, 처음에 진산이라는 자그만 고을의 현령 앞에서 문초를 받을 때 그 잘못을 인정한다면 용서해주겠다고 했으나 오히려 가르치려 들었기 때문에 전주 감영으로 불려간 것이며, 그곳에서 역시 그 잘못을 인정한다면 가벼운 벌로 대신한다고 했으나 자신들의 생각이 옳다고 강변했기 때문에 드디어 조정에 고변이 되었고 국문장에서도 역시 자신들의 고집을 꺾지 않았기 때문에 마침내 형장의 이슬로 사라진 것이다. 이처럼 조선 사회는 무지막지하게 사람을 다루는 그런 사회가 아니었음을 알아두시기 바란다. 조선의 천주교 탄압에 있어서 이 진산 사건에 버금가는 기가 막힌 사건이 또 하나 있었으니, 이것은 바로 황사영의 백서 사건이다. 황사영은 다산(정약용)의 큰형인 정약현의 사위로 17세에 소년 등과 한 수재였으나 역시 정약용 형제에게 천주교 교리를 배워 철저한 맹신도가 된 자이다. 그는 백서에 신유박해(1801년 주문모, 정약종, 이승훈 등을 중심으로 한 천주교 탄압사건)에 대한 진상을 적은 후 서구의 힘을 빌려 천주교를 조선의 국교로 만들려했으며, 만약 조선 조정이 그것을 거부하면 그 죄를 물어 나라 전체를 초토화시켜야한다는 내용을 담고 있다.

…(전략)… 예수님의 거룩한 가르침에 의하면 선교를 용납하지 않는 자들은 그 죄가 소돔과 고모라보다 중하다고 했으니 이 나라가 전멸한다 해도 당연한 일일진대 탄환만 한 소국이 감히 순종치 않고 오히려 완강히 대항하여 성교聖敎를 잔인하게 박해하고 성직자들을 학살하였으니 어찌 그 죄를 문책하지 않을 수 있겠습니까? 조선의 병력은 본래 미약하여 위로는 임금이 우매하고 아래로는 어진 신하가 없어 무슨 사태가 벌어지면 흙더미가 무너지고 기왓장들처럼 흩어질 것이니 바라옵건대 수십 척의 군함과 몇천 명의 군대와 대포 등의 무기들을 싣고 와서 "우리는 단지 이 지역의 생령들을 구원하러 왔는바 순순히 교종敎宗을 받아들인다면 지난 잘못(신유박해)을 불문에 부치고 대포 한 방 쏘지 않겠지만 만약 천주의 사신을 받아들이지 않는다면 반드시 천주의 벌을 무섭게 집행할 것이니 귀국의 왕은 그 중 어느 하나를 선택하시라."라고 협박하면 온 나라가 두려워하며 감히 받아들이지 않을 수 없을 것입니다. …(후략)…

위의 백서의 내용을 보면 아시겠지만 황사영 역시 윤지충, 권상현과 마찬가지로 우매하기 짝이 없는 자였다. 이 백서가 북경에 있는 앵베르 주교에게 전해지지 않고 중도에서 발각되어 조정이 발칵 뒤집어지면서 천주교 탄압에 불을 지르게 된 것이다. 사실 윤지충도 고산 윤선도의 6대손으로 인재라면 인재였고, 황사영 역시 소년 등과 한 수재였는데 선배들이 올바른 길(정법대도의 길)로 인도하지 않고 잘못 인도했기 때문에 이 같은 우를 범한 것이라고 볼 수 있다. 이 두 경우 모두 다 다산 형제가 개입되어 있으니 후세의 역사학자들은 이 부분에 대해 냉정한 평가를 재고해야 한다고 본다. 이러한 견해를 피력한 사람은 아마도 필자가 유일할 것이다.

1550년 스페인의 에스파냐 성당에서 아메리카의 원주민들을 인간으로 볼 것인가 짐승으로 볼 것인가에 대해 저희끼리 며칠간 열띤 논쟁이 계속되었다. 조선 시대에 우리나라에 들어온 신부들 역시 이처럼 중세기독교의 썩어 문드러진 매우 잘못된 가치관을 그대로 간직한 무리였음은 두말할 필요도 없다. 이러한 잘못된 서양 신부들의 부패와 오만과 독선은 19세기 말까지 계속되었는데, 조선 선비의 자존심을 내팽개치고 그러한 사악한 서양 신부들에게 아부와 굴종을 자청했던 쓸개 빠진 자들을 어찌 선각자라고 할 수 있겠는가? 그때 만약 황사영의 백서가 앵베르 주교에게 전해지고 그가 그것을 자기 본국에 보냈다면 조선 인구의 절반 이상이 죽고 프랑스의 식민지가 될 수도 있었으니 생각만 해도 모골이 송연한 일이다. 20세기 중반 무렵의 해방 후에 들어온 서양 신부들은 그래도 어느 정도 사람의 마음을 갖추었지만, 고종 때의 서양 신부들만 해도 그 횡포와 패악질이 말로 할 수 없을 정도였다. 그 무렵 제주도에서 프랑스 신부들이 자신의 국력을 등에 업고 고종 황제로부터 특권을 부여받은 뒤 포교소의 앞마당에 사사로이 형틀을 차려놓고 수많은 죄 없는 사람을 잡아다가 곤장을 치고 재산을 수탈하고 여자들을 겁간하는 등 만행을 일삼았다. 물론 제주 지역에서 그 패악질이 가장 심했지만, 황해도에 있던 서양 신부들도 걸핏하면 교인들에게 몽둥이를 휘두르며 수탈과 폭력을 일삼았다. 즉 우리 조선 백성들을 짐승처럼 여기면서 선교를 거부한 백성만이 아닌 같은 교인들에게도 이처럼 행패를 부린 것이다. 그뿐인 줄 아는가? 명동성당을 짓는데 공헌한 뮈텔 주교도 한국인들을 개·돼지

취급을 하면서 우월의식에 가득 차 있었다고 전해지고 있다. 이러한 역사를 똑바로 알고 다시는 순교자니 성지순례니 하는 따위의 망언들을 입에 담아서는 안 될 것이다. 이상에서 보았듯이 그들(북학파와 천주교 신자들)은 결코 위대한 선각자들이 아니었으며 오히려 나라를 혼란과 무질서로 이끈 어리석은 무리였음을 알아두시기 바란다. 연암이 진사과에 합격했음에도 벼슬길에 나가지 않았다고 하나 그에 대한 정확한(나이, 년도) 문헌이 없으며, 반대로 여러 차례 과거에 낙방했다는 기록은 남아 있다. 여기서 실학의 대가라고 알려진 다산 정약용에 대해서도 한마디를 하고 넘어가지 않을 수 없다. 그 역시 성호에게는 크게 못 미치는 그릇이라고 본다. 그들 삼형제(정약전, 약종, 약용)는 다방면에 걸쳐 재주가 있고 성품도 비교적 반듯한 편이나, 어리석게도 요사스런 천주교에 빠져드는 우를 범했다. 다산은 그의 두 형보다는 덜했지만 젊어선 유학을 잡학이라고까지 비하했으며 내심 천주학을 신봉했고 학문이 무르익은 말년에 와서도 상제上帝를 기독교적으로 인식하고 그런 상제의 존재를 인정하지 않으면 인仁을 행할 수 없다고 하면서 맹자 님과 주자의 인본주의人本主義에 정면으로 맞서는 글을 남겼다. 공자께서도 상제上帝를 그렇게 보시지는 않았으며 사실상 인간중심주의를 신봉하셨다. 그는 인간이 사단(인·의·예·지의 작은 싹. 즉 불행한 처지에 빠진 사람들을 측은하게 생각하는 마음과 극악무도한 죄를 지은 자들을 미워하는 마음과 양보하고 사양하는 마음과 옳고 그름을 분별하는 마음의 작은 씨앗)을 갖고 태어났다는 사실도 부정했는데, 이는 기독교 원죄설의 입장에서 인간의 심성을 바라본 것이다. 그가 남긴 저서의 문장이나 문체, 그리고 그 내용을 보면 그 기국이 작고 안목 역시 범상하여 성현의 풍모와는 거리가 멀고 그냥 성실하고 유능한 행정가 또는 우수한 기술감독관 같은 느낌이 든다. 그의 형제들이 모두 그렇다. 그리고 그가 시골구석에서 모집한 보잘것없는 그의 제자들과 함께 35년 동안이나 애써서 남긴 모든 책도 사실은 기존의 서적들을 쌓아놓고 펼쳐보면서 재정리한 것들에 불과하며, 『목민심서』가 나오기 천여 년 전부터 목민관이 백성을 대하는 도리에 관한 서적이나 교훈들은 수도 없이 전해져왔음을 알아야 한다. 그는 세상을 바르게 지탱해주는 정법대도인 성학의 맥이 끊어져 가고 있는 현실을 바로 보지 못했으며, 또 그것을 바로잡지 않으면 나라의 장래가 어찌 되리란 것도 예상하지 못한 채 그저 전해져온 서적들만 장황하게 재정리했을 뿐이다. 다음은 조선 왕조의 몰락을 가져온 직접적인 원인이었던 대가뭄의 실상에 대해서 간단히 소개해볼까 한다. 1882년부터 1910년까지 29년간 우리 조선 반도에 유례가 없는 혹독한 대가뭄이 몰아쳤는데, 특히 1900년엔 1년 동안의 강우량이 겨우 374㎜밖에 되지 않아 굶어서 죽은 사람이 부지기수였다.

한양으로 거지 떼가 몰려들었다. 폭도로 돌변한 백성들 때문에 밤중에 돌아다니기가 위험했다. 모내기를 하지 못한 모는 못자리에서 말라죽고, 먹지 못해 죽어가는 사람이 전국적으로 생겨났다.

앵글스 해밀턴이라는 영국인이 1901년 극심한 가뭄이 든 조선을 여행하면서 본 광경이다. 당시 조선의 이례적인 장기 가뭄을 분석하기 위해 러시아 상트페테르부르크 기상관측소 통신원이 제물포에 파견됐는데, 그해 6월부터 8월 사이의 여름철 강우량이 104㎜

에 그쳤다고 한다. 그래서 결국 국고가 바닥나고 군량미도 턱없이 부족하여 군대다운 군대를 키울 수도 없는 상황이 되었던 것이다. 재정 규모가 열악하고 농사에 주로 의존하던 그 시절에 29년 동안의 장기 가뭄이 없었다면 비록 연암이나 이승훈 등의 망동으로 세상이 어지러워지고 안동 김씨의 60년 폐정이 있었다고는 하나, 반만년 동안이나 숱한 외세의 침입에도 굳게 버텨온 우리 민족은 그 어떤 강국에게도 그렇게 호락호락하게 강산을 내어주지는 않았을 것이다. 우리 한반도에서 두 번째로 심했던 가뭄은 1901년보다 124년 전인 1777년을 중심으로 13년간 계속됐고, 이와 비슷한 가뭄이 그로부터 또 124년을 거슬러 올라간 1653년을 중심으로 10년이 넘도록 계속되었다고 한다. 이것으로 미루어 본다면 1900년에 124년을 더한 2024년을 중심으로 또 한 차례의 대가뭄이 10여 년 이상 우리 한반도에 닥쳐올 가능성을 배제할 수 없다. 그런데 우리나라의 수자원 계획은 1966년~2003년 사이의 강우량을 기준으로 수립되었기 때문에 매우 근시안적이라고 보지 않을 수 없다. 그래서 이 기간 중 가장 가뭄이 심했던 것으로 평가된 1975년의 물 부족량이 7억㎥인데 비해, 측우 기록상 최대의 갈수년이었던 1900년의 물 부족량은 무려 111억㎥에 이르렀다고 추정되기 때문에 그에 대한 대비를 해두는 것이 좋을 것이다. 우리는 일제의 식민사관과 서구 문명의 망령에서 벗어나 민족문화에 다시 눈을 떠야 하며, 일부 정치인과 일부 보수자본가(기업가)의 무분별한 탐욕과 극우 세력의 지나친 대북 적대관과 서구사대주의자들의 맹목적인 따라 하기 행태를 바로잡아야 한다. 아울러 잘못을 저질러놓고 조상 탓으로 돌리는 버릇도 고치지 않으면 안 된다. 이를 위해서 모든 깨어있는 지식인과 가난한 서민, 노동자와 농민, 그리고 전국의 유림과 젊은 사람이 한 덩어리로 굳게 뭉쳐서 진정으로 그런 문제들을 잘 해결해 나갈 수 있는 참된 지도자를 뽑고 민족정기를 되찾아 인륜·도덕을 바로 세우고 모두가 잘사는 새로운 세상을 건설해야 할 것이다.

우리나라의 역사적 문제점 그 두 번째는 해방 이후 친일세력에 대한 청산을 전혀 하지 못하고 오히려 그들이 해방된 조국에 재등장하여 군부와 정치, 경제, 사회, 문화, 사법, 교육, 역사학계 등 모든 부문을 장악한 가운데(남한) 남북이 분단되고, 이승만, 박정희, 전두환과 같은 인물들이 차례로 집권을 하는 파행적이고 기형적인 역사를 거듭하면서 그나마 조금 남아있던 선비정신과 민족정기가 완전히 말살되고 올바른 가치관이나 역사의식이 실종되어 온갖 비리와 야합과 특혜가 판을 치는 황금만능의 무법천지가 되고 말았다는 것이다. 우리나라의 1~16대 육군참모장 13명 가운데 12명이 일본군 출신이었다면 모두 놀랄 것이다. 이 가운데 백선엽, 이응준, 채병덕, 신태영, 정일권, 이종찬, 이형근 이상 7명이 친일 인명사전에 올라있고, 이들 중 채병덕과 정일권을 제외한 5명은 죄질이 무거운 친일반민족행위자 명단에 들어있다. 이와 같이 친일·친미적 반민족 세력과 그 잔당이 부를 대물림하고 한국 사회를 움직이는 파워 엘리트가 되어 빈익빈 부익부 현상을 가중시키고 한사코 통일을 방해하고 있으며, 그 뿌리를 깊이 내려 나라의 장래를 암울하게 하고 있다. 해방 후 일부 뜻있는 인사들이 반민특위(반민족행위 특별조사위원회)를 구성하여 친일청산을 하려고 전국의 경찰 중 특경대를 모집하자 용기 있는 젊은이들이 자원을 하여 친일 경력이 심한 사람들을 잡아들여서 신속하게 법정에 세워 그 죄상이 증명

되는 서류를 낭독하며 재판을 진행하고 있었는데, 당시 이승만 대통령이 "감히 내 수족들을 건드려? 이놈들 버릇을 고쳐놔야지." 하면서 대노하여 대통령 특명으로 심복인 내무부 차관 장경근을 시켜 반민특위의 행동대인 특경대 속에 북한의 지령을 받은 빨갱이들이 있다는 제보를 받았으니 모든 재판을 중단하고 이미 형을 구형받은 자들도 일단 무죄로 석방한 후 모든 조사가 끝나면 다시 심리하도록 하라는 지시를 내렸다. 그리고 모든 특경대원을 잡아다가 무자비한 고문을 하면서 북한 김일성에게서 무슨 지령을 받았는가를 자백하면 풀어주겠다고 괴롭혔다. 바로 이정재가 그 특경대에 지원했다가 눈앞에서 자기가 잡아넣었던 악질 경찰간부가 일주일 만에 석방되고 자기가 그자의 손에 지하고문실에서 죽다 살아난 후 '아, 세상은 정의가 승리하는 것이 아니고 힘이 바로 정의구나!' 라고 잘못 생각하여 자유당에 빌붙어서 악행을 일삼다가 오명을 뒤집어쓴 채 박정희의 군사정권에 의해 형장의 이슬로 사라진 것이다. 이 한 가지 사건만 보아도 독자들께선 이승만이라는 인간이 어떤 사람이었는지 놀라움을 금치 못할 것이다. 그래서 파렴치하고 부패한 보수우파가 지금 이 순간도 남북이 대화를 해야 한다고 하면 종북으로 몰아 극성을 떠는 것이다. 지금까지 쭉 그래 왔다. 이처럼 잘못된 세상을 과연 누가 있어 바로잡을 것인가?

　세 번째 문제점은 급격하게 밀려든 서구 문명의 조류에 휩쓸려온 나라가 썩어 문드러진 서구사대주의자들과 서양 문화에 예속된 어리석은 무리로 넘쳐나고 있는데, 그보다 더 큰 문제는 그들이 고유한 우리 것을 전혀 모르고 영명하신 우리의 선조들과 우리의 문화를 비하하고 있다는 것이다. 특히 불학무식한 일부 기독교인들

이 영명하신 조상님들과 위대한 우리의 민족혼과 민족성을 능멸·
비하하면서 민족의 자존감을 스스로 훼손시키고 있는데, 이러한
우매한 맹신자들을 잘 가르치고 깨우쳐야 할 것이다.

네 번째 문제점은 사람들이 우리의 고대역사에 대해서 잘 모르
고 있다는 것인데, 이는 일제가 우리의 고대 역사서를 중심으로 한
사서史書를 무려 20여만 권이나 빼앗아 불태워 없애버렸기 때문이
다. 하지만 국내외에 남아있는 여러 가지 사료와 사적들을 분석해
보면 세계 4대 문명보다 앞서 우리 한민족韓民族이 세계 최초의 '요
하 문명'을 이룩했으며, 세계 최초로 법과 제도를 갖춘 '신시'라는
고대국가를 세웠고, 중국보다 수백 년 이상 앞선 청동기문화 선진
국인 단군왕검의 '고조선'과 당시 최고의 도덕 국가였던 '동이', 또
중국 한漢나라의 황제만 입던 옥갑을 상납받던 강대국인 북부여를
세웠으며, 고구려가 건국 초기에 이미 북경을 넘어 중국의 심장부
를 점령했다는 사실과 고대 중국의 삼황오제도 실은 우리의 조상
이었으며 중국 대륙을 오랫동안 지배해왔던 원주인이었음이 점차
밝혀지고 있다. 이 한족韓族의 후손 중 한 갈래가 바로 고구려, 백
제, 신라인 것이며 항상 하늘의 뜻을 살피고 하늘에 경배하는 상제
문화上帝文化의 맥을 이어온 천손국가天孫国家의 착한 백성들이었던
것이다.

우리는 선조들의 이러한 위대한 발자취와 정신문화에 대해 드높
은 자부심과 자존감을 갖고 그에 걸맞은 국력과 도덕적 정신 유산
을 다시 꽃피워야 할 것이다. 비록 김유신과 김춘추 등에 의해 고
구려가 망한 후 그 드높은 기상이 꺾이고 수난에 수난을 거듭하
는 동안 모든 민족정기가 시들어 버리고 자그만 반도에서 남과 북

으로 갈려있지만, 우리의 혈맥 속에는 아직도 조상들의 웅혼한 기상과 순결한 심성이 면면이 살아 숨 쉬고 있기 때문에 얼마든지 다시 웅비할 수 있을 것이라 믿는다. 우리는 우리 몸에 맞지 않는 서구 문명이란 옷을 던져버리고 조상들이 물려주신 아름답고 향기로운 전통문화라는 우리 옷으로 다시 갈아입고 그 문화를 바탕으로 세계 모든 나라를 선도하여 온 지구촌에 인륜人倫의 꽃을 피우고 살기 좋은 세상을 만들어나가야 할 것이다. 필자는 그러한 원대한 포부를 안고 모든 문장을 누구나 이해할 수 있도록 쉽게 풀어써서 이 책을 세상에 내놓게 된 것이다. 앞으로 깨어있는 사람이 앞장을 서서 힘을 합치면 그러한 나라, 그러한 세상을 만드는 것도 그렇게 불가능한 일만은 아닐 것이다.

다섯 번째 문제점은 신라의 삼국통일에 대한 시각과 뿌리 깊은 영호남 갈등이다. 박노자라는 무례한 자가 『당신들의 대한민국』이란 책 등을 써서 망언을 일삼더니, 이번엔 『거꾸로 보는 고대사』란 책을 써서 도저히 묵과할 수 없는 망언들을 늘어놓았다. 그는 "한민족韓民族의 고대사는 그 가치에 대해 자랑할 만한 그 무엇이 없었으며 신라의 삼국통일은 고구려에 대한 도덕적 우월성에 기인한 천명天命이었다."고 주장하면서 무식을 뽐냈다. 삼국 전쟁의 민족적 대 비극을 정당화하고 과대평가했으며 김춘추와 김유신을 영웅시했는데, 이는 우리 역사의 아픈 상처에 염장을 지르는 것과 같은 대단히 잘못된 시각이다. 그리고 늑대와 호랑이 같은 짐승들도 영역표시를 하고, 5만 년 전의 구석기인들도 자신들의 삶의 영역을 지키기 위해 목숨을 걸고 싸웠으며, 3,500여 년 전에는 이미 청동기문화를 기반으로 크고 작은 부족 국가들이 나름대로 법과 제도를 갖추고 국가와 국경과 민족에 대한 개념을 갖고 문자를 만들어 역사를 기록하고 있었는데, 어찌 불과 1,500여 년 전 문무백관을 거느린 삼국시대(고구려, 백제, 신라)에 있어 종족에 대한 의식과 국경에 대한 개념이 없었다는 것인가? 고구려와 백제와 신라는 국가 성립 초기부터 3국이 다 같은 한 조상의 후손들이란 사실을 인지하고 있었다. 그래서 비록 국지전은 있었지만 고구려는 백제와 신라를 아우의 나라로 생각하고 굳이 종속적인 관계를 강요하지 않았으며, 왜구의 침략으로부터도 수차례나 그들을 보호했고 중국을 중심으로 한 북방의 강대국으로부터도 그들의 방패막이가 되어주었다. 그러한 고구려가 없었다면 백제나 신라가 자력으로 그처럼 오랫동안 사직을 보존할 수 있었겠는가? 만약 그 당시 대륙의 정복자였던 광개토대왕이나 장수왕 같은 이가 잠시 숨을 고르고 기회를 만들어 백제와 신라를 합병하려고 했다면 나제가 연합한다 한들 어찌 그것이 어려운 일이겠는가? 실제로 역사를 보면 475년에 장수왕은 나제동맹을 격파하고 백제의 개로왕을 전사시킨 후 백제 수도 한성까지 함락시켰으나 더 이상의 공격을 멈추고 군대를 철수시켰다(그 당시 신라의 힘은 백제보다 훨씬 미약했기 때문에 따로 응징할 필요도 없었음). 이는 백제의 근초고왕이 과거(371년)에 고구려의 평양성을 공격하여 고구려의 고국원왕을 전사시키고 영토 일부를 빼앗아간 것에 대한 죄를 물은 것인데, 신라와 백제를 아우의 나라로 생각하고 보살펴주던 부왕(광개토대왕)의 유지를 존중하여 약탈과 살육을 금하는 것은 물론이고 무리하게 조공을 요구하지도 않고 그냥 타이른 후 사직을 보존하게 해주었다(신라도 마찬가지). 광개토대왕 역시 나제가 동맹하여 후방을 교란하자 군대를 일으켜 두

나라 왕의 항복을 받은 후 근초고왕의 과거 잘못을 따지지도 않고 너그럽게 다시 사직을 보존케 해준 적이 있다. 이처럼 기상이 호방한 고구려는 약소한 형제국을 보호하며 한사코 광활한 대륙으로 진출하고자 했던 것이다. 또한 기벌포에서 당군과 신라군이 피비린내 나는 최후의 결전을 했을 때, 한 민족이 아니었다면 무엇 때문에 고구려와 백제의 유민들이 갈아 마셔도 분이 안 풀릴 배신자인 신라를 도와 한반도 안에서 당나라군을 몰아내기 위해 함께 힘을 모아 그토록 사생결단을 하면서 싸웠겠는가? 이는 아무리 미워도 당나라는 이민족이요 신라는 동족이었으며 한반도는 우리의 터전이기 때문이었다. 발해의 건국에 있어서도 비록 이민족들이 흡수되었다고는 하나 고구려와 백제 유민이 주축이 되어 대조영의 영도 아래 모든 것을 주도했으니 당연히 우리의 민족국가라고 볼 수 있는데, 하물며 그전의 3국에 있어서야 무슨 시빗거리가 있단 말인가. 식견도 턱없이 부족한 사람이 남의 나라 역사를 함부로 논단하는 것을 일로 삼으니 참으로 해괴한 자가 아닌가? 그렇지 않아도 일제의 식민사관에 의한 세뇌 교육으로 가뜩이나 왜곡되어 있는 역사인데, 잘 알지도 못하는 자가 우리 민족의 자존감을 수차례에 걸쳐 짓밟았으니 박노자는 크게 반성하고 앞으로는 그러한 망동을 삼갈지어다. 그리고 이제는 가만히 있든지 아니면 우리나라식 이름 그만 쓰고 그대의 고국으로 돌아가길 바란다. 김유신과 김춘추는 비록 삼국통일의 목적은 달성했지만 곰곰이 생각해보면 역사상 가장 큰 잘못을 저지른 사람이었다고 할 수 있다. 6·25동란 같은 큰 민족의 비극도 그때의 삼국 전쟁에 비한다면 사건도 아니다. 그런데도 반만년 역사상 가장 큰 민족의 비극이자 가장 큰 민족의

진정한 유법천지有法天地를 향하여 상

손실인 삼국 전쟁을 '위업'이라고 표현하고 그 비극을 연출시킨 장본인을 영웅시하다니, 이는 크게 잘못된 시각인 것이다.

지금부터 그 두 사람이 어떤 죄를 지었으며 또 그러한 죄를 짓게 된 것은 그들의 사람됨에서 기인했다는 것을 말해두고자 한다. 이들 두 사람이 중심이 되어 신라가 당나라를 찾아가 '나당연합'의 굴종 외교를 청하여 당군이 덕적도에 상륙한 후부터 신라가 기벌포 싸움에서 고구려와 백제 유민의 도움을 받아 설인귀가 지휘하던 당군을 힘겹게 몰아낼 때까지 16년 동안에 우리 3국의 백성들이 겪어야 했던 고통과 당군의 손에 의해 죽은 우리 삼국 동포의 수는 이루 헤아릴 수 없으며, 700여 년 이상이나 고구려가 차지하고 있던 광활한 영토를 다 빼앗기고, 수천 년 동안 이어져 왔던 조상들의 웅혼한 기상과 태학 교육을 통한 고구려의 강인하고 올곧은 정신이 모두 사라져 버렸으니 어찌 그 죄가 가볍다 하겠는가? 그 당시 신라의 문화란 풍기가 문란하고 보잘것없었으며 화랑의 무리도 떼 지어 다니며 부녀자를 희롱하고 여왕 밑에서 얼굴에 화장을 하고 분장을 일삼는 등 그 기상이 한 줌도 안 되었다. 만약 그때 고구려 유민과 백제 유민의 도움이 없었다면 우리 삼한三韓의 동포들은 뿔뿔이 흩어져서 다른 민족, 다른 나라에게 흡수되어 노예처럼 홀대를 받다가 나라도 없이 역사 속에서 사라져버렸을 것이니 생각만 해도 모골이 송연한 일이다. 앞으로 우리 후손들은 그 어떤 경우에도 외세를 끌어들여 동족을 치는 어리석은 짓을 다시는 하지 않아야 한다. 그것은 크나큰 화를 자초하는 짓이며 결국은 그 불이 필연코 우리에게 떨어져 민족의 불행과 쇠망으로 이어지기 때문이다.

김유신의 사람됨에 대해서 말하자면 경솔하게 여자(천관녀)를 건드려서 책임도 지지 못했으며, 술에 만취해서 해롱거리다가 생사를 함께해 온 말 못 하는 애마에게 자신의 잘못을 덮어씌워 함부로 죽였으며 장차 보위를 꿈꾸고 있던 야심 많은 김춘추를 집으로 초대하여 놀이 중 고의로 김춘추의 옷고름을 떼어 미혼인 여동생을 그에게 접근시켰고(옷고름을 달아주라고), 임신한 여동생을 여왕이 자신의 집 근처를 지나가는 순간에 맞추어 처녀가 임신을 해서 집안 망신을 시켰기 때문에 화형에 처한다며 쌓아놓은 장작더미 위에 묶어 세운 후, 연기 나는 검불을 태워 여왕의 관심과 동정을 얻어내어 한 발 빼고 있던 김춘추의 둘째 부인이 되게 했으며, 전쟁터(고구려, 백제와의 전투)에선 거의 연전연패의 전력을 갖고 있는데 힘든 싸움 때마다 나이 어린 화랑들을 앞장세워 제물로 삼아 군사들의 분기를 끌어내어 위기를 모면하곤 했다. 과연 김유신의 그 어디에 대장부다운 기상과 대장군 같은 면모가 있다고 하겠는가? 김유신은 여동생 둘을 다 김춘추에게 주었는데, 둘째 여동생은 김춘추의 정실이 죽은 후 정실이 되었으며 첫째 여동생은 측실이 되었다가 후에 동생은 왕후가 되고 언니는 후궁이 되었다. 그런데 김춘추의 원래 정실은 이들 자매가 김춘추와 합한 지 얼마 되지 않아 출산 중에 갓난아기와 함께 죽었다고 한다. 왕족인지라 전문 산파가 있었을 텐데 함께 죽다니 해괴한 일이 아닐 수 없다. 황산벌 싸움에서도 신라군은 나이 어린 화랑들 등 뒤에 숨었고, 화랑들은 등 떠밀려 나가서 몇 합씩 싸우다 죽은 것뿐이다. 그래서 5만의 신라군은 5천의 백제군에 막혀서 몇 날 며칠을 한 발짝도 나가지 못했던 것이다. 중국 대륙을 누비며 수나라와 당나라의 대군을 떨게

했던 고구려의 젊은 조의선인들이 호랑이의 기상을 가졌다면, 신라의 화랑들은 조련된 애완용 삽살개와 같았다고 보면 된다. 우리나라가 이 어지러운 디스토피아의 질곡에서 벗어나려면 우선 친일의 잔재를 청산하고 그러한 간특한 기질에서 벗어나야만 한다. 지금 이 나라가 이토록 썩어있는 것은 해방 후부터 지금까지 계속해서 친일파의 후손과 그쪽 지역 후손이 권력의 핵심에 앉아 민족정기를 말살하고 독재와 부정부패를 일삼고 남북 화해를 가로막는 등 국기를 뒤흔들어 놓았기 때문이다. 그러니 후손들은 이 책을 접한 후 다시는 이승만이나 박정희의 공이 크다는 등 삼국통일의 위업이 어떠니 화랑도의 정신이 어쩌니 하는 따위의 망언을 입에 담아서는 안 될 것이며, 친일파의 후손은 물론이고 그쪽 출신 정치가가 대권후보로 나오면 그 인성을 주의 깊게 살펴보고 경계해야 할 것이다. 이는 역사가 그 폐해를 여실히 증명해주고 있기 때문이니 특히 명심해야 될 일이다. 신라가 나당 연합군에서 한 역할은 그야말로 미미하다. 천책상장이라 불리며 대륙을 호령하던 당 태종 이세민의 80만 대군도 안시성이라는 성 하나를 끝내 함락시키지 못했고 당 태종은 한쪽 눈을 잃은 채 패퇴했다. 그러한 대고구려가 신라 따위에게 망했겠는가? 다음으로 김춘추의 사람됨을 말한다면 당나라를 제 발로 찾아가 자멸을 가져올 '나당연합'의 굴종 외교를 자청했고, 부인이 있는 몸으로 처녀를 임신시켜놓고도 나 몰라라 하고 책임을 회피했으며, 뇌물을 가득 싸 들고 고구려를 찾아가 장차 신라와 내통할 자를 만들어 민족의 쇠망을 가져왔으니 이 사람의 그 어디에 제왕다운 면모가 있단 말인가? 그 후손들에겐 죄송한 말이나 앞으로 이 두 사람의 역사적 존재감을 반만년 역사상 가장 큰 죄를 지은 민족의 반역자였다고 새롭게 자리매김해야 할 것이다. 일찍이 삼국시대 전반기에 고구려는 백제와 신라가 대항했다가 항복을 했을 때 무자비하게 응징하지 않고 아우의 나라로 생각하여 가까운 제후국으로 여기고 사직을 그대로 보존하게 해주었다. 그런데 김유신과 김춘추는 자신들의 분수를 모르고 오직 '삼한통일'이라는 영웅심에 눈이 멀어 무엇이 대의大義이고 무엇이 천명天命인지 모르고 고구려가 북방의 여러 강대국과 힘겨운 싸움을 계속해온 틈을 노려 스스로 찾아가 이민족인 당군에게 붙어 수백년간 보살펴준 큰형님과도 같은 대고구려를 망하게 하여 민족의 쇠망을 가져왔으니 역사의 준엄한 지탄을 받아야 마땅하며, 이는 마치 호랑이를 집안으로 끌고 들어와 가족들을 잡아먹게 하는 것과 같은 어리석은 짓이었다. 김춘추는 마땅히 먼저 국론을 통일시킨 후 삼한동맹을 주도하여 고구려를 도와 당나라를 비롯한 남진 세력을 응징하고 위축시켜야 했으며, 그 조건으로 평화공존 제의를 하여 일단 삼국 상생의 길을 열고 그 후 상황을 보아가며 천명天命이 무엇인가를 생각하면서 내치內治에 힘쓰고 힘을 길러야 했다. 신라조정은 그 당시 왕족 세력이 둘로 나뉜 관계로 국론이 분열되어 서로 엇나가서 진흥왕의 나제동맹 배신 이후에도 나제협력 약속을 어긴 적이 있으며 삼국 상생의 대의大義가 없었고 두 사람은 오직 삼한일통에만 집착했다. 신라 진흥왕과 백제 성왕의 나제연합군은 고구려의 양원왕이 돌궐과의 전투와 대치로 국력의 소모를 겪고 있는 틈을 노려 장수왕에게 빼앗겼던 한강 유역을 공격해서 백제는 한강 하류의 6개 군을, 신라는 한강 상류의 10개 군을 서로 합의하에 나누어 갖게 되었는데 진흥왕이 갑자기 군사를 돌려 예고 없이 백제의 수복지인 한강 하류 지역까지 점령해버렸다.

백제는 동맹군의 생각지도 못했던 배신으로 치명적인 타격을 받은 반면, 신라는 이 지역의 가장 큰 요충지인 당항성(화성지역)을 점령함으로써 중국과의 직접적인 교통로를 구축하고 여기에다 한강 유역의 인적·물적 자원을 획득하게 되었다. 이로써 신라는 최고의 전략 지역을 차지해 국운을 상승시킬 기회를 잡았던 것이다. 이에 대노한 성왕은 불리한 상황에서 무리하게 신라를 응징하려다 이를 대비하고 있던 김무력(김유신의 조부: 강경파의 대표적 인물)에게 대패하여 많은 군사를 잃고 목숨까지 잃게 되었다. 그런데도 후세의 어리석은 무리는 신라가 그런 대죄를 지은 것을 남의 탓(백제나 고구려)으로 돌리면서 그때의 상황이 어쩔 수 없었다는 식으로 역사를 왜곡·날조하고 있는 것이다. 그 당시 신라 왕실은 성골의 순수혈통을 지켜나가야 한다는 어리석음에 빠져서 남매나 친조카와 결혼을 했으며, 친족 간 권력다툼이 치열하여 서로를 죽이면서 왕실이 분열되었고 결국엔 여자가 보위에 올라 과도하게 불사佛事에 전념하고 황음을 일삼아 민생이 피폐하였으며, 골품제도가 삼엄한 가운데서도 성관계가 문란하여 가문에서 쫓겨나고 가정이 풍비박산이 나는 경우가 비일비재하여 법도가 바로 서지 못하고 무엇 하나 제대로 되어가는 것이 없었다. 그런데 어찌 신라의 삼국통일이 고구려에 대한 도덕적 우월성에 의한 천명天命이라고 할 수가 있겠는가? 어떤 나라나 지방의 전통이란 참으로 뿌리가 깊어 오랜 세월이 지나도 그 후손들의 정서를 지배하는 법이다. 그래서 박정희나 전두환이나 이명박 등이 그쪽에서 태어나 그 기질이 일맥상통하지 않나 싶다. 영·호남 갈등은 다분히 영남인들, 그중에서도 특히 대구와 경북인들이 '삼국통일의 위업, 화랑의 후예' 운운하면서 우월감에 젖어 까닭 없이 호남인들을 불신하고 멸시하는 데 있다. 하지만 호남인들은 그들이 조금만 잘해주면 그저 허허 웃으면서 마음의 문을 열고 영남인들을 대한다. 정말 그렇다. 다시 말해서 대구와 경북인들이 조금만 마음을 바꾸면 동서화합은 언제든 이루어질 수 있다는 뜻이다. 의롭고 정이 많은 호남인은 박정희 정권 때부터 차별과 불이익을 당해 살기 위해서 빈손으로 객지에 나와 어쩔 수 없이 약속을 못 지키기도 하고 빌린 돈을 갚지 못한 경우도 있었을 것이다. 그것을 가지고 사기꾼 기질이 있다느니 단정하여 몰아붙여서야 되겠는가? 이제는 서로가 그동안의 적대감을 버리고 화합하여 전통문화를 존중하고 새 역사를 만들어 가는데 함께 뜻을 모으고 힘을 합해야 할 것이다.

여섯 번째 역사적 문제점은 우리 전통가족법의 양대 기둥이라고 할 수 있는 동성동본금혼법과 호주제를 폐지해버린 일이다. 왜 그것이 잘못된 일인지 그 이유를 제6장에서 비교적 자세하게 설명했다. 그것을 읽어본다면 과거 노무현 대선 캠프에서 호주제 폐지를 대선공약 중 한 가지로 들고나와 그를 위해 앞장섰던 그 당시의 국회의원들이나 그것이 마치 여권신장이라도 되는 듯이 앞장섰던 여성 지도자들도 자신들의 잘못을 깨닫고 깊이 반성하게 될 것이며, 역사와 민족 앞에 씻을 수 없는 큰 죄를 지었음을 통절하게 느끼면서 그 죄책감으로 남은 생을 괴로워하면서 보내게 될 것이다.

마지막으로 일곱 번째 문제점은 최근 들어 '뉴라이트'라고 불리는 무리가 이명박 대통령의 전폭적인 지지와 독려를 등에 업고 불법 무도하게 힘으로 찍어 눌러 근현대사 부분에 대해 그 진실을 절반도 밝히지 못한 기존의 역사 교과서를 좌편향이라 하면서 폐기하고 황당한 시각으로 해석한 엉터리 교과서를 새로 만들어 이 땅의 아들·딸들에게 잘못된 역사 교육을 시키려고 시도하고 있다는 것이다. 그 내용을 보면 모든 것을 경제적 측면에만 맞추어 제국 일본과 친일파들을 '문명의 아버지'처럼 보고 있으며, 대부분 친일의 무리로 구성된 이승만 부패 정권과 역시 친일의 잔당들이 총칼로 세운 박정희 군사독재정권을 민족의 정통성을 이어받은 자랑스러운 정부로 여기면서 '건국의 아버지'니 '근대화의 아버지'니 치켜세우고, 무려 1,500여 명이나 사망 또는 실종되고 7천여 명이나 부상을 당한 5·18 광주민주화운동의 의미나 참상에 대한 언급이 없으며, 이처럼 천인天人이 공노할 만행을 자행한 전두환, 노태우의 이른바 신군부 정권에 대해서도 아무런 비판도 없이 비교적 호의적인 평가를 했다. 기존의 역사 교과서는 결코 좌편향 된 교과서가 아니다. 해방 후로 지금까지 중고등학교 역사 교과서에 단 한 번이라도 북한 정부를 수립한 김일성이나 최현 등이 독립운동을 했던 사람이고 북한 정부 수립에서 친일파들은 철저하게 배제되고 응징되었다는 사실을 기록한 적이 있었던가? 또, 남한 정부를 수립한 이승만은 많은 잘못을 저지른 인물로서 새 정부에 친일파들을 대거 기용했다는 사실을 기록한 적이 있었던가? 그리고 박정희의 도가 지나친 매국 행적을 기록한 역사 교과서가 있었던가? 우리는 초등학교 시절에 북한 공산당은 몸뚱이가 빨간 괴물인 줄 알도록 역사 교육을 받아왔다. 그런데 그러한 역사 교과서가 도대체 뭐가 좌편향 되었다는 말인가? 조선시대엔 관리가 생선 한 마리 받았다 해서 탄핵을 받은 일이 있었고, 별것도 아닌 뇌물을 받은 죄로 팽

형(거짓으로 큰 솥에 삶아져서 죽은 것처럼 의식을 행한 후 거짓 장례를 치르고 집으로 돌아가 바깥출입도 못 하고 사회적인 매장을 당하는 형벌)을 당한 다음 3대에 걸쳐서 그 자손들은 벼슬도 못하고 사회활동도 할 수 없어 죽은 듯 살아갔는데, 이처럼 조선 관리들은 정조 대 초반까지는 철저하게 뇌물을 금하고 청렴결백했던 것이다. 그런데 일제강점기에 철천지원수인 일제에 빌붙어서 동족들을 핍박하며 배를 불린 친일파와 그 후손들이 나라의 대통령이 되고 고위관리가 된다는 것이 말이 되는가? 그런 자들이 해방 후부터 지금까지 사회각 분야의 고위층으로 앉아 세상을 쥐고 흔들며 농락한 결과 오늘날 이처럼 민족정기가 말살되고 역사의식과 도덕관념이 희박해져서 사람이 동서와 흑백도 분간하지 못하고 그런 자들을 모시면서 아부를 일삼고 있는 것이다. 이처럼 그들과 그들의 추종자들이 주축이 되어 좌편향도 아니고 우편향도 아닌 올바른 교과서를 만들어야 한다고 그럴듯한 말로 선량한 민중들을 속이면서 역사를 왜곡하여 민족정기를 말살하고 통일을 가로막고 있는데, 많은 사람은 그것이 잘못된 일임을 깨닫지 못하고 있다. 고작 해봐야 자유당 시절에 3·15 부정선거를 했고, 박정희가 통일주체 대의원이란 것을 만들어 그들이 체육관에서 간접선거를 통해 유신 대통령이 되었다는 사실을 기록한 것 정도인데 그것이 무슨 좌편향이란 말인가? 이명박 역시 뼛속까지 친일·친미주의자로서 자신의 사욕만을 챙길 뿐 조국의 미래와 국민의 행복과 안위에는 조금도 관심이 없는 인물이다. 전에 잘못했던 일들을 덮어서 숨긴다고 해서 나라의 위상이 높아지는 것은 아니다. 그것들을 사실대로 밝혀서 알고, 또 그것이 잘못임을 알고 그래서는 안 된다는 것까지 분명하게 알아야만 비로소 정의가 바로 서고 민족정기가 살아나는 것이다. 결코 용서받을 수 없는 죄들을 은폐하고 정당화시키려 하다니 이 어찌 천벌을 받을 망동이 아니란 말인가? 그런데도 그 일에 앞장서서 그것이 옳다고 소란을 떨고 있는 어리석은 극우 무리와 아무런 생각도 없이 그저 지켜만 보고 있는 수많은 방관자가 있으니 참으로 서글픈 현실이 아닐 수 없다. 이번에 그들이 역사 교과서를 개정하려는 것은 조국의 독립을 위해서 전 재산과 목숨까지 바쳐서 싸우신 독립지사들의 행적들을 묻어버리고 의식이 있는 식자들의 목소리를 철저하게 억압해서 발밑에 밟고, 일제에 빌붙어 사욕을 채우고 과잉 충성을 하면서 동족들을 핍박했던 자신들의 부친이나 조부들의 죄를 은폐하고 미화하고 정당화시키려고 하는 역적 무리의 역사적 역청산운동인 것이다. 그런데 그일 자체보다도 더욱 큰 문제는 그들이 그렇게 해서 자신들의 왕국을 더욱 튼튼히 한 뒤 조국의 미래와 국민의 안위에는 아무런 관심도 없이 대를 이어 잘 먹고 잘살기 위해 혈안이 되어 있다는 것이다. 앞으로 미·일은 중국을 견제하기 위해 더욱 철저하게 야합할 것이며, 특히 전쟁 무기를 팔아 거금을 챙기려는 미국의 매파들과 한반도를 발판삼아 대륙으로 뻗어 나가려는 일본의 극우 무리가 야합하여 남북을 이간시키고 어떻게 해서든 남한과 중국과의 우호증진도 막으려 할 것이다. 왜냐하면 남과 북이 화해해 힘을 합하거나 남한과 중국의 우호가 증진되면 자신들의 야욕을 달성할 수 없기 때문이다. 그런데 이명박 정부는 어리석게도 북한과 중국에 등을 돌리고 미·일의 조종에 놀아나고 있으니 그것이 더욱 걱정된다는 말이다.

이제 전쟁의 시대는 갔다고 생각하는가? 그렇지 않다. 미·일은 남북전쟁을 부추겨 미국은 북한을 공격하고 북한은 그 화풀이를 남한에게 하고, 일본은 미국의 허락을 받아 남한을 돕는다며 평화유지군이란 명목으로 한반도에 군대를 상륙시킬 것이다. 유사시엔 중국도 발 빠르게 움직여 최소한 대동강 이북이라도 차지하려 할 것이며 그렇게 되면 대한민국은 열국의 전쟁터가 되어 우리의 아름다운 금수강산은 또다시 전화에 휩싸여 초토화될 수밖에 없는 것이다. 이 어찌 모골이 송연한 일이 아니겠는가? 우리는 절대 그러한 일이 일어나지 않도록 모두가 힘을 합해 정신을 바짝 차려야 할 것이다. 박정희와 이승만이라는 인간들이 과연 어떤 사람이었는가는 이 책의 뒷부분에서 차차 밝히기로 하고, 여기선 우리가 잘못 알고 있던 역사적 사실을 또 한 가지 밝혀두고자 한다. 1897년 러시아 공사관에서 경복궁으로 환궁한 고종은 영은문을 헐어 독립문을 세우고 독립신문을 창간했으며, 만천하에 황제국임을 선포하여 나라의 위상을 한 단계 높이는 한편, 주미한국공사관 출신의 이채연을 한성 판윤(지금의 서울시장)으로 임명하여 도로정비사업과 도시 개조사업을 맡겼다. 이에 이채연 등은 일심단결하여 워싱턴 D.C의 장점을 서울에 도입했으며, 전기 시설을 하여 전차를 도입하고 가로등을 설치하여 일본의 동경보다 3년이나 앞선, 극동에서 가장 깨끗한 세계적 수준의 도시를 만들고 악조건 속에서 발전소를 증설했으며 부국강병한 근대국가를 만들기 위하여 많은 중소기업을 설립하고, 인원을 대폭 확대하여 방대한 행정기구를 만들었으며 육해군통합의 원수부를 창설하고 황제 호위대와 지방 진위대를 대폭 증강했다. 개화파가 밀리고 친러수구파에 의해 주도되었음에도 이 정도의 성과를 낸 것은 놀라운 일이 아닐 수 없다. 비록

13년 만에 대한제국의 꿈은 좌절되었지만, 이처럼 우리 민족의 저력은 위대했던 것이다. 그런데도 뉴라이트 무리는 마치 그 당시 우리나라가 자력으론 아무것도 할 줄 모르고 그저 손 놓고 입만 벌리고 앉아 있는 바보 나라였다고 생각하면서 제국 일본이 우리나라를 근대화시켜 주었다는 등의 망언을 입에 담고 있으니 제발 역사 공부를 좀 제대로 하고 반성할지어다. 다시 말해서 우리 민족은 일제의 억압과 수탈이 없었더라면 그 36년이라는 세월 동안 자력으로 일제 치하 때보다 몇 배나 더 큰 발전을 할 수 있었다는 것을 알아야 한다는 것이다. 이와 같은 잘못된 역사관과 왜곡된 역사 교과서 출판에 반대하는 전교조를 마치 한국 교육을 망치는 이적 단체인 양 몰아서 탄압하고, 노동자들을 짓밟으며 재벌들의 배를 불려주고 돈 잔치나 다름없는 4대강 사업으로 금수강산을 훼손하고, 미국에 끝없이 의지하고 아부하면서 중국에 등을 돌리고 민족 분열 책동에 매진하는 등 온갖 못된 정책을 총지휘하고 있는 기이한 요물이 있으니 그가 바로 이명박이다. 앞으로 이 나라가 어디를 향하고 어디까지 가게 될는지, 그리고 그 썩은 세력들을 누가 있어 바로잡을지 참으로 통탄할 일이다.

이상으로 우리나라의 일곱 가지 역사적 문제점을 적어보았다. 다음엔 우리나라가 현재 당면하고 있는 정치적, 사회적, 경제적인 문제점과 그 대안에 대해서 생각해보고자 한다.

2부

현대 한국의
정치적, 사회적,
경제적인 문제점과
그 해법

　오늘날 한국의 정치적, 사회적, 경제적인 문제점은 몇 가지 부문에 국한된 것이 아니고 아주 총체적으로 몽땅 썩어있다고 말할 수 있을 것이다. 하지만 사람이 모든 제도와 정책을 수립하고 시행하는 것이며 결국 사람이 이 세상을 만들어가는 것이기 때문에, 착하고 좋은 사람이 아직도 많이 있어서 그다지 절망적이라고 생각하지는 않는다. 그리고 착하지 못해 잘못된 가치관을 갖고 살아가고 있는 사람들도 그 마음 깊은 곳에 사람으로서의 착한 본성이 흐르고 있기 때문에 잘못된 그들과 커가는 아이들을 교화하여 좋은 세상을 만들어 가는 것이 결코 불가능한 일만은 아니라고 본다. 문제는 그런 큰일을 해낼 수 있는 경륜과 학덕을 갖춘 지도자가 있는가 없는가이며, 또 그러한 꿈을 향해서 가고자 할 때 사람들이 모든 어리석은 고정관념을 버릴 수 있느냐 없느냐 하는 것이다. 인류역사가 시작된 이래 가장 대표적인 통치체제가 세 가지가 있는데, 그것은 민주주의 정치체제와 공산주의 정치체제, 그리고 군주제 중에서 제일 이상적인 왕도정치이다.

　의심할 여지없이 가장 바람직한 정치체제는 민주주의 자유경제

체제의 바탕 위에 공산주의의 몇 가지 장점을 도입시킨 사회 민주주의라고 할 수 있겠다. 그런데 여기서 우리가 주목할 것은, 왕도정치는 천 년 이상의 전통을 갖고 있지만 민주주의와 공산주의 정치체제는 불과 200여 년 정도밖에 되지 않았다는 것이다. 과연 왕도사상을 이제는 돌아볼 필요도 없는 과거의 낡은 유물로 취급하며 역사 속에 묻어버려도 되는 것인가? 나는 그렇지 않다고 생각한다. 그렇다면 왕도王道란 무엇인가? 이는 옛날 요, 순, 우, 탕, 문왕, 무왕 같은 성왕聖王, 명왕明王들께서 백성들을 덕德으로써 다스리던 방법을 말하는데 맹자 님께서 이를 새롭게 정립하셨다. 요임금께선 누추한 거소에서 거의 일반 백성과 비슷한 침식을 하시면서 백성들을 친자식같이 아끼고 사랑하셨으며, 순임금께선 단 한 사람이라도 굶어 죽은 사람이 있으면 자신이 그를 죽인 것이라고 생각했고 단 한 사람이라도 고통받는 사람이 있으면 그 역시 자신의 잘못으로 돌렸으며 단 한 사람이라도 부도덕한 사람이 있으면 자신이 부덕不德한 탓이라 생각하셨다고 한다. 박정희와 전두환 같은 불학무식한 자들이 이러한 고사를 단 한 번이라도 들은 적이 있었다면 무고한 사람들에게 없는 죄를 뒤집어씌워 고문하고 죽이는 그런 파렴치하고 사악한 짓거리들을 절반 정도는 줄일 수 있었을 것이다. 옛 성현의 말씀에 "오직 어진 사람이라야만 높은 지위에 있어 마땅하다. 불인不仁한 사람이 높은 지위에 있으면 그것은 그 악을 여러 사람에게 뿌리는 것과 같다. 성곽이 안전하지 못하고 창칼이나 갑옷이 많지 않은 것은 나라의 큰 재앙이 아니고 밭이나 들이 개척되지 않아 재물이 모이지 않는 것도 나라의 큰 재앙이 아니다. 재상자在上者가 무례하고 재하자在下者가 배움이 없으면 도적의 무리가 떼로 일어나 끝없이 어지러운 세상이 될 것이다."라고 하면서 통치자가 유덕有德해야 함을 강조하였다. 그래서 요임금께선 아홉 아들과 만조백관들이 있었지만 이러한 하늘의 뜻을 알고 백성의 어버이가 될 만한 자격을 갖춘 인물이 없다 하시면서 천하의 어진 인재를 물색하던 중 당시 부모님을 모시고 시골에서 농사를 짓고 있던 순임금의 사람됨을 알아보고 밭 가운데 있는 초라한 농막을 찾아가 순에게 천하를 맡아주기를 간청했다고 한다.

　맹자 님의 왕도정치에 대해서 간단히 설명해 보고자 한다. 맹자 님께선 효孝를 인륜의 가장 큰 덕목으로 보셨으며, 인간의 도덕적 기준으로써 인의仁義를 중시하고 도덕 성립의 근거로서 성선설性善說을 내세웠으며, 도덕에 의한 정치 즉 덕치주의德治主義와 민본주의民本主義를 주장하셨다. 맹자 님께선 국가의 3요소를 '영토, 인민, 정치'라고 하셨는데 까마득한 그 시대에 이미 민위귀民爲貴요 군위경君爲輕이라하며 백성이 임금보다 더 귀중한 존재라는 생각을 갖고 계셨으며, 상호공벌의 패도정치가 난무하는 전국시대에 인의仁義의 도덕을 내세워 무력과 이익 추구 사상을 배격하셨는데 이것이 바로 맹자 님의 중의경리重義輕利(의로움을 중하게 여기고 사사로운 이욕을 천하게 여기는 것)사상이다. 또 맹자 님께선 일반 백성들은 항산恒産(살아갈 수 있는 어떤 직업이나 안정된 소득)이 없으면 항심恒心(언제나 가지고 있는 떳떳한 마음, 즉 흔들리지 않는 올바른 마음)이 있기 힘드니 일정한 생계 대책이 없으면 착한 본심을 계속 유지하기가 어렵고, 반대로 인륜·도덕에 대한 교육이 없으면 경제적 풍요로움 속에서도 사람의 도리를 행하지 못해 세상이 더욱 어지러워진다고 하셨다. 맹자 님께선 또 천명사상天命思想을 주장하셨다. 이는 하늘 즉 천天

이 우주 만물의 주재자로서 만물을 낳고 기르며 스스로 우주의 질서를 생성시켰는데, 그 우주 만물의 섭리를 하늘의 뜻이라 보고 사람은 그러한 하늘의 뜻(天道: 元, 亨, 利, 貞)에 따라야 하며 인민 가운데 가장 유덕有德한 사람, 즉 천자天子가 하늘을 대신해서 하늘의 뜻에 따라 인민을 통치해야 한다는 천치주의天治主義를 말한다. 이는 결국 통치자가 인의仁義의 정치를 해야 한다는 뜻인데, 천도天道인 원元, 형亨, 이利, 정貞과 인간의 인仁, 의義, 예禮, 지智는 어떤 관계가 있으며 또 오륜五倫과는 어떤 관계가 있고 성선설性善說과는 어떤 관계가 있는지 등의 자세한 설명은 제3장에서 다룰 것이다. 또 맹자 님께선 통치자는 여민동락與民同樂(백성들과 즐거움을 함께 하는 것)해야 한다고 역설하셨으며 천명사상을 계승하여 역성혁명易姓革命을 인정하셨다. 즉 민심을 배반하고 덕이 없는 집권자는 하늘의 버림을 받게 되고, 백성들이 등을 돌리게 되며, 천명天命이 민심民心을 얻은 다른 유덕자有德者에게 넘어가야 한다는 사상이다. 이와 같은 천명정치 사상과 민본주의의 결부는 천의天意의 표현이 민의民意에서 말미암는다는 것을 의미하고, 천자天子가 되고 또 천자天子(황제)가 된 후에 그 자리를 계속 유지하려면 끊임없는 도덕적 수행이 필요하다는 것을 통해 천명사상과 도덕주의의 결부를 중요시하고 있다.

이상이 왕도王道에 대한 설명인데 다시 요약하자면 충효忠孝와 인의仁義를 중시하며, 백성을 귀하게 여겨 덕德으로써 다스리고, 민생을 잘 돌보고 인륜에 대한 교육을 시키며, 하늘의 뜻을 받들어 가장 유덕한 사람이 하늘을 대신해서 백성을 다스려야 하는데 하늘의 뜻은 백성의 뜻에서 나오고 통치자에겐 끊임없는 도덕적 수행이 필요하다는 것이다. 그리고 민심을 배반하고 덕이 없는 지도자는 하늘의 버림을 받게 되고 천명天命이 민심民心을 얻은 다른 유덕자에게 넘어가야 한다는 사상이다. 그래서 그 큰 덕이 사해四海 바깥에까지 미친다는 것이다. 맹자 님께선 백성들에 대한 적은 세금과 가벼운 형벌을 주장하셨고, 백성들이 균등하게 잘 살 수 있는 토지제도인 정전제井田制를 창안하셨으며, 도덕적 완선完善의 길로 갈 수 있는 인간 본연의 능력에 대한 믿음을 성선설性善說로 확고히 하면서도 도덕의 경제적 기초를 무시하지 않은 도덕적 경제개혁을 주장하셨고, 전쟁을 이익 추구의 극대점으로 보는 평화주의자셨다. 맹자 님께선 "군자君子는 의義를 깊이 알고 소인小人은 자기의 이익만을 알뿐이다."라고 하시면서 사사로운 이익 추구를 악의 근본으로 볼 정도로 싫어하셨는데, 재상자在上者가 이利를 추구하면 재하자在下者도 따라서 권리와 이익을 주장할 것이니 이렇게 하여 윗사람과 아랫사람이 서로서로 이익만 취한다면 온 나라가 위태로워지므로 아랫사람을 바로잡기 위해서는 윗사람이 먼저 이익 추구를 단념하고 모범을 보여야만 한다고 하셨다. 즉 중의경리重義輕利란 국민의 삶을 생각하는 공公적인 의義를 중요重要하게 생각하고 사사로운 자기만의 이익이나 당리당략만을 추구하는 것을 천賤하게 여긴다는 뜻이다. 성인聖人의 안목이란 참으로 크고도 넓은 것이다. 탐욕과 불의不義가 만연한 오늘날에 있어 이러한 맹자 님의 중의경리重義輕利사상과 인의仁義의 정신이야말로 어지러운 이 세상을 정화할 수 있는 가장 큰 가르침이 아닌가 한다. 인仁은 '사람이 편히 쉴 수 있는 집'이고, 의義는 '사람이 바르게 걸어가는 길'이라고 하셨으며, 정치에 있어서는 권력자가 죄 없는 사람들을 죽이거나 상하게 하지 않고 잘 보살펴주는 것이 인仁이고, 자기 소유가 아닌 것을 함부로 빼앗지 않고 부당한 힘을 행사하지 않는 것을 의義라고 하셨다. 이상과 같이 훌륭한 정치사상을 현대정치에 도입하여 접목시키지 못할 이유가 없는 것이다. 그래서 필자는 가장 이상적인 통치형태는 사회 민주주의 정치체제 위에 옛 왕도王道의 정신을 접목한 정치체제라고 생각한다. 하지만 가장 중요한 것은 어떤 정치제도를 채택하느냐가 아니라 그것을 시행하는 사람들의 정신 자세라고 본다. 민주주의도 훌륭한 제도이고 또 공산주의도 나름대로 좋은 제도라고 할 수 있다. 다만 그것을 시행하는 사람들의 정신 자세가 썩어있으면 민중들의 멍에가 되어 고통을 주게 되는 것이다. 그러면 이제 눈을 현실로 돌려 현재 우리 한국 사회에 정치적, 사회적, 경제적으로 과연 무슨 문제점들이 있는지 하나하나 살펴보고자 한다. 우선 첫째로 경색된 남북관계와 학벌 위주로 인한 사교육 팽창을 들 수 있겠다. 김대중 정부와 노무현 정부가 애써 햇볕정책을 실행하여 그 열매가 잘 자라고 있었는데 이명박 정부가 들어선 후 거기에 찬 서리를 끼얹어 열매가 얼어서 썩게 만들고 나무의 줄기와 뿌리까지 죽이려 들고 있다. 분별없이 북한의 심기를 건드려 동북아시아에 긴장을 고조시키고, 36년간이나 우리를 핍박했던 일본과 한·일 국방장관 회담을 하여 유사시엔 무장을 한 일본군이 우리 땅에 진입할 수 있는 군사동맹을 추진하려 하고 있다. 이는 김춘추 등이 당나라를 찾아가 굴종 외교를 청한 것보다 더욱 어리석은 짓이다. 그 이유는, 일본은 단기간 내에 가공할 군사력을 증진시킬 수 있는 고도의 기술력과 경제력을 갖추고 있으며 물불을 가리지 않는 침략자적 기질과 전통을 가진 민족이며,

특히 수천 년간 우리 민족을 끊임없이 침략하고 괴롭혀온 나라이기 때문이다. 독도의 소유권을 주장하는 가장 큰 목적도 바로 한반도의 재침략을 위한 것임을 알아야 한다. 더구나 미국은 바야흐로 중국을 견제·압박하기 위하여 조만간 일본에게 엄청난 힘을 실어줄 것이며, 그와 함께 일본은 그동안 감춰왔던 날카로운 발톱을 드러내고 군사력 증강에 박차를 가할 것이다. 일본은 지난날 러시아의 남진을 막으려는 미국과 대영제국의 도움을 받아 중국과 러시아를 격파하고 동아시아를 삼킨 바 있으며, 특히 36년간이나 온갖 잔혹한 짓을 하면서 우리나라를 지배했다. 어리석은 이명박 정부는 북한을 흔들어서 흡수통일을 염두에 두고 있는 듯하지만 이는 크나큰 오산이며, 또 일본과 군사동맹을 맺음으로써 북한을 견제하고 한반도의 평화를 유지할 수 있다고 보지만 이 생각 역시 크나큰 계산 착오인 것이다. 일본은 상종 못 할 족속이며 남북분단과 동족상잔도 따지고 보면 일본이 씨를 뿌리고 미국도 그에 동참했음을 잊어서는 안 된다. 일본은 앞으로 반드시 우리를 침공할 것이며 미국 역시 자신의 국익에 배치되면 언제든 우리를 버릴 수 있는 나라다. 우리는 북한의 잘못된 점도 알아야 하지만 인정해줄 것은 인정해주어야 한다. 북한은 세계 최강국인 미국과 50여 년 동안이나 기 싸움을 해서 조금도 밀리지 않았다. 못 산다고 해서 흐물흐물 와해되어 무너져버릴 정부가 아니며 우리 남한의 친미성향과 우리 남한 사람들의 가치관과 서구 문화를 그대로 흉내 내는 생활 형태에 많은 이질감과 혐오감을 갖고 있다는 사실을 간과해선 안 된다. 그래서 만약 김정일 정권이 망해서 그들 부자父子가 다 죽어버려도 북한 수뇌부들과 북한 주민들은 우리 남한에 투항을 해오기는커녕 오히려 결사 항쟁을 택할 것이며, 동맹국인 중국에게 의지하여 중국의 한 성省과 같이 될 것이 100% 확실하다고 본다.

그리고 중국 역시 이를 받아들여 자신들의 생존을 위해서, 또 동북아시아에서의 주도권을 위해서 자신들의 혈맹이며 중요한 군사적 교두보인 북한을 지키기 위해 일본이나 미국과 끝까지 싸울 것이다. 김일성과 최현 등은 모택동 군에 편입되어(팔로군 등의 한중연합군) 항일전에서 수많은 전투를 치렀으며, 해방 후에도 모택동이 장개석과의 국공내전을 벌일 때 수세에 몰려 북한에게 도움을 청하자 김일성이 많은 군사를 보내서 장개석 군을 대만으로 몰아내고 중국 본토를 장악하는데 큰 힘이 되어주었다. 그래서 북한과 중국의 관계는 매우 가까운 혈맹지간이 된 것이다. 따라서 흡수통일을 하겠다는 생각은 크나큰 오산이며, 전쟁은 강대국들의 이권과 세력다툼으로 확대되어 우리 한반도가 또다시 포화로 얼룩질 것이다. 또한 미국, 일본, 한국이 3국 동맹을 맺어 중국과 완전히 등을 돌리고 북한을 압박하는 것 역시 통일을 영구히 포기하는 짓이며, 우리 대한민국이 서서히 쇠퇴해서 결국 고사하게 되는 잘못된 선택임을 깊이 인식해야 한다. 그렇다면 우리는 앞으로 어떤 방향으로 통일을 위한 노력을 해야 할 것이며, 민족 재도약의 방책은 무엇인가? 이에 대해 이 천강 문도연이 분명히 그 큰길을 밝혀두고자 한다. 남북문제는 오직 남한과 북한의 진정한 교류와 협력이 밑바탕이 되어야만 해결되고 살길이 생기는 것이지, 남의 나라에 의지해 봐야 이용만 당할 뿐이다. 믿을 수 있는 나라는 없다는 뜻이다. 남과 북이 마음을 하나로 하여 힘을 합해야만 이 아름다움 금수강산을 우리 후손들에게 물려줄 수가 있지, 지금처럼 서로 으르렁거리면 그 어리석음으로 인해 결국 남의 나라에 휘둘리고 이용을 당해 또다시 남의 나라의 식민지가 될 것이다. 우선 이점을 다들 꼭 명심해야 한다. 그리고 남과 북이 따로 놀면 우리 남한은 결코 미국과 중국 두 나라의 비위를 맞출 수 없고, 반드시 조만간 양자택일의 입장이 서야 하며 그중 등을 돌린 나라에 의해 압박을 당하거나 외면을 받아 어려운 처지에 빠지게 되고 의탁한 나라에서도 푸대접을 받으며 수족 노릇을 할 수밖에 없는 것이다. 이는 북한 역시 큰 차이는 없다. 그러나 남과 북이 연합하면 얘기는 달라진다. 그렇게 되면 우리는 엄청난 힘을 축적하게 될 뿐만 아니라 미국과 중국의 한가운데에 설 수 있고 이 두 강대국은 우리가 다른 쪽으로 기울까 겁을 내면서 노심초사할 것이며 우리는 큰소리를 치면서 살 수가 있다. 우리는 북한에 이점을 설득시켜야 한다. 개인이건 국가건 건드리면 사나워지고, 내가 상대를 믿으면 상대도 나를 믿어주는 것이며 내가 하나를 주면 상대방도 나에게 하나를 주게 되는 법이다. 따라서 남과 북은 서로의 현 체제를 인정해주면서 남북연방제나 연립국가를 결성하여 상호불가침조약을 맺고 한 걸음 더 나아가 군사동맹을 맺은 후, 그 어떤 외세라도 우리 한반도에 한 발짝만 들여놓으면 남과 북이 모든 힘과 군사력을 합해 단호하게 응징할 뿐만 아니라 그 어떤 나라도 우리의 내정에 간섭하거나 우리의 조상이나 우리 국민을 비하하는 그 어떤 발언까지도 결코 용납하지 않겠다는 강력한 의지를 전 세계에 천명하고 그에 걸맞은 국력과 기강을 갖추어야 한다. 그리고 남·북이 경제공동체가 되어 남한의 자본과 기술, 북한의 자원과 인력과 토지를 하나로 합하여 그 경제구역을 한반도 전체로 삼아 남한과 북한이 함께 전

국토의 재개발에 착수해서 많은 일자리를 만들고 경제도약을 위해서 매진해야 한다. 북한 전역에 도로, 철도, 전기, 교량, 항만, 도시가스, 통신망, 공장, 경공업과 중화학공업, 철강 산업 등을 위한 모든 인프라를 확충하고, 아파트 건설과 주택 재개발사업도 북한 전역에 실시하고 북한 주민들이 중국 등에서 사다 쓰는 모든 생활용품과 생산시설 자재까지 우리 남한에서 모두 생산해서 공급(적절한 가격의 유상공급)해야 하며 북한의 막대한 지하 자원도 적정한 조건 하에 공동개발에 착수해야 한다. 우리 남한과 북한이 힘을 합해 국력을 키워서 옛 고조선 때와 고구려 때의 영광을 다시 찾겠다는데 주변국들은 배가 아플지언정 우리를 간섭하고 방해할 명분은 없는 것이다. 우리는 저 간악한 미국과 일본의 이간책에 놀아나 동족 간에 피를 흘리며 싸우는 어리석음에 다시는 빠져선 안 된다.

여기서 잠깐 우리나라 현대사의 몇 가지 중요한 부분에 대해서 간단히 짚고 넘어가고자 한다. 1945년 8월 15일 해방이 되자 모든 관공서가 텅텅 비게 되었는데, 이에 전국 각 지역의 주민들이 인민위원회란 명칭 하에 스스로 자치 기구를 만들게 되었다. 이것은 물론 좌익 성향을 띠지 않은 순수한 주민단체였다. 그런데 그로부터 25일 후인 1945년 9월 9일에 일본에 와 있던 미국의 하지 중장이 자신의 휘하 24군단을 이끌고 서울에 입성하여 절대권력의 독재적인 군정을 실시하기 시작했다. 그날 오후에 중앙청 앞의 국기 게양대엔 우리의 태극기가 아닌 미국의 성조기가 올라갔다. 이는 미국이 우리 남한을 직접 통치하겠다는 뜻이었다. 하지는 24군단 장교들에게 "한국은 우리의 적이다. 따라서 앞으로 항복문서의 조례와 규정이 적용될 것이다."라고 하면서 남한을 철권통치해야 한다는 상부(미국 정부)의 지시를 강조했다. 이처럼 미국은 처음부터 적대적이고 악의적인 출발을 했던 것이다. 그러나 소련은 해방 직후인 똑같은 시기에 북한에 대한 직접 지배를 내세우지 않고 북한 사람들에게 자율권을 주었으며, 북한에 입성한 김일성은 철저하게 각 지역에서 자생된 모든 인민위원회를 존중하면서 자연스럽게 해방 정국을 잘 풀어나갔다. 소련은 글자 그대로 믿고 맡기는 신탁통치(후견인 역할)를 했으나, 미국은 오직 한국을 전략적 관점에서만 바라본 것이다. 즉 남한을 전초기지로 삼아서 동아시아에서 패권을 행사하겠다는 흑심을 품은 것이다. 조선 반도를 38선으로 나누어 신탁통치를 하자고 맨 처음에 주장한 나라가 바로 미국이었고, 또 그 신탁통치 기간을 길게 해야 한다고 주장한 나라도 미국이었다. 그러나 소련은 이에 반대하면서 그 기간이 5년이면 충분하다고 했다. 미국은 끝내 자신의 국익만을 생각하면서 직접 통치를 고집했으며, 그것을 스스로 원했던 이승만은 그들의 주구가 되어 친일파들을 대거 기용해서 자주독립을 주장하는 죄 없는 민중을 빨갱이로 몰아서 닥치는 대로 학살했다. 그 가장 대표적인 사건이 바로 1948년의 4.3 제주항쟁과 같은 해 10월에 있었던 여순(여수, 순천)항쟁이었다. 제주 4.3항쟁은 순수한 주민들의 자치단체였던 제주인민위원회가 부당한 미군정청과 그 주구 노릇을 하면서 자국민을 압살하는 이승만 정권에 대해 항거한 사건이며, 여순 항쟁은 그 당시 여수에 주둔하고 있던 14연대가 이러한 제주 민중들을 억압하고 학살하기 위해 병력을 지원하라는 명령을 거부해서 생긴 숭고한 항쟁이었다. 다시 말해서 썩은 정권의 부당한 명령에 정면으로 맞선 군인들과 그런 결정을 한 군인들에게 박수를 보내고 그 뜻에 동참했던 민중에 대한 잔인무도한 학살을 8일 동안이나 자행한 사건이었다. 그래서 거기서 살아남은 14연대 군인들과 그와 뜻을 같이했던 민중들이 살기 위해 지리산 속으로 피신한 후 생존을 위해 토벌군에게 저항을 계속하게 되었던 것이다. 이런 모든 것을 예상했던 단재(신채호)는 일찍이 임정 시절에 "이승만은 아직 생기지도 않은 나라를 미국에게 팔아먹고 있다."고 하면서 "우리는 또다시 남의 나라의 식민지가 될 것이다."라고 통탄했다. 이는 이승만이 스스로 미국에게 위임 통치를 구걸하고 다녔기 때문이다. 그 덕분으로 해방 후 이승만은 남한을 손에 넣은 후 미군정청을 등에 업고 자주독립을 주장하거나 명령에 불복하는 자국민을 앞장서서 학살하기 시작했다. 그리고 틈만 나면 북진을 해서 단 며칠이면 통일을 할 수 있다고 큰소리를 치곤 했다. 이는 미국의 힘을 빌리겠다는 속셈이었다. 지금의 보수들과 똑같은 사고방식이다. 이것이 바로 6·25가 일어난 원인임을 알아두시기 바란다. 결국 북한의 김일성은 해방 5년 만에 이미 전쟁의 상흔을 걷어 내고 북한 사회를 반석 위에 올려놓았는데, 이승만 정부의 이러한 행태를 이해할 수가 없었으며 이에 대해 엄청난 분노를 느끼고 이를 그냥 두고 봐서는 안 된다고 생각한 것이다. 그래서 이 전쟁은 단순한 욕심이라기보다는 그런 미국을 한반도에서 몰아내고 그들의 주구인 이승만 정권을 타도하여 남한에서 더 이상 죄 없는 민중들에 대한 학살이 없도록 하기 위한 전쟁이었다고 보는 것이 타당하다. 왜냐하면 6·25전쟁을 전후한 몇 년 동안에 제주도를 포함한 전라도 전역과 경남의 산청, 함양, 거창 등지를 비롯해 남한 전역의 곳곳에서 미군정과 이승만 정권에 의해 학살을 당한 민중의 수가 은폐·축소되어서 그렇지 실제로는 백만 명에 달했기 때문이다. 그때 만약 북한이 6·25를 일으키지 않았다 해도 이승만이 미국을 충동질해서 반드시 북침을 했을 것이다.

또 한 가지, 그 당시 남한에서 찬탁과 반탁으로 나뉘어 피비린내 나는 싸움을 한 것도 바로 이승만의 농간 때문이었다. 신탁통치는 원래 남과 북이 상의하여 대한민국 정부를 수립하여 자립의 기초를 다질 때까지 미국과 소련이 5년간 후견인 역할을 해준다는 것이었는데, 이승만과 그 당시 국민의 지지기반이 미약했던 보수연합정당인 한독당(친일파+미국 유학파+기독교파)이 김구의 임정 세력을 끌어들이기 위해서 1945년 12월 27일 자신들의 기관지 격인 동아일보 제1면에 '소련은 삼팔선 분할점령과 신탁통치를 주장, 미국은 즉시 독립을 주장'이라는 제목의 기사를 실어 마치 소련이 남북분할을 주장하고, 신탁통치가 무슨 식민지 통치처럼 느끼게 하여 전국이 급격하게 반탁세력과 찬탁세력으로 갈라져서 피터지게 싸우게 만들었다. 이는 이승만이 몽양 등의 반대세력을 제거하고 남한만의 단독정부를 세우고자 하는 음모였다. 그런데 우직한 백범(김구)이 이에 속아 넘어가 더러운 한독당과 손발을 맞추어 찬탁은 매국이고 반탁만이 애국이라고 굳게 믿으면서 몽양(여운형)이나 고하(송진우) 같은 인물들이 그 잘못됨을 설명하면서 서로 협력하여 난국을 풀어나가자고 설득해도 화를 벌컥 내면서 불통의 고집을 부렸다. 그리고 앞장서서 반탁운동에 열을 올렸는데 이러한 백범의 행보가 이승만이 반대 세력을 빨갱이로 몰아서 무자비하게 때려잡는데 절대적인 힘이 되어주었다. 그러다가 이 세 사람이 모두 이승만의 사주에 의해 암살을 당하고 말았다. 만약 그때 몽양의 건준 세력과 백범의 임정 세력이 손을 잡고, 거기다 고하가 이끄는 건전한 보수 세력까지 가세했다면 이승만이 아무리 미국의 힘을 등에 업었다고 하나 그리 쉽게 자신의 뜻대로 해방 정국을 이끌어 가지는 못했을 것이다. 여기서 한가지, 사람들은 북한의 김일성이 정말로 독립운동의 영웅이었는지 매우 궁금하게 생각하고 있는데, 김일성은 정말로 10대 후반부터 항일을 시작해서 20대 초반부터는 항일운동을 지휘한 사람이 맞다. 생각이 깊고 담력과 지략이 뛰어나며 인민들을 진실로 사랑해서 30대 초반에 이미 북한 주민들로부터 절대적인 존경과 지지를 받았으며, 모택동과 스탈린도 인정해 주는 걸출한 인물이었다. 그리고 현재 북한 사람들도 그의 그러한 올바른 정신과 민족정기를 이어받아 믿을 수 있는 우리의 형제들임을 잊어서는 안 된다. 이는 내가 누구의 편을 들고자 하는 말이 아니다. 그동안 북한이 줄기차게 적화통일을 획책해온 이유는 이승만과 박정희가 대화가 안 되는 친일매국노들이었기 때문이며, 우리 남한 정부가 자신들의 철천지원수인 미국의 주구 노릇을 해왔기 때문이다. 따라서 지금이라도 우리가 역사를 제대로 알고 자주적인 민족의식을 갖고 진정성 있게 접근한다면 북한은 언제든지 대화의 장으로 나설 가능성이 매우 크다. 우리는 남북의 군대를 양쪽 다 20여만 정도로 대폭 줄여 정예화하고 막대한 국방비 일부를 경제개발 자금으로 충당해야 한다. 그래서 그 젊은 인력을 모두 생산 활동에 투입해야 되고, 실업자가 단 한 명도 없는 세상을 만들어야 한다. 또 한 가지 북한의 핵무기에 대한 나만의 생각이 있는데 그에 대한 얘기는 함부로 할 수가 없다. 다만 한마디만 한다면 우리 남한은 북한의 핵무기에 대해 너무 과민반응을 보이며 공개적으로 압박해선 안 된다는 것이다. 사람은 그 그릇의 크기에 따라서 소인은 소인다운 생각을 하고 대인은 대인다운 생각을 하는 법이다.

하지만 만일의 사태에 대비해서 우리도 핵무기 보유를 생각해보 아야 한다고 본다. 일본은 미국의 핵우산 밑에 있기 때문에 따로 핵개발을 할 필요가 없지만, 우리의 입장은 다르기 때문이다. 강대 국들이 자기들은 핵을 폐기하지 않으면서 후발국들만 강압적으로 규제 억압하는 것은 옳지 않다고 본다. 이처럼 우리가 북한과 좋게 지내는 것을 미·일이 이해해주면서 좋은 눈으로 보면 우리는 중국 과 미국의 중심에 설 것이나, 만약 당연한 조치를 취한 우리 민족 의 결정에 대해 필요 이상으로 흥분하거나 심하게 간섭을 하거나 일본과 연합하여 우리(남과 북)를 군사적으로나 경제적으로 압박, 응징하려고 한다면 우리(남북연방)도 중국과 정식으로 군사동맹을 맺고 나아가서 러시아까지 동맹을 확대해 저들(미·일)과 단호하게 맞서면 저들도 결국 어쩌지 못하고 화해의 제스처로 나올 것이다. 따라서 우리는 조금도 미국의 눈치를 보거나 위축되거나 두려워할 필요가 없다. 그리고 남북연합에 필요한 예산은 충분히 확보할 수 있고 첫 단추만 잘 채우면 그다음부터는 저절로 잘 돌아갈 수 있 다. 만약 우리(남한과 북한)에게 핵이 없다면 이 금수강산을 우리의 후손에게 제대로 물려주지 못할 수도 있으며, 그럴 경우 일본은 무 슨 구실을 만들어서라도 100% 우리를 침공할 것이다. 따라서 북 한이 핵을 보유하고 있음으로 해서 우리 남한과 한반도 전체가 전 쟁의 위험으로부터 안전할 수 있는 것이다. 북한에 핵이 없으면 북 한은 미·일의 야욕에 의해 침략을 받게 되고, 그렇게 되면 우리 남 한 역시 어쩔 수 없이 전화에 휩싸이게 되며 미·일의 앞잡이가 되어 이용당하고 유린당하고 짓밟히게 되어 민족의 비극으로 귀착되기 때문이다. 그런데 미리 겁을 먹고 미국이나 일본에게 무조건 의지해서 북한을 압박하고 괴롭히는 것은 민족 반역적인 작태다. 북한은 남한을 공격하기 위해서 핵을 만드는 것이 아니고 자신들과 우리 민족의 생존을 위해서 그처럼 기를 쓰고 핵을 보유하려고 노력을 해왔음을 알고 이제는 동족을 핍박하는 어리석음에서 그만 깨어나야 한다는 뜻이다. 북한은 우리가 햇볕정책을 계속했더라면 우리를 무력 침공할 생각이 없었다. 오히려 남한을 앞장세운 미국, 또는 미국을 등에 업은 남한, 그리고 독도를 자기네 땅이라고 우기면서 침략의 기회만 엿보는 일본 등으로부터 자신들을 보호하고 방위하려는 생각인 것이며, 국방비가 우리 남한의 5분의 1 정도에 불과한 북한은 열악한 군세를 오직 중장거리 미사일과 핵무기로 보강하고자 한 것이다. 일본은 간악하게도 직접 침공할 생각을 한 것이 아니라 중국을 견제하고자 하는 미국에 빌붙어서 남·북을 이간질하며 자연스럽게 전쟁을 발발시켜 미국의 비호하에 동맹군 자격으로 우리 한반도에 군대를 진입시켜 야욕을 채우려는 음모를 꾸미고 있다. 그런데 이명박 정부가 갑자기 남북관계를 경색시키고 긴장을 고조시키면서 미국에게만 올인하고 중국에겐 등을 돌리면서 일본과 군사동맹을 맺으려 하고 있다. 이는 일본과 미국 두 나라 정부의 잠재된 야욕에 불을 붙여 그들이 자국의 이익을 위해 트집을 잡고 명분을 만들어 어리석은 이명박 정부를 부추겨 전쟁을 일으킬 토대를 만드는 짓이다. 북한은 엄청난 지하 자원이 매장되어 있는 황금의 땅이며, 한반도는 동아시아의 주도권을 잡기 위한 중요한 군사적 요충지이기 때문이다. 미국과 일본, 일본과 중국, 그리고 중국과 미국은 참으로 미묘한 관계에 놓여 있으며 그 중간에 우리가 끼어 있다. 미국과 일본은 서로의 국익을 위해서 철저하게 야합할 것이며, 일본은 어떻게 해서든 중국의 위세에 맞서 다시 한 번 아시아의 맹주 자리를 되찾으려 할 것이고, 과거에 일본에게 말할 수 없는 수모를 당했던 중국은(그 당시 일본은 중국의 영토 안에 있는 공원 앞에 '중국인과 개는 출입금지'란 문구를 써 붙이는 등 온갖 만행을 저질렀다) 언젠가 때가 오면 그러한 일본을 혼내주고 싶을 것이다.

한편 미국은 새로운 경쟁 상대로 떠오른 중국이 더욱 강성해지기 전에 일본을 앞장세워 그 기세를 꺾어놓고 싶을 것이며, 중국은 머지않아 미국을 누르고 세계 최강의 나라가 될 자신이 있는데 앞뒤로 일본과 미국의 견제를 받아 울화가 치밀 것이나 당분간은 꾹 참으면서 더욱 힘을 기를 것이다. 이 모든 삼국 간의 정황을 볼 때 우리의 처신이 매우 지혜롭고 신중해야 한다(북한도 마찬가지다). 북한의 연평도 포격은 이명박 정부가 6·15 남북공동성명과 10·4 정상선언의 정신과 약속을 저버리고 북한의 내부 붕괴를 획책하는 남한 극우 단체들의 공중 전단지를 북한 땅에 살포하는 것을 방조하고 사격장 티켓판에 김정일의 얼굴 사진을 붙이는 등 파렴치한 짓을 하고 그들의 코앞에서 대규모 한·미 합동 군사작전을 하고 포격 훈련을 하는 등 계속해서 북한을 자극한 탓이며(까불다가 빰 맞은 꼴), 천안함 사태의 정확한 진상은 알 수 없으나 그 역시 햇볕 정책을 계속했더라면 결코 발생하지 않았을 사건이었다. 북한은 박정희의 가공할 친일 매국적인 전력을 적은 전단지를 남한에 보낸 적이 없고, 또 다음에 박근혜가 대통령이 되더라도 그러한 짓은 하지 않을 것이다. 따라서 파렴치하기로 본다면 북한보다 남한이 한술 더 뜨는 격이다. 만약 천안함 사태가 일기불순이나 정비 불량이나 선박의 노후화나 과거에 설치해 두었던 수뢰의 폭발 등으로 인한 사건이었다면 이는 자신들의 무능을 은폐하고 동족 간의 불신과 불화를 조장하는 반역 행위이며, 북한의 공격이었다 해도 그들을 자극한 죄과를 면할 수가 없고, 주의를 돌리기 위한 자작극이었다면 더욱더 용서할 수 없는 만행이니 어찌 됐건 이명박 정부의 책임이 아닐 수 없다. 일본은 이러한 남북 간의 긴장 고조와 미국의 적극적인 지원, 그리고 한일 간 군사동맹 제의에 이명박 정부가 화답하는 것을 보고 이를 하늘이 준 호기로 삼아 곧바로 획기적인 군사력 증강에 박차를 가할 것이다. 이 모든 사태가 어리석기 짝이 없는 극우 무리와 이명박 정부의 잘못으로 야기된 일이다. 그들은 아직도 동서를 분간하지 못하고 초전에 박살을 낸다는 등의 호전적인 발언을 일삼고 있는데, 전시작전권도 없는 상황에서 호언장담을 해대고 있으니 참으로 가관이 아닐 수 없다. 이처럼 한 발만 잘못 내딛으면 엄청난 재앙 속으로 떨어지는 위험한 상황에 놓여있으니 온 국민이 나서서 이명박 무리가 경거망동을 하지 못하도록 막아야 하며 또 절대로 일본과는 그 어떤 군사적 협약도 맺어서는 안 된다고 반대를 해야 한다. 그리고 걸핏하면 이적 단체니 종북 세력이니 하면서 사회적으로 매장하고 입도 벙긋하지 못하도록 하는 분위기를 조성해선 안 되며 이와 같은 지나친 대북 적대관을 버리고 마음을 열고 진심으로 북한을 대하면 그들 역시 나쁜 마음을 버리고 동족 간 화해 협력의 큰길로 나올 것이란 걸 믿어 의심치 말아야 한다. 먼저 불신을 조장해놓고 북한만을 탓한다거나 우발적으로 일어난 자그마한 사건을 문제 삼아 호들갑을 떨면서 끝까지 국가적 차원의 사과를 요구하면서 물고 늘어지는 따위의 행위는 옳지 않다. 북한 역시 무력 적화 통일을 하겠다는 망상을 버려야 하며 통일만 된다면 온 금수강산이 다 망가지고 시체가 쌓여 산이 되고 핏물이 흘러 강이 되어도 좋다는 생각은 버려야 한다. 우리 남북의 뒤에는 미국과 중국이 있기 때문에 그러한 엄청난 대가를 치르고도 결코 무력을 통해선 통일이 불가능한 것이다. 서해 5도를 요새화한다는 따위의 발상도 어리석기 짝이 없는 생각이다. 그보다는 남과 북이 하루빨리 화해하여 다시 개성공단을 중심으로 경제교류를 재개하고 이산가족이 상봉하며 친목과 신뢰를 쌓고 민족의 동질성을 회복해야 한다. 개인 간이나 국가 간이나 자꾸 상대방을 자극해서 싸움이 일어나는 것이다. 우리는 힘 있는 개혁정부를 수립해서 부패를 청산하고 재벌 위주의 경제정책을 중소기업과 서민들을 살리는 경제체제로 바꿔야 하며, 탐욕적인 보수자본세력과 어리석은 극우 무리를 누르고 깨우쳐서 남북 연립정권을 결성하여 통일의 기반을 다지고 우리 선조들의 찬란한 정신문화를 바탕으로 세계를 주도해나가야 한다. 우리가 만약 한·미·일 동맹을 맺어 중국과 북한을 압박한다면 통일의 꿈은 요원해지고 남한과 북한은 서로 원수지간이 되어 북한은 중국과 러시아의 지배하에, 남한은 미국과 일본의 지배하에서 결국 경제 식민지가 되어 국력이 쇠퇴하고 이용과 착취만 당하다가 동족상잔의 비극 속으로 등을 떠밀려 나가게 될 것이다. 북한과 중국과 그 외 아시아 각국과의 교역을 통한 경제성장 대신 미국, 일본과의 불공정교역으로 나라 살림은 제자리걸음을 면치 못할 것이며 안보를 보장해준다는 명목으로 지금보다 훨씬 많은 막대한 헌납을 요구당할 것이며, 대

류으로 진출하는 통로가 막히고 동아시아에서도 일본과 함께 왕따를 당할 것이다. 우리는 조만간 미·일의 편에 서야 할지 북·중·러의 편에 서야 할지 양자택일의 입장에 처하게 될 것이다. 거기에 중립의 자리는 없다. 이럴 때 우리가 살길은 우선 북한과 진심으로 화해하여 서로의 손을 잡는 것이다. 그다음엔 미국과 중국의 중심에 서면 된다. 하지만 결국 미·일보다는 북·중·러 쪽에 무게중심을 두게 될 것이고 그것이 우리가 나아갈 길이다. 그런데 극우 무리는 '남북연방제'란 말만 들으면 이는 바로 북한이 주장한 것이라 하면서 기를 쓰고 종북이라 몰아세우고 아무것도 모르는 민중들도 거기에 동화되곤 한다. 앞으로는 지금과는 반대로 그런 무리를 친일의 잔재인 반민족적 매국노들로 간주하여 단호하게 성토하는 한편 그 잘못된 생각을 잘 타일러서 깨우쳐줘야 한다. 도대체 그들이 생각하는 대안은 무엇이란 말인가? 미국을 등에 업고 전쟁이라도 하겠다는 것인가? 아니면 북한 체제를 흔들어 흡수통일이라도 하겠다는 것인가? 그 생각이 얼마나 어리석고 현실성이 없으며 위험천만한 생각인지 모르지는 않을 것이다. 그렇다면 그들의 속셈은 뻔한 것이다. 즉 통일이고 뭐고 필요 없으니 지금 이대로 잘 먹고 잘살자는 생각뿐인 것이다. 하지만 돌아가는 상황을 보면 주변국들이 우리를 가만 내버려 두지를 않을 것이 분명하므로 우리는 서둘러서 선제적 방어를 하고 대책을 강구하여 준비를 철저히 한 다음 태도를 분명히 해야 한다. 그리고 그 시기를 놓치고 우왕좌왕하면서 시간을 끌면 큰일을 당할 수가 있다. 북한과의 협력과 경제교류는 그 어떤 나라와의 경제교역보다 국익에 보탬이 크다. 양쪽 다 경제적 상승효과가 지대하며 장차의 통일비용도 줄이고 신뢰감과 친밀감도 점차 더해질 것이니 이보다 더 좋은 일이 어디 있겠는가? 단 하루라도 늦어지면 그만큼 손해이며 또 그보다 더 어리석은 일은 없는 것이다. 북한 역시 우리와 마찬가지로 다시는 6·25 사변과 같은 동족상잔의 전쟁을 하고 싶은 마음은 없는 것이다. 또 전쟁을 하고자 해도 할 수도 없는 상황이다. 그러한 우리의 형제인 북한을 자꾸만 자극하면서 불신하고 구구한 억측을 일삼고 불화를 조장하면서 전쟁을 부추기는 자들은 모두 민족의 반역자들로서 중형에 처해야 마땅한 일이다. 사실 북한의 김일성 정권은 항일 독립운동 세력이었고 남한의 이승만, 박정희 정권은 간악한 매국노들이 세운 정권이었음은 숨길 수 없는 사실이다. 어떻게 손바닥으로 하늘을 가릴 수 있겠는가? 그래서 같은 민족끼리 이처럼 대화가 늦어지고 오늘날까지 이 모양으로 대치하고 있는 것이다. 그럴수록 마음의 문을 열고 진심으로 다가서야 함에도 오히려 먼저 그들의 심기를 건드려 불신을 배가시켜왔으면서도 그러한 원인 제공을 한 것은 생각지도 않고 북한의 잘못만을 탓하는 우를 범해 왔다. 내가 이런 말을 하는 것은 결코 북한의 편을 들고자 함이 아니고 또 김일성 일가와 북한이라는 체제가 비난받을 일이 없다는 뜻도 아니다. 해방된 지 벌써 70년이 다 되어가는데 같은 민족끼리 아직도 통합을 못 하고 남북으로 갈려 미국의 그늘에 숨어 서로를 원수처럼 여기면서 해마다 막대한 국방비를 들여 주한미군을 먹이고 입히면서 전시작전권도 되찾지 못한 채 모든 걸 지시받고 있으니 이얼마나 부끄럽고 참담한 일인가. 그래서 그런 말들을 하는 것이다. 북한이 남조선 불바다 운운하는 것은 미·일과 작당해서 동족인 자기들의 목을 죄는데 앞장서서 미운 짓을 계속해오고 있기 때문에

화가 나서 한 말이다. 필자가 생각하기는 우리가 그들을 음해하고 그러한 궁지로 몰아가지 않는 한 그런 생각이나 그런 짓은 하지 않을 것으로 본다. 또 한반도가 적화되면 미국의 국익에 크게 문제가 되므로 그런 미국을 의식해서 남침을 할 수도 없는 상황이다. 설령 혹시 그러한 생각을 갖고 있다 해도 우리의 성심과 노력에 의하면 얼마든지 그러한 생각을 버리도록 만들 수 있다고 본다. 그렇기 때문에 남과 북은 서로 화해하여 협력을 할 수 있는 것이다. 그리고 북한은 우리 조상들과 우리 민족의 얼이 담긴 태극기 밑으로 다시 돌아와야 한다. 김정은은 내 말을 명심하길 바란다. 그것이 조부와 부친이 만들어놓은 인공기와 북한체제를 지키고 이끌어가는 일보다 훨씬 더 큰 대의大義이며 천명天命임을 깊이 깨달아야 할 것이다. 네가 만약 이 책을 접하게 되거든 경건한 마음으로 정독하고 치세治世란 무엇이고 통치자의 덕목이 무엇인지 가슴속 깊이 새길 것이며 항상 백성들을 사랑하고 연장자를 존중하면서 덕을 베풀어야 하느니라. 그리고 동족상잔의 비극은 목숨을 걸고라도 막아야 하며, 통일과 민족중흥을 위해서 소아를 버리고 대승적인 밑거름이 되는 것이 역사에 길이 남는 것이지 끝까지 인공기와 공산체제를 고집하고 아집을 부리면서 적화 통일을 하여 통일 한국의 지도자가 되겠다는 집착은 잘못된 생각이며, 지금의 북한식 통치체제로선 치열한 국가 간의 경쟁에서 도저히 앞서갈 수 없다는 사실도 인정해야 할 것이다. 앞으로 우리(남북)는 서로의 체제를 인정하고 남북연방을 결성하여 그대로 가다가 통일 법안을 만든 후, 사회민주주의, 즉 복지자본주의체제를 채택해서 남북통합 대통령을 선출해야 하느니라. 그것이 우리 민족이 지향해야 할 가장 이상적인 정치체제가 아니겠는가. 그리고 앞으로 남북연방체제가 되었을 때 남과 북이 서로 주도권을 잡아서 장차 통일 한국의 주인이 되겠다는 욕심에 사로잡혀 절대 반목하거나 따로 놀아서는 안 되느니라. 남한에 너보다 뛰어난 인물이 있거든 소아를 버리고 깨끗하게 그 사람에게 양보하고 물러날 것이며 만약 너보다 나은 사람이 없다고 생각되거든 더 많이 공부하고 더 많은 덕을 쌓을 후 너의 통치 철학과 국정 방향을 남북한의 유권자들에게 밝히고 정정당당하게 남북통합 초대 대통령 선거에 도전을 해야 될 것이다. 너에게 그러한 경륜과 자격이 있다면 남한의 유권자들도 너에게 지지표를 던질 테니까 말이다. 내가 너를 '너'라 칭함은 내 나이가 이미 네 나이의 갑절쯤 되었으며, 나의 학덕이 족히 너의 스승이 될만하기 때문이니라. 그러니 나의 한 마디 한 마디를 새겨듣고 명심하길 바란다.

이번엔 우리나라 중소기업들의 희망이고 꿈이었던 개성공단 경제교류의 출발과 좌절의 과정을 돌아보면서 이명박 정부의 죄과를 논하고자 한다. 2000년 6·15 남북공동성명(제1차 남북정상회담)이 있은 후 그해 8월에 남한의 현대아산과 북한이 개성공단 공동개발에 합의하고 2002년 11월에 개성공단지구법이 제정·공포되었는데, 개성공단은 6,600만㎡(약 2000만 평) 규모에 50만~70만 명이 일하는 것으로 남북이 합의했다. 2003년 6월에 제1단계로 1단지(330만㎡: 100만 평)가 개발·착공되었고, 2004년 12월에 시범단지 공장 준공 및 첫 제품생산이 있었으며, 2005년 12월엔 남북 직통전화 300회선이 개통되었다. 2007년 5월 17일엔 경의선과 동해선이 반세기 만에 개통되어 군사분계선을 통과하여 첫 시험 운행을 하였다. 경의선 열차는 남쪽의 문산역과 북쪽의 봉동역을 하루에 한 번씩 오가는데, 남에서 북으로 갈 때는 주로 원자재를 실어 가고 올 때는 개성공단에서 생산된 완제품을 싣고 왔다. 거기서 생기는 이익이 적지 않아 북한에게 무조건 다 퍼주기만 했다는 말은 맞지 않는 억지이다. 지하 자원 공동개발을 통한 이익 역시 적지 않았을 텐데 이명박 정부의 일방적인 망발로 중단되어 버렸던 것이다. 2007년 5월에 남북이 정치 문제를 떠나 광물자원 개발을 전담하자는 합의서를 토대로 지하 자원 개발 전담기구를 발족시키는데 성공했으며, 2007년 10·4 남북정상선언(제2차 남북선언)에선 북한의 광산 개발에 남과 북이 힘을 합한다는 공동선언문이 정부 차원에서 정식으로 발표되었다. 2007년 12월엔 경의선 열차가 정기운행을 개시했고, 제2단계(제2단지) 공단 설립에 대한 측량이 있었으며, 개성공단 내에 남북경제협력 협의사무소 청사 준공식이 있었다. 그런데 2007년 말 대선을 앞두고 한나라당이 남북경협은 '대선용 퍼주기'라고 무조건적인 반대를 하고 나오더니, 2008년 이명박 정부가 들어선 후 더욱 강경 일변도의 대북 적대정책을 고수한 결과 모든 남북 교류와 남북 경제협력이 그 막을 내리게 되고, 급기야는 연평도 포격과 같은 불상사가 일어나 남북관계가 극도로 경색되고 한반도에 위험한 긴장감이 고조되고 있는데 과연 그 책임이 누구에게 있다고 하겠는가? 그동안 경직된 남북관계를 돌이킬 수 있는 기회가 몇 번이나 있었음에도 불구하고 이명박 정부와 한나라당 지도부는 완전히 귀를 막고 끝내 잘못된 고집으로 일관하였다. 그래서 개성 공단이 꽃도 제대로 피워보지 못하고 문을 닫게 되었고, 개성 관광과 금강산 관광도 끊겼으며 남북을 왕래하던 기차도 끊기게 되었다. 이로써 10년 동안 공들인 남북 화해가 물거품이 되고 현대아산이 경영에 치명타를 입고 수많은 입주업체와 협력업체의 꿈이 좌절되고 그 가족이 불행의 나락으로 굴러떨어졌다. 그 당시 이미 공동 경제개발 사업으로 합의된 내용(2009년도 상반기에 예정된 공단 내 기숙사 착공사업은 예산까지 배정되어 있었음)조차 남한이 정권이 바뀌면서 일방적으로 지키지 않았다. 그로 인해 88개의 1단지 입주 기업과 50여 개의 1단지 입주 예정 기업은 물론 앞으로 계속 건설될 대규모 공단에 입주할 목적으로 개성공단을 세울 때 모든 인프라(생산이나 생활의 기반을 형성하는 기초적인 시설, 즉 도로, 항만, 통신, 철도, 전기시설 등)를 조달했던 국내의 수천 개의 업체가 그 뜻이 좌절되고 그 희망을 잃게 되었다. 지금이야 아주 끝장이 났으니까 차라리 마음이 편하겠지만 2008~2009년 당시 그들의 마음이야 오죽 답답했겠는가? 개성공단 입주업체였던 '녹색섬유'와 같은 중소기업은 의류를 생산해 중동 등으로 수출하는 일을 했는데 박용만 사장은 "남북관계 경색으로 작업이 중단되어 외국 바이어들과 많은 문제가 생기고, 국내에서 원·부자재 구입을 위해 직접 거래를 하던 협력업체가 무려 40여 곳인데 개성공단이 생산 활동을 멈추면서 그들 납품업체들도 큰 혼란을 겪게 되었다."고 하소연했다. 힘없는 중소기업들이 그곳에 많은 자본과 노력을 투자했고, 예전의 불공정한 어려운 경제 환경에서 벗어나 그곳에 모든 희망과 인생 전체를 걸었을 것인데 계약이 취소되고 손해배상을 청구 당하고 원자재 반납을 요구받으며 자금지원이 차단되는 등 얼마나 큰 실망과 아픔들을 겪었겠는가? 그들을 그렇게 만든 자들에게 이렇게 말해주고 싶다. "도대체 네놈들이 무슨 권한으로, 그리고 무슨 이유로 그 많은 사람의 소망을 저버리고 아픔을 외면하면서 민족의 대번영에 재

진정한 유법천지有法天地를 향하여 상

를 뿌렸던 것이냐? 이 곤장을 100대씩 맞아도 그 죄를 다 갚지 못할 놈들아! 네놈들이 개성공단이 성사되는데 무슨 벽돌 한 개라도 보탠 적이 있느냐? 땡전 한 푼이라도 기부한 적이 있느냐? 도움은 못 줄망정 왜 다 된 밥상에 재를 뿌렸느냔 말이다. 너희만 배부르고 등 따뜻하면 다른 사람은 죽어도 좋단 말이냐? 이 똥 덩어리보다 못한 놈들아!"라고. 개성공단은 국내에선 대기업 압제 때문에, 그리고 국외에선 자금력 때문에 힘을 못 쓰는 모든 중소기업의 꿈이자 희망이었고, 무한히 그 규모를 확장하여 다른 분야까지 남북협력을 키워나갈 수 있는 민족 번영의 소중한 싹이었다. 또한 북한엔 우리가 생각한 것보다 훨씬 많은 엄청난 지하 자원이 매장되어 있다. 21세기에 있어 자원 확보가 경쟁과 생존에 얼마나 중요한지는 더 설명할 필요가 없을 것이다. 그래서 구한 말에도 조선 북부에 있는 지하 자원을 약탈하기 위하여 열강들이 몰려들었고 지금도 호시탐탐 그것을 노리고 있는 것이다. 이제 북한의 지하 자원 가치는 그때보다 몇십 배 높아졌다. 어림잡아도 9,000조 원어치가 훨씬 넘는 막대한 자원을 보유한 북한은 지구에서 개발이 안 된 마지막 황금의 땅이다. 관련된 보고서를 보면 북한은 금은을 비롯해 상업성이 있는 금속이 무려 40여 종이나 매장되어 있는 '지하 자원의 백화점'이다. 특히 마그네슘의 원료가 되는 마그네사이트 매장량이 약 40억 톤으로 추정되어 세계 1위다. 마그네슘의 무게는 철의 4분의 1에 불과한데 가공성이 뛰어나 자동차, 가전제품, 선박 등 고급 철강 제품 생산에 필수적인 재료다. 워낙 경제적 가치가 커서 북한에선 '백금'이라고 불리기도 한다. 한편 세계 선박 건조량 1위인 우리 남한에는 전혀 매장돼 있지 않아 전량을 외국에서 수입하고 있는 실정이다. 철광석 매장량은 50억 톤으로 추정되며, 이 밖에 금, 무연탄, 아연, 석회석, 갈탄 등의 매장량도 모두 세계 10위권 안에 들 것이라고 광업진흥공사 측은 평가하고 있다. 그러나 여기에는 북한이 감추고 있는 석유와 우라늄이 포함되지 않았다. 북한은 2001년부터 석유탐사를 시작했고 2004년에 영국의 석유회사 아미넥스와 서해안 대륙붕과 평남지역 석유광권 개발계약을 맺었다. 아미넥스 쪽은 2009년 초 미국 자유아시아방송(RFA)에서 "북한의 채굴 가능한 원유매장량은 40억~50억 배럴."이라고 밝힌 바 있다. 이는 매장량 세계 20위인 인도네시아와 비슷한 규모인데 일부에서는 북한의 석유 매장량이 230억 배럴에 이른다고 분석하기도 한다. 그러나 북한이 석유에 대해선 철저히 함구하고 있는 것으로 보아 그 매장량이 정확하게 얼마 정도인지는 아무도 모른다. 또 원자력발전 연료인 우라늄 매장량도 엄청난 것으로 알려졌다. 대한상공회의소는 2008년 11월 자료집에서 북한에 채굴 가능한 우라늄만 400만 톤으로 추정했다. 이는 우라늄 매장량 세계 1위인 호주의 130만 톤보다 3배가 넘는 양이다.

우라늄은 석유 파동으로 최근 가격이 급등하고 있다. 직접 채굴해서 상업성을 따져봐야 하지만 북한 자원의 예상 가치가 천문학적인 수준이라는 데에는 다들 이견이 없다. 이러한 북한의 자하자원 개발에 뛰어든 나라는 여럿이지만 실제로는 중국의 독무대라고 할 수 있다.

산은 경제연구소는 중국이 2006년 대북투자액의 70%를 광물자원에 투자하여 북한의 지하 자원 개발에 열을 올리고 있다고 분석했다. 중국기업들 2001년부터 북한 양강도 등에서 금과 아연을 채

굴해왔고, 최근에는 석탄, 철광석, 몰리브덴 등으로 개발 품목을 점점 늘리고 있는 것으로 파악되고 있다. 특히 아시아 최대의 노천 광산인 함북 무산철광에 대해서 50년간 채굴권을 확보한 것으로 업계는 파악하고 있다. 대한상공회의소 자료를 보면 중국은 2006년 북한에서 광물을 2억 7,453만 달러어치 수입했다. 한국은 북한 광물을 5,973만 달러어치 수입해 중국의 5분의 1 수준이었다. 그런데 북한은 중국에게 이 광물의 국제 가격보다 저렴한 이른바 '우호 가격'으로 팔고 있다. 전력난에 사회간접자본이 열악한 북한의 광산 가동률은 20~30%에 불과하다. 북한 광물을 직접 가져오지 못하는 한국기업은 중국을 통해 들어온다. 한 철강회사 관계자는 "중국을 통해 북한산 철광석을 가져오지만 그래도 거리가 가까워 남미나 호주산보다 싸다."고 말했다. 코앞에 있는 동족의 광물을 중국한테 웃돈을 주고 사 오는데 그나마 그 양도 미미한 수준이다. '세계의 공장'이라고 불리는 중국이 그 소중한 자원을 제3국에 나눠줄 이유가 없기 때문이다. 현대개발경제연구원이 2008년 말에 "수출 비중이 높은 남북한경제 상황에서 광물 공동개발은 어떤 경협보다 남북 양측에 경제적 효과가 크다."는 보고서를 내놓은 바 있다. 이 보고서는 북한 광산에 외국자본이 투입되는 즉시 10억 달러 정도의 수출이 증대하여 북한은 이 돈을 경제도약의 계기로 사용할 수 있을 것으로 내다봤다. 또 광물 소비량의 90% 이상을 수입하는 남한은 북한 광산개발로 원자재 대란을 피해 안정적인 물량을 확보할 수 있고 또 운송 거리가 짧아서 막대한 경제적 이익을 얻을 수 있다고 분석한 바 있다. 이처럼 남북경협은 서로를 위한 원-윈 관계였는데 어리석고 철면피한 한나라당과 이명박 정부는 무조건적인 퍼주기라고 선전하면서 이를 중단시킨 것이다. 2007년 5월에 남북이 정치 문제를 떠나 광물자원 개발을 전담하자는 합의서를 토대로 지하 자원 개발 전담기구를 발족시키는데 합의한 후 검덕광산, 룡양광산, 대흥광산 등에서 마그네사이트 개발을 위해 기반조사까지 했으며 2007년 10·4 남북정상선언 후속 조처로 열린 제1차 총리회담 합의서에 채택된 함남 단천지구 아연 광산 개발 역시 현지실사조사와 사업 타당성 검토까지 마쳤으나 정치권의 이념 논쟁 탓으로 모두 발목이 잡히고 말았다. 한나라당이 자원 공동개발의 정상회담 결과까지 싸잡아서 비판하고 철저하게 반대를 위한 반대만을 한 결과 남과 북이 약속했던 자원 공동개발 사업이 좌절되고 중국만 좋게 되었다. 북한의 금 매장량은 약 2,000t으로 추정되어 세계 1위인 남아공 매장량의 3분의 1이나 되며, 철광석은 50억t으로 세계 1위인 브라질 매장량의 4분의 1수준이다. 당시 김기문 중소기업 중앙회장은 "2007년 남북경협의 사업 규모가 18억 달러고, 거기서 2억 7천만 달러의 흑자를 냈으니 공단 입주 업체의 85% 이상이 '경쟁력이 있다'고 대답할 정도로 개성공단은 우리나라 중소기업에겐 유일한 꿈이고 희망이다."라고 말했다. 그런데 어리석고 파렴치한 한나라당의 이명박 정부 때문에 이 모든 꿈이 물거품이 되고 남북관계가 급격히 경색되었다. 이렇듯 민족의 대화합과 대번영에 재를 뿌린 반역자들이 자신들의 이러한 크나큰 죄과를 은폐하기 위하여 걸핏하면 용공 단체니 종북 세력이니 하면서 기를 쓰고 민족화합을 추구하는 진보 세력들의 입을 막고, 북한을 무조건 상종 못 할 괴물 집단으로 불신 비하하면서 일본과 미국 등의 외세를 끌어들여 민족 분열과 동족상쟁의 길로만 나아가고 있는 것이다. 이는 그들이 변화 없는 세상에서 자신들의 기득권을 지키면서 계속 호의호식하겠다는 흑심 때문이기도 하다. 세상 어느 곳에 북한처럼 가까운 거리에 물류비도 싸고 무관세로 다니면서 언어가 통하는 곳이 있겠는가. 이처럼 남북경협은 남과 북 모두에게 경제적으로 큰 도움이 될 뿐만 아니라 그를 바탕으로 상호 신뢰와 동족애가 자라게 되어 통일에 한 발 더 가까이 다가설 수가 있었는데 이제 모든 것이 물거품이 되어 다시 돌아갈 길이 멀고도 험난하게 되었다. 북한은 전술한 바와 같이 이미 마음의 문을 열고 진지한 자세로 민족화합의 장으로 나왔었다. 거기에 까닭 없이 먼저 침을 뱉고 등을 돌린 것은 오히려 한나라당의 이명박 정부였다. 우리는 지금이라도 다음 총선과 대선에서 반드시 정권을 교체하여 남북이 화해하고 다시 협력하여 민족의 번영과 통일을 위해 새롭게 출발할 수 있도록 깨어있는 사람이 모두 힘을 모아야 할 것이다. 만약 또다시 한나라당에게 정권을 넘겨준다면 나라 꼴이 어떻게 되겠는가? 민주당을 중심으로 한 군소 야당들과 재야 세력이 힘을 합하는 모습을 보이지 않거나 또는 연합을 한다 해도 도저히 한나라당 무리를 이기지 못할 것으로 보이면 이 천강天綱 문도연이 나설 것이다.

"하늘의 뜻을 세우는 자 민심民心을 얻으리라." 했으니 잠룡이 때를 만나 하늘로 솟으면 천둥이 치면서 구름과 비와 바람을 불러일으켜 천지가 진동할 것이다. 그렇게 되면 그동안 보아왔던 토룡(지렁이)들이 꿈틀거림이 아닌 진짜 용이 승천하는 장엄한 모습을 보게 될 것이며 천하의 질서가 바로잡힐 것이다. 내 여기저기 숨어 지내는 진정한 의인지사義人志士들을 불러 모아 그들의 잠들어있는 의협심과 애국·애민심을 흔들어 깨워 새로운 나라를 만들어 민초들의 눈물을 닦아주고 지하에서 아직도 눈을 감지 못하고 세상을 지켜보고 있을 전태일 열사의 혼을 위로해주고자 한다. 그렇다고 독재적인 방법으로 시장경제의 장점을 무시하면서 무조건 재벌들을 때려잡겠다는 뜻은 아니다. 필자의 심중엔 가장 이상적인 통치구상이 있다는 말이다. 가발 공장 공장장이나 하면 딱 맞을 사람을 대통령으로 뽑아 이토록 나라가 어지러운데 이젠 또 초등학교 교감이나 유치원 원장이 딱 어울리는 친일파 독재자의 딸을 대통령으로 뽑으려 하니 아무래도 우리나라 사람들의 의식구조에 좀 문제가 있는 것 같다. 이 천강이 분명히 말해두건대 만약 박근혜가 대통령이 된다면 나라 꼴이 지금보다 더 어지러워질 것이다. 박정희가 나라 경제와 민생 문제에 대해 관심을 갖고 나름대로 노력을 한 점은 어느 정도 인정하나 그의 집권 기간에 경제개발 계획이 성공한 것은 그의 통치력 때문이 아니고 미국의 케네디 대통령이 최고의 경제 전문가들을 한국에 보내 경제개발 계획을 전담하였기 때문이다. 다시 말해서 그의 유일한 강점이고 유일한 공훈이었던 경제개발 성공마저도 박정희와 그 일당의 공이 아니고 거의 100% 미국의 경제전문가들 덕택이었단 말이다. 만약 모든 걸 박정희 정권에게 맡겨 놓았다면 우리나라는 거지 나라가 되었을 것이다. 따라서 그의 철면피한 매국 행적과 불법 쿠데타와 독재적인 장기 집권에 대한 책임은 더욱더 면제될 수 없는 것이다.

세계대전이 끝난 후 일본이 항복하자 소련이 주변 국가들에게 군사 원조와 경제 원조를 하여 공산화를 확산시키자 미국도 이를 견제하기 위해 유럽과 아시아에서 미국의 영향력을 확대하기 위해서독과 일본에게 전폭적인 경제적 원조를 아끼지 않았다. 그리고 이승만 정권에게도 식량을 보급해주는 등 적지 않은 원조를 해주었으나 부패한 자유당 정권은 이승만의 독재하에서 나라 경제를 엉망으로 만들고 빨갱이로 몰아 많은 양민을 학살했다. 6·25 전쟁이 끝나고 북한은 소련과 중국의 원조로 3년 만에 전후 복구를 완료하고 천리마 5개년 계획을 수립하여 국력을 향상시켰다. 그러나 남한은 이승만 정권이 휴전 후에도 여전히 정신을 차리지 못하고 더욱 심한 부패와 독재를 계속하다 4·19 의거를 거쳐 5·16 군사 쿠데타로 박정희 군부 정권이 탄생했다. 그러자 케네디 대통령은 주한미대사인 메카나키에게 박정희 군부 정권과 한국의 현재 상황과 한국의 발전 전략에 대해 종합보고서를 올리도록 지시했다. 이 보고서에서 메카나키는 한국(남한)에선 지금 민족주의 감정이 고조되고 있으며 살기가 힘들어 북한을 부러워하면서 공산화가 될 수도 있으며, 남한이 경제적으로 안정이 되어 북한 공산주의와의 대결에서 이겨야 하는데 만약 남한이 무너지면 일본까지 위험해지고 그러면 미국의 태평양 방어라인이 위험해진다고 했다(소련을 의식한 것임). 이에 케네디는 미국의 최고 경제 엘리트들을 뽑아 '한국의 경제개발 근대화전략'을 수립하라고 지시했다(1961. 6. 13.). 여기에는 행정개혁과 부패 추방프로그램과 교육개혁이 포함되어 있는데 교육개혁 부문을 보면 한국은 전통적으로 윤리 중심의 인문분야를 중시하므로 과학기술 분야와 직업교육을 강화해야 한다는 조항도 있다. 또 케네디 대통령은 일본의 이케다 수상을 만나 한국의 경제개발을 도우라고 주문했는데, 그들 일본 위정자들은 그 후 박정희가 일본을 방문하여 술좌석에서 일본말로 명치유신을 일으킨 일본의 지사들을 존경한다는 등 친일 아부적 발언을 계속하자(사이고 다카모리, 이토 히로부미 등 명치유신의 주모자들이 대동아공영을 내세우며 침략전쟁을 일으켜 36년간이나 우리 민족을 짓밟았는데 일본인들 앞에서 그따위 망언을 늘어놓은 박정희는 참으로 한심한 자가 아닐 수 없다) 이케다 등은 쾌재를 부르며 박정희 정권에게 검은돈을 주어서 한국경제를 일본 의존형 산업구조로 만들어 경제 식민지를 만들려고 작심을 하였다. 그래서 1961~1965년 사이에 한국이 일본에게서 받은 검은돈이 6천 6백만 달러(약 2조 1천억)인데 만약 미국의 경제 엘리트들이 이러한 일본의 악의적인 흑심을 미리 알고 방어적 조치를 취하지 않았으면 대일무역적자의 수렁 속에 빠져 코가 꿰어 끝없이 끌려다녔을 것이다. 처음에 박정희는 1962년 1월에 경제개발 5개년 계획을 발표한 후 미국 경제전문가들의 말을 듣지 않고 간섭하지 말라는 고집을 부렸는데 그들의 수출전략을 보면 토끼털과 생선, 그리고 돼지고기 등을 대량으로 수집하여 수출한다는 정도였다. 1962년 5월엔 정치자금을 위해 사상 최대의 주식 사기극을 획책해서 막 걸음마를 떼려던 한국의 경제개발에 치명타를 입혔다. 이는 공화당의 창당 자금과 야당 교란작전에 쓰고자 함이었다. 그들은 그로부터 한 달 후인 1962년 6월에 사전 조사도 없이 지하 자금을 회수한다는 생각으로 화폐개혁을 실시해서 예금한 돈들도 찾지 못하게 하였는데 전국 공장의 절반 이상이 문을 닫고 돈의 유통이 멈춰 경제가 마비되고 나라 전체가 대혼란 상태에 빠지고 말았다. 이를 두고 버거 대사는 그 당시 경제적 피해와 혼란을 보면서 믿을 수 없을 만큼 멍청한 짓을 했다고 혹평했다. 그리고 샤무엘 버거 대사는 박정희 정권과 제1차 5개년 계획이 너무 무능하고 허술하여 미국의 경제원조 전액을 동결한다고 엄포를 놓고 경제 계획을 대폭 수정하고 수출중대정책(수출주도형 개발전략)으로 전환시킨 다음 박정희의 항복을 받아낸 후 채찍과 당근 정책으로 박정희를 교육시켰다. 화폐 개혁 실패로 완전히 주도권을 잡은 버거 대사는 안정화 프로그램을 가동하여 한국의 경제 개발을 주도적으로 전담했다. 이로써 AID(친미 국가개발 전략을 수행하는 미국의 경제전문가들)에 의해 우리나라 경제개발이 점차 성공적인 모습을 보이자 박정희는 그것이 마치 자신과 자신의 추종자의 공인 양 국민 앞에 나서 손을 흔들면서 그럴듯한 선전을 했다. 이러한 모든 사실이 '프레이저 보고서'에 자세히 나와 있다. 다카기 마사오(박정희)는 현실에 대한 적응력과 권력에 대한 집착이 이승만보다도 더 강한 인물로 교사 시절 꿈에 그리던 일본군 장교가 되기 위해 만주 신경 군관학교로 제국 일본에 충성을 맹세하는 혈서를 보내 신문에까지 난 사람이다. 그는 악명 높은 '간도 특설대'에 몸을 담기도 했으며, 그 후 만주군 보병 제8단에 소속된 후에도 부관의 직책을 맡아 해방이 되는 순간까지 항일 세력(한·중 연합군인 팔로군 등)들을 소탕하고 동포들을 죽이고 잡아들이는데 적극적으로 앞장섰던 자다. 간도 특설대란 그 당시 거물급 친일파였던 간도 성장 이범익이 일제에게 건의해서 1938년 9월 15일에 창설된 특수부대인데 "조선 독립군은 조선인이 잡아야 한다."는 취지로 만주에서 활약하고 있는 조선인 항일무장단체를 토벌하기 위해 일제가 조선 출신 만주군으로 조직한, 잔악하기로 유명한 악명 높은 인간 백정 부대였다. 1기와 2기는 모병제였고, 3기부터는 징병제였는데 그들은 일제의 신임을 받기 위해 필요 이상으로 과잉 충성을 하여 닥치는 대로 동족들을 살해했으며, 그들이 통치하는 광범위한 지역을 황폐화시킨 결코 용서받을 수 없는 인간쓰레기들이었다. 젊은 시절 박정희는 광적이고 과격하고 호전적인 특이한 성격으로, 일본인보다 더 일본인다워서 진정한 사무라이라는 칭찬까지 받았다고 한다. 평소엔 별말 없다가도 독립군 토벌에 나갈 때는 "요시 토벌이다!"라고 큰소리로 외치면서 두 눈을 번뜩이며 전의를 불태웠다고 그 당시의 주변 인물들이 증언하고 있다. 대한민국의 피 끓는 젊은이로서 나라를 잃은 동포들이 그토록 일제에게 핍박을 받고 있는 상황에서 그러한 삶을 선택했던 그가 과연 민생을 위한 대통령이었을까? 매우 의심스러운 일이 아닐 수 없다.

그는 그러한 상황에서 그러한 선택을 하고 그러한 활동을 하는 자신에 대해 추호의 망설임이나 흔들림도 없이 매우 확고한 신념과 의지로 움직였으니 참으로 한심한 인물이 아닐 수 없다. '박사모'들은 박정희가 간도 특설대엔 몸담은 적이 없다면서 그 열 가지 이유들을 열거했지만, 그 열거한 내용들이 엉터리였음이 다시금 증명된 바 있다. 조선족 언론인인 류연산 씨가 『일송정 푸른솔에 선구자는 없었다』란 책을 2004년 2월에 출간했는데 이 책에 박정희가 "개와 말의 충성을 다하겠다."는 또 다른 혈서를 쓰고 특설부대 설립초기에 간도 특설대에 자진 입대하여 1939년 말에 조선인 독립군토벌에 큰 공을 세운 후 그 공으로 이듬해에 신경에 있는 일본 육군 사관학교에 추천을 받아들어갔다고 기술되어 있다. 류연산 씨는 "박정희의 특설부대 설은 수많은 증언들을 토대로 기술된 것으로 연변지역에서는 이미 잘 알려진 정설"이라고 했으며, 그 당시 상황을 잘 알고 있는 주재덕 선생의 회고에 의하면 "박정희는 특설부대 설립초기에 자원 입대를 하여 1939년 8월 24일 대사하 전투에서 최현(최룡해의 父) 부대에게 크게 패한 특설부대에서 요행이 살아남은 몇 사람 중의 한 명이었다."고 했다. 또 1995년 7월에 류연산 씨가 주재덕 씨와 만났는데, 그때 주재덕 선생이 "키가 작고 마른사람이며 그가 훗날 한국의 대통령이 된 박정희가 틀림없다."고 분명히 짚어서 이야기했다고 한다. 박지만 씨가 그 당시 류연산 씨와 그 책을 출판한 출판사를 명예훼손죄로 고소했는데, 이러한 증언을 토대로 박정희 명예훼손죄로 고소된 류연산 씨와 그 출판사 대표는 2006년 12월 20일 오후에 무죄 판결을 받은 바 있다. 박정희는 일본 육사를 마친 후 잠깐 다른 부대에 있다가 1944년 3월부터 1년 5개월 동안(해방이 될 때까지) 만주군 보병 제8단에 소속되어 부관의 직책으로 조선 독립군이 소속된 한중연합군인 팔로군과 격렬한 전투를 하고 독립군을 도왔다는 이유 등으로 죄 없고 힘없는 수많은 민간인(동포)까지 체포, 구금, 살상하는 등의 만행을 저지른 자다. 그 당시 간도 특설대의 주요 토벌 대상은 조선독립군뿐만 아니라 동북항일연군(한·중 연합군)들과 중국과 조선의 민간인이 모두 포함되어 있었다. 주로 만주 지역에서 유격 활동을 하던 동북항일연군은 김일성을 중심으로 한 독립군들이 소속된 팔로군이었고, 화북 지대에서 주로 활약하던 조선 의용군들은 무정을 중심으로 모택동의 홍군에 소속되어 있었는데 이들은 모두 공산주의를 신봉하는 모택동 군에 몸을 담고 항일전을 벌이다 해방 후 북한 사회를 움직이는 지도층이 되었고, 상해 임시정부 산하의 광복군들은 장개석의 국민당 군대에 소속되어 그들의 원조를 받으며 주로 강남 지역에서 항일전을 벌였으나 해방 후 미군정과 이승만에 의해 축출·제거되어 아무 힘도 쓰지 못했는데, 상해 임정 요인들은 해방 후 바로 입국을 하지도 못했다. 간도성은 오늘날의 연변 지역이며 연변 일대에서 활동하던 그 당시의 항일연군은 대부분 조선인이었다. 그래서 간도 특설대란 것이 탄생하게 된 것이다. 해방 후 우리 남한은 미군정과 미국의 힘을 등에 업은 이승만에 의해 간도 특설대 출신(32세에 육군참모총장이 된 백선엽이 그 대표적인 인물이다)들과 악질적인 친일 경찰 간부들과 총독부 관리 출신의 매국노들이 해방 정국에 대거 등장하여 많은 독립군 출신 인사들을 까닭 없이 미워하고 핍박했으며 미군정과 이승만 정부의 충실한 개 노릇을 하였다. 이에 격분해 이규창(이회영의 子), 지강 김성구, 이종철(이규창의 子), 이규호, 공형기, 차길진(차일혁의 子) 등이 있는 힘을 다해 이들과 맞서 싸웠으나 역부족이었다. 박정희가 쿠데타를 일으킬 수 있었던 것은 일제 때 함께 활약했던 선후배들이 여기저기 군 요직에 있었기 때문인데, 쿠데타에 성공한 후 쿠데타에 적극 참여했던 함경도 출신 장성들을 반혁명분자란 죄명을 씌워 제거했다. 이처럼 박정희는 그 시절의 패거리를 이용하여 총칼로 정권을 장악한 후 토사구팽 식으로 그들을 제거하고 철권통치를 하면서 수많은 사람을 죄 없이 고문하고 핍박했다. 무슨 말을 해도 박근혜가 당선되면 그 정부는 이명박 정부의 연장에 불과하다. 이명박은 막대한 자금을 넘겨주는 일 외에도 퇴임 후 자신의 면죄부를 조건으로 종북몰이 등 다양한 방법으로 다음 대선에 개입하여 박근혜의 당선을 적극적으로 도울 것이다. 옛말에 "피는 못 속인다.", "씨도둑은 못 한다."는 말이 있다. 박근혜가 크면서 그의 부친인 박정희에게서 보고 배운 것은 목적을 위해선 수단과 방법을 가리지 않는 단호함과 거짓말과 권모술수, 그리고 사람을 이용하는 용인술 따위였으니 자신도 모르는 사이에 그 물이 들어 바른 정치를 할 리가 없다. 또 잘하려고 아무리 애를 써도 그 그릇과 경륜의 크기엔 한계가 있는 것이다.

이번엔 망국병이라고 할 수 있는 사교육 열풍과 그 해법에 대해서 얘기해볼까 한다. 한 국가를 경영하는데 교육만큼 중요한 일은 없다. 그러나 우리나라 교육의 현주소를 보면 긴 한숨이 절로 나온다. 역대 정권과 수많은 교육전문가가 교육정책과 대입제도의 개선을 위해서 많은 시도를 했지만, 그 양상은 점입가경이라고 할 수 있겠다. 국가의 백년대계인 교육정책을 오직 경제적 측면만 보고 국가 경쟁력을 키우는 수단으로만 일관해서야 되겠는가? 그래서 우리나라는 청소년 범죄가 나날이 늘어가고 있으며, 돈 때문에 배우자나 부모형제를 죽이는 존속 살인율도 세계 1위까지 올라가 있다. 집에서나 사회에서나 학교에서나 올바른 식견을 갖고 가르칠 자격이 있는 사람이 많지 않지만, 어른들의 말을 존중하고 귀담아 듣는 아이들도 거의 없는 게 현실이다. 게다가 역사 과목을 선택 과목으로 돌려 찬밥 취급하고, 우매하고 사특한 종교인들이 이 땅의 금옥같은 아들, 딸을 교회당 등의 포교소에 모아놓고 온갖 요설로 현혹시켜 그 순수한 영혼을 오염시키고 잘못된 길로 인도하고 있으니 이 또한 큰 문제가 아닐 수 없다. 그래서 인륜人倫이 땅에 떨어지고 세상이 어지러우며, 학생들은 교사들을 불신하여 시험 기간 중에도 답안지를 모두 한 번호로 단숨에 적어놓은 후 책상에 엎드려 잠을 자도 교사들은 학생들과의 충돌이 무서워 함부로 간섭을 못 하는 한심한 실정이다. 중학생들이 벌써 담배를 피우고 화장을 하고 괴상한 복장과 괴상한 머리 모양을 한 채 교정 이곳저곳 아무 곳에나 침을 뱉고 쓰레기와 담배꽁초를 버리며, 스승인 교사에게 욕을 하고 집단 따돌림과 교내 폭력을 일삼고 있으면서도 그런 행위들이 얼마나 잘못된 것인지도 모르고 있다. 이처럼 청소년들의 인성이 나날이 흉포화하고 있으니 어찌 이것을 교육부재라고 하지 않을 수 있겠는가? 이 모든 것이 다 우리 기성세대의 잘못된 삶의 자세에서 기인된 것인데, 우리 아이들은 바르게 인도하면 또 거짓말같이 대부분의 아이가 바르게 따라온다는 것도 알아야 한다. 학벌 위주로 인한 입시 지옥과 사교육 열풍은 그 본질 자체가 지극히 천박한 것으로 커가는 아이들의 정서를 황폐화시키고 자기 주도형 학습능력을 빼앗아 탐구력과 창의성이 없고 인간미가 부족한 바보들을 양산할 뿐만 아니라 서민들의 가계를 압박하고 그로 인해 출산율을 저하시키고 내수 경기를 위축시키며 빈익빈 부익부 현상을 가중시켜 가난을 대물림하게 하고 인간 사회를 비인간화시키는 크나큰 망국병이다. 이러한 입시 지옥과 학벌위주 사회의 중압감으로 자살한 우리나라 초·중·고 학생 수가 2004년에 101명, 2005년엔 135명, 그리고 2007년 142명, 2009년엔 202명으로 5년 만에 두 배로 늘어났다. 입시 지옥과 학벌 위주 사회의 독성을 비유하자면 사람에게 치명적인 독기를 내뿜어 인간의 이성을 마비시키고 세상을 온통 황폐화시키는 독초와 같아서 반드시 뿌리를 뽑아 태워서 없애버려야 할 대상이다. 여기서 잠깐 역대 정권들의 교육정책을 살펴보고자 한다. 제일 처음 김영삼 정부에서 '5·31 교육개혁안'이라는 것을 발표하여 교육의 다양화와 자율화, 교육의 소비자 주권론과 세계화를 표방했는데, 그 내용은 대학에 학생 선발 자율권을 보장하고 고등학교 유형을 다양화하며 외국어 교육을 강화한 것이다. 하지만 학교를 다양화해 소비자 선택권을 존중하겠다는 고교 유형 다양화 정책은 특목고와 자사고 등 특권층학교가 생기는 뿌리가 되었고 이는 고스란히 학부모와 학생들의 사교육 부담으로 이어졌다. 대학 입시 자율화 역시 서열화한 대학의 무분별한 성적 우수생 선발로 귀결되었으며 외국어 교육 강화도 외국어 사교육 폭증으로 이어졌다. 김대중 정부 역시 이를 여과 없이 계승한 국·영·수에 대한 조기교육 열풍과 영어 공부를 위한 조기유학 열풍을 불러일으켜 그 당시 조기 유학생이 만 명이 넘었으며, 서울대와 카이스트 등 상위권 대학에만 몇 년간 연속으로 1조 7,000억 원이란 막대한 돈을 투자하여 서울대 중심의 대학 서열화를 더욱 고착화시켰다. 그뿐만 아니라 자립형 사립고 시범도입을 추진해 노무현 정부로 하여금 자립형 사립고를 확대시키는 단초를 제공했다. 노무현 정부 역시 외국어고 등의 특수목적고를 대폭 확대하여 사교육비를 폭증시키고 학교별 학생별 교육 계층화를 더욱 심화시키는 우를 범했으며 이는 이명박 정부의 자립형 사립고로 이어졌다. 그래서 특목고 → 자사고 → 일반계고 → 전문계고로 학생들의 계층화 및 서열화가 발생하는 시발점이 되었다. 뿐만 아니라 노무현 정부는 수능을 9등급제로 만들고 학생부를 강화해 학생의 내신성적이 제각각이 되어 학교는 정글이 되었으며 학교 수준과 내신 점수의 형평성 등으로 혼란이 가중되고 거기다가 학부모의 극성까지 더해져서 부정과 비리까지 생기게 되었다. 문제는 거기서 끝나지 않고 수능의 변별력을 문제 삼아 논술의 비중과 난도를 더욱 높여 논술 사교육 시장까지 급증했다. 그런데도 노무현 정부는 교육의 자율화란 미명하에 대입 논술 비중을 적절하게 조정 규제하지 않았다. 결국 학생들은 내신과 수능, 그 위에 까다로운 논술까지 소위 '죽음의 트라이앵글'에 시달리게 되었다. 이 모든 것이 대학 서열화로 공고하게 짜인 승자독식 문화와 학벌 중심의 노동 환경 때문인데, 맨 처음 김영삼 정부가 기획하고 김대중 정부가 이를 무비판적으로 계승했으며 노무현 정부 역시 교육에 대한 중심을 잃고 신자유주의 교육 시장화와 무한경쟁의 틀에서 벗어나지 못했으며 이명박 정부는 그것들을 더욱 심화시키고 있다.

이들은 모두 교육 철학을 외면한 채 학생들을 그저 인적 자원으로 보고 지배 계급을 위해 국가 경쟁력을 키우는 수단으로써의 교육 정책으로만 일관했기 때문이다. 즉 한국 교육의 문제는 기업에서 학벌 위주로 사람을 뽑는 데다 대학 졸업 때 좋은 직장에 못 가면 평생 그런 직장에 들어가기 힘든 현실이 입시 위주 환경을 만들고 참교육 부재의 근시안적 인간들을 양산하는 것이다. 일류 대학의 이기주의도 학생들을 고통 속으로 몰고 있다. 그들은 한국의 이러한 심각한 교육 문제엔 전혀 관심이 없고 그저 성적 좋고 돈 많은 집 학생을 뽑겠다는 이기주의에 빠져 있다. 정부 역시 이런 문제를 방조하고 조장해 왔다. 말하자면 대학과 기업과 정부 삼자의 공동 작품이 바로 한국의 입시 지옥이다. 고등학교가 입시 학원이 되고 대학이 취직 시험 사관학교가 되어 학교는 이제 더이상 교육의 현장이 아니라 학생들에게 출신 성분을 찍어주는 낙인의 공간으로 변질되고 있다. 초등학생과 중학생은 특수목적고와 자립형 사립고 등의 특권학교에 입학하기 위해 대입 전초전을 치르고, 고등학생은 상위권 대학에 입학하여 취업에 유리한 지위를 확보하려고 학부모와 함께 모든 노력을 다한다. 이 과정에서 한해 33조

5,000억 원(현대 경제연구원이 2007년 발표)의 사교육비가 학부모의 월급통장에서 빠져나간다. 아이들이 잘못된 사회환경 때문에 초등학교 때부터 각종 학원을 전전하고 중학교와 고등학교 6년간을 온통 머리를 싸매고 경쟁 속에서 입시 전쟁을 치르고 겨우 대학에 들어가지만 대학에서 4년 동안 배운 것을 몽땅 버리고 엉뚱한 방향으로 직장과 인생행로를 잡는 경우가 허다하며 극소수만이 상위권 대학에 입학하고 나머지는 모두 남은 대학에 진학하여 졸업 후에도 마땅한 일자리를 찾지 못하고 실업자 생활을 하는 젊은이들이 적지 않다. 그렇다면 이러한 대학 서열화와 학벌 위주 사회는 누가 조장하는가? 그것은 우선 기업으로 대변되는 자본가들, 그리고 학교(중·고교)와 대학, 부유층 이렇게 세 가지 주체가 가진 탐욕이 정부 정책과 어우러진 결과다. 그래서 학벌 외엔 선발기준이 없다는 논리로 서열화한 일류 대학 위주의 채용 관행을 고집하면서 정작 기업들은 채용한 사원들에게 일할 능력을 직접 가르치거나 대학에 관련 투자를 하는 데는 인색하다. 이는 순전히 돈을 아끼기 위함이며 취업 준비생이 미리 외국어 실력과 자격증 등의 스펙을 준비하도록 하여 대학의 정상적인 교육 기능까지 마비시키면서 욕심을 채우고 있다. 그들은 여기에서 그치지 않고 정규직 채용을 줄이고 비정규직과 인턴직 채용을 남발하면서 최저임금에 못을 박고 인턴직 수습 기간을 늘려 취업난을 더욱 가중시키고 노동의 계층화 현상을 만들어 임금 지출을 줄여서 탐욕을 극대화시키고 있다. 이들은 자금 압박을 받고 회사경영이 힘들어서 그런다고 변명을 하지만 그 진짜 이유는 방만한 기업경영과 무분별한 금융투자와 사업 규모의 확장 등 끝없는 탐욕 때문이다. 한편 중고등학교와 대학들

은 교육의 근본기능은 외면한 채 성적과 성적의 배경이 되는 부유한 가정 학생들을 선발하여 명문고와 명문 대학의 지위를 차지하겠다는 탐욕을 숨기지 않는다. 대학들은 등록금을 끝없이 올려 돈을 쌓아놓고 캠퍼스 규모를 키우거나 투기를 하는 등 부당한 곳에 사용을 하면서도 연구비가 부족하니 운영자금이 부족하니 하면서 죽는소리를 한다. 2010년 공개한 각 대학 신입생 현황을 보면 서울대와 연세대, 고려대 등 상위권 대학들은 외국어고와 과학고 등 특목고 출신 학생을 많이 뽑았으며, 특히 최근 몇 년간 연·고대의 인문계 신입생 열 명 중 네 명이 외고생들이었다. 한편 부유층은 비싼 교육비를 자녀에게 투자해 명문대에 보내고 좋은 직장에 들어가게 해주어 자신들의 경제적 사회적 지위가 대물림되는 사회시스템을 유지하려는 탐욕을 드러내고 있다. 그래서 한국 교육은 계급을 계층화하고 대물림을 재생산하는 도구로 전락하고, 불안함에 시달리는 모든 학부모의 내 자식을 위한 사교육에 대한 집착은 결코 바람직한 결과를 가져오지 못한다는 것이다. 그러나 역대 정부는 이러한 기업과 대학과 부유층의 무절제한 탐욕을 만족시키는 제도를 그대로 정착시킨 채 이를 국가 경쟁력을 위한 것이라고 포장하여 모두에게 이로운 것이라고 선전해오고 있다. 하재근 학벌없는 사회 운영위원은 "대학 서열화가 입시 경쟁을 조장하고, 사람까지 서열화하는 학벌 사회를 만들었지만 지난 10년의 민주정치(김대중, 노무현 정권) 기간 중에나 이명박 정부에선 단 한 번도 대학 서열화 문제를 건드리지 않았다."고 말했다. 학부모들은 어쩔 수 없이 이런 교육환경에 따라 내 자식을 위한 투자에만 모든 걸 쏟아부어 결국 인간 본연의 공동체 심성이 탐욕을 바탕으로 한 경쟁 교육에 매몰되어 가는 것이 현재의 한국 교육이다. 보통 정도의 젊은이들도 기본적인 훈련과 업무 교육을 통해서 얼마든지 사회나 회사에서 자기가 맡은 업무를 잘 수행해 나갈 수 있다. 그런데도 유독 일류대 출신만을 고집하는 것은 결국 탐욕 때문이며 고정관념일 뿐이다.

따라서 백해무익한 대학 서열화와 학력 위주의 인력 모집과 그로 인한 입시 지옥은 망설일 필요 없이 단호하게 없애버려야 한다. 그러기 위해선 먼저 중학교 입시와 고등학교 입시를 아예 없애버리고 그 지역과 그 구역에서 학교와 학생 수를 적절하게 안배한 후 소위 뺑뺑이를 돌려 모든 학교가 학생을 공평하게 모집하도록 해야 한다. 그리고 '사교육 금지에 관한 법률'을 제정하여 대형 사설 학원은 물론 동네 작은 학원과 음성적인 그룹 지도까지 금하여 아예 그 뿌리를 뽑아버린 후 공정한 조건에서 대입 경쟁에 임하도록 하고, 학생 모두가 학교 교육을 토대로 스스로 탐구하고 노력하는 학습 태도를 갖도록 훈련시켜야 한다. 그러면 게으르거나 어리석어 노력하지 않는 아이들은 뒤떨어지겠지만, 그러다가 다시 정신 차려서 노력하면 또 따라잡으면서 세상 사는 이치를 배우게 될 것이다. 다음으론 대학 입시를 너무 까다롭고 어렵게 하지 못하도록 하고 일류대 출신만을 선호하는 기업 풍토를 법적으로 통제하여 그런 짓도 못 하게 해야 한다. 명분은 그러한 인력 모집 기준이 사교육 팽창을 불러와 사회 혼란을 야기시키는 망국병이기 때문에 그러한 사회 혼란을 막기 위함이라고 하면 된다. 이러한 모든 조치를 과감하게 일단 취한 후 거기에서 발생하는 모든 부작용과 문제점을 분석하고 숙고하여 그 약점을 보강하면 되는 것이다. 또한 유치원에서부터 온갖 사특한 방법으로 돈을 챙기고 경쟁을 유발하는 그런 기형적인 일이 생기지 않도록 철저하게 관리하여 예전처럼 순수하고 건강한 유치원이 되도록 해야 하며, 모든 학교(초·중·고교, 대학)에서 교사와 학생, 교수와 학생이 서로 얼굴을 마주하고 토론하고 연구하고 대화하면서 그 시기와 나이에 맞는 공부, 인간과 인간 사회에 필요한 공부, 그리고 외국과의 경쟁과 소통에 필요한 공부를 열심히 배우고 열심히 가르쳐야 한다. 공교육의 질을 높이기 위하여 교사와 교수의 수를 늘리고 그 자질 향상과 사회적 위상을 높이며, 학교에서 배우는 학과목과 교과서의 종류와 내용을 다시 정비하고 보강해야 하며 참여와 토론식의 교육으로 수업 시간이 즐거운 시간이 되도록 해야 한다. 그리고 전체적인 학력 저하를 막기 위해 성의 있고 효율적인 교습 방법을 연구하고 학생들의 수준 차를 감안하여 소외감을 느끼지 않도록 우수 반과 보통 반으로 두 단계 정도로만 차등을 두어 그 수준에 맞는 교육을 시키고(한 학기 동안의 성적을 종합하여 우수 반에서 보통 반으로, 보통 반에서 우수 반으로 성적을 비교하여 보내도록 해서 학생들을 분발하도록 유도한다) 최하위권 학생들에 대한 대책 등도 강구해야 한다. 무엇보다도 인성 교육을 교육의 우선으로 삼고 정신 건강과 체력 향상을 위하여 심신이 모두 건강하고 건전하도록 교육시켜야 하는데, 이는 바로 옛날에 문무를 겸전하도록 가르쳤던 교육을 말함이다. 중학교 졸업고사와 고등학교 졸업고사를 두어 평균 40점을 넘지 못하면 상급 학교에 진학하지 못하도록 하고 1년을 더 다니든지 아니면 일찌감치 자신의 특기나 취미나 적성 등을 고려하여 기술학교나 직업교육학교 등의 실업계 학교에 진학하든지, 아니면 연예인 학교나 체육, 음악,

미술 등의 예능학교로 가도록 하는 것이 좋을 것이다. 그리고 영어 공부는 어차피 좋든 싫든 해야만 하는 공부이기 때문에 초·중·고교, 대학까지 일관성 있게 반복적으로 듣기와 말하기 중심으로 짧은 문장과 회화 중심의 교육을 집중적으로 훈련시켜야 한다. 즉 영어를 공교육의 틀 안으로 끌고 들어와야 한다는 뜻이다. 원어민 교사의 정확한 발음을 배우기 위하여 체계적으로 동영상 프로그램을 초급, 중급, 상급으로 구분하여 제작한 후 영어 수업 중에 수백 번 반복적으로 듣고 그에 대한 영어 교사들의 보충 설명과 그에 따른 학생들의 지속적이고 반복적인 따라 하기 수업을 통하여 사교육 시장이 아니라 공교육인 학교 안에서 기본적인 회화 실력을 연마하도록 하는 시스템을 마련해야 할 것이다. 그리고 평준화된 중학교에서 영재로 인정받는 학생들을 적절한 선발기준에 따라 선발하여 졸업과 함께 각 지역의 영재학교(모든 광역시와 도청소재지에 설립하며, 그 지역의 중학생 수와 학력 수준을 감안하여 학교 수를 적정하게 배분한 후 몇 가지 분야로 나누어 반을 편성함)에 입학시켜 3년 동안 국비로 교육하고 졸업하게 되면 그들이 유관대학에 진학하여 졸업 후 국가 경쟁력에 기여할 것이며, 공정한 경쟁을 통해 자신의 미래를 개척할 수 있고 또 그곳에 입학하기 위해서 전국 중학생의 성적도 동반 상승할 것이라고 생각한다. 사교육 시장을 사전에 철저하게 통제한 후이기 때문에 기존의 양상과는 다르며, 기존의 특목고나 자사고 등은 그 건물만 남을 뿐 종전의 모습은 사라지고 새로운 모습으로 재탄생하는 셈이다. 그러니까 새로운 영재학교(국비 운영)를 제외한 모든 중학교와 고등학교는 완전히 평준화된 상태로 만든다는 것이다.

여기서 한국 교육에 있어서의 '평준화'에 대해서 잠깐 생각해보고자 한다. 과연 평준화의 정확한 의미는 무엇인가? 무시험 학교 배정과 교육재정 균등지원과 획일적 교육과정과 학력 균일화(우파들이 말하는 이른바 하향 평준화), 이 네 가지는 서로 독립적인 것인데 이것이 모두 '평준화'라는 동일한 용어에 담기게 되면서 개념이 헛바퀴를 돌고 있다. 좌파는 대개 평준화를 무시험 학교 배정과 교육재정 균등지원의 의미로 여겨 이를 지키려 하고, 우파는 평준화를 획일적인 교육과정과 학력 균일화로 여겨 이를 척결하려 한다. '평준화'가 부정적인 뉘앙스를 가지게 된 것은 '획일화'라는 의미로 잘못 쓰이면서부터이다. 획일화란 '붕어빵식 교육'을 말하는 것인데 언제부터인가 보수 언론과 한나라당은 평준화를 '획일적인 교육'이라는 의미로 규정하면서 무시험 학교 배정과 교육재정 균등지원까지 도매금으로 넘겨서 이를 비판하기 시작했다. 하지만 그것과 이것은 전혀 별개의 것이며, 물론 획일화된 붕어빵식 주입식 교육은 지양해야 한다. 이명박 정부는 '무시험 배정'이라는 의미의 평준화는 급격히 허물어뜨리면서 문과 및 예체능지원 학생들에게까지 수능에서의 수학시험 난이도를 높였다. 이것이야말로 교육과정의 획일화가 아닌가? 미국 같은 경우를 보면 수능(SAT)에서 수학시험은 우리나라의 중학교 수준에 불과하다. 도대체 음악이나 국문학을 전공하려는 학생에게 무슨 수리 영역의 미적분이 필요하다는 것인가? 앞으로 우리나라의 대학 입시는 필수과목을 줄이고 각 학부에 적합한 여러 가지 선택과목을 중심으로 치러야 마땅한 일이다. 그리고 우리는 영어를 하지 않을 수가 없어서 어쩔 수 없이 영어 공부를 하지만 그렇다고 영어 지상주의로 가서는 안 된다. 일상생활에서 상호나 상품 등에서도 영어를 남용해선 안 되며 항상 우리의 혼과 우리의 글과 우리의 말을 귀중하게 여기면서 영어 광풍의 늪 속에 매몰되어서는 안 된다는 말이다. 지금처럼 각종 연구논문 등을 영어로 쓰지 않으면 인정을 받지 못하는 그런 체제에 계속 끌려가다 보면 언젠가는 국어가 다 망가져서 혼돈 속에 빠지고 말 것이다. 한 줌도 안 되는 서양 학문과 서양 문화를 존숭하고 그들의 언어만을 쫓다간 우리 글과 우리 말과 우리 얼이 점점 망가지고 결국은 나라가 망하고 말 것이니 우리의 영명하신 조상님들이 후손들에게 남겨주신 위대한 민족문화를 찬란하게 꽃피워 세계인들을 교화하여 그들이 찾아와서 머리를 조아리고 배워가게 만들어야 한다. 우리나라의 충효 사상과 삼강오륜의 가르침은 유대민족의 탈무드 사상이나 경제 교육 같은 것보다 백배는 더 크고 위대한 사상임을 알아야 한다. 따라서 앞으로는 지금과는 반대로 세계의 모든 학자가 중요한 학술논문을 쓸 땐 반드시 우리 글인 한글로 써서 우리나라로 가져와 우리나라 학자들의 평가를 받아야만 그 권위를 인정받도록 만들어야 하며 또 얼마든지 그렇게 할 수가 있다. 그러기 위해선 지금부터라도 세계인들이 우리 언어를 공부하고 우리의 가치를 연구하는 체제로 유도할 필요가 있다. 이에는 무엇보다도 국력이 밑바탕이 되어야 할 것이며 그러기 위해서도 통일은 반드시 필요하고 그런 여건이 되면 저들은 자신들의 이익과 편리를 위해 모두 우리 말 우리 글을 공부하게 될 것이다. 우리는 반드시 통일을 이루어 월등하게 뛰어난 우리의 민족문화와 가장 우수한 두뇌와 천손민족으로서의 도덕성과 북한에 엄청나게 매장되어 있는 지하 자원 등을 잘 활용하여 세계에서 가장 강하고 가장 위대한 나라가 되어야 한다. 그래서 미래에 결성될 세계연방의 종주국이 되어 온 인류를 주도해나가야 한다. 후손들은 나의 이러한 말을 한낱 꿈같은 얘기라고 생각하지 말고 꼭 그렇게 되도록 노력해야 할 것이며 그에 필요한 찬란한 우리의 민족문화와 동양 유학의 진수는 필자가 이 책에 알기 쉽게 써서 남길 것이니 그것을 소중하게 여기고 잘 읽고 잘 보존해나가야 할 것이다.

다시 현실의 교육 문제로 돌아와 학교 교육의 방향에 대해서 좀 더 심도 있게 얘기해보고자 한다. 이명박 정부는 사교육비 감축을 큰 공약 중 하나로 들고나왔으나 집권하자마자 서둘러 학교 자율화와 대입자율화정책을 발표했다. 그러자 사교육 시장은 이를 쌍수를 들어 환호했고 갈수록 사교육비가 폭등하고 사교육 증가율이 높아졌다. 게다가 MB의 절대적 추종자인 공정택 서울시 교육감이 국제중 설립을 강행해 이제 입시교육을 초등학교로까지 확대시켰다. 의무교육단계인 중학교에서 한정된 소수에게 특별교육을 허용하는 것은 평등권 침해다. 또 국제중 설립은 초등교육의 심대한 왜곡과 더욱 심한 사교육 시장의 팽창을 가져올 것이 명약관화하다. 우리나라 학생들의 학습 효율이 경제협력기구(OECD) 30개국 중 24위를 차지할 정도로 현저하게 떨어진다는 한국직업인력개발원의 조사 결과가 있었다. 개발원은 초·중등 교육단계의 과도한 투자에서 비롯된 이러한 학습 저효율은 미래 사회에 필요한 혁신 주도적이고 창의적인 인재를 기르는데 치명적인 저해요인이 되고 있다고 지적했다. 글로벌 인재를 키우겠다는 국제중이 실은 글로벌 인재의 싹을 잘라버리는 역기능을 하게 된다는 경고다. 아이들과 청소년들은 우선 충분한 운동과 체력단련을 통해 심신을 굳건하게 하고 그로 인해 뇌세포를 활성화시켜 두뇌 기능을 높이고 지능지

수(IQ)와 감성지수(EQ), 도덕지수(MQ), 변성화지수(CQ), 사회성지수(SQ)를 골고루 교육·훈련시켜야 한다. 사교육은 단기적으로는 다소 효과가 있지만 장기적으로 보면 그다지 도움이 되지 않는다고 한다. 그렇다면 사교육의 가장 큰 문제점은 뭘까? 사교육을 오래 받으면 학습에서 자기 주도적인 태도가 줄어들고 새로운 과제를 해결하는데 취약해진다는 지적이 있다. 그런 지적도 맞지만 더욱 큰 문제는 성적을 높이려는 학부모들의 조급한 마음과 불안감이 아이들을 지나치게 압박하여 결국 아이들은 공부 자체를 괴롭고 하기 싫은 것으로 인식하게 된다는 점이다. 결국 수많은 투자에도 우리 아이들의 실력이 별로 나아지지 않는 이유가 바로 여기에 있는 것이다. 사교육비의 폭등과 팽창은 가정 경제를 망치고 소비 위축과 저축을 가로막아 경기 침체 극복에 필수적인 내수진작을 어렵게 하고 중산층을 무너뜨리며 저소득층에게서 희망을 빼앗아가는 망국적인 사회 현상이다. 또한 입시 위주의 주입식 교육으로 인해 인성 교육을 제대로 받지 못한 아이들을 양산하여 그들이 성장해서 사회에 나갔을 때 사회 기강이 더욱 어지러워질 것은 자명한 일이며 이것 역시 큰 문제가 아닐 수 없다. 우리나라 청소년들의 반부패의식과 윤리의식 수준이 인도나 방글라데시 등의 다른 아시아 국가보다 현저히 낮은 것으로 조사됐다. 예를 들어 "정직하게 사는 것보다 부자가 되는 것이 더 중요하다."는 질문에 "그렇다."고 답한 비율이 방글라데시는 3.1%, 인도가 8.4%, 몽골이 9.1% 등임에 비해 우리나라 중고생들은 22.6%나 되었다. 또 "경찰이나 지켜보는 사람이 없으면 교통법규를 지키지 않을 수 있다."는 질문에는 그렇다고 응답한 한국 학생들이 44.1%로 방글라데시 7.2%, 인도 8.8%,

몽골 12%보다 훨씬 높았는데 앞으로 갈수록 그 수치가 더 높아질 전망이다. 동방예의지국의 후손들이 이래서야 되겠는가? 지금처럼 특목고 학생들이 명문대 입학자의 절반 가까이나 차지하는 현상이 굳어질 경우 사실상 고교 입학단계에서 대학이 갈리게 돼 수많은 일반계 학생들에게 상대적 박탈감을 안겨주게 되고 외고나 과학고 등의 입시경쟁이 더욱 치열해지는 등 심각한 부작용이 우려된다.

최근 들어 우리나라 학교 교육에서 시도되고 있는 바람직한 몇 가지 교육정책과 선진국의 대학 교육 등을 간단히 살펴본 다음, 그보다 더욱 중요하고 근본적인 교육정책에 대해서도 얘기를 해볼까 한다. 그것은 앞으로 세계 인류를 이끌어나가야 하는 천손 국가로서의 고유하고 특별한 교육에 관한 것이다. 우선 먼저 최근 서울시의 일부 학교에서 시도되고 있는 우리나라 중등교육의 바람직한 교육 현상을 들자면, 교사들 스스로 그 자질을 높이고 학교 교육의 질을 높이고자 하는 '학교컨설팅'이 있다. 학교컨설팅이란 변화를 원하는 학교나 교사가 많은 경험과 전문성을 지닌 컨설턴트를 섭외해 수업 기법이나 학습 지도법 등을 배우고 자문을 구하는 것이다. 여기서 조언을 주는 컨설턴트 대부분도 대부분 현직 교사들로 이루어져 있으며, 학교컨설팅은 그 자체가 의뢰인과 컨설턴트 모두의 학습 과정이라고 볼 수 있다. 교사의 전문성은 끊임없이 계발되어야 하는데 마땅한 연수나 장학의 기회가 많지 않아서 이러한 학교컨설팅을 통해 일상적으로 전문성을 계발하고자 하는 것이다. 교사와 교사가 컨설턴트와 컨설팅 의뢰자로 서로 만나 의뢰한 교사들이 컨설턴트 교사들에게 컨설팅 의뢰서를 내는데, 그 내용을 보면 교과별 공동연구에 관한 것, 수업자료제작에 대한 도움을 청하는 것, 학교 부적응 학생이나 흡연 학생, 문제 아이들을 지도하는 방법을 의뢰하는 내용 등 다양하다. 여기서 교사들의 자발성과 자율성이 존중되어야 하며 그로 말미암아 교사들의 자존감이 살아나는 것이다. 학교컨설팅은 교사들의 질을 높이고 학교 교육의 질을 높일 뿐만 아니라 교사 상호 간의 신뢰와 존경과 친목 등을 도모할 수가 있어 여러 가지로 교육 현장에 긍정적인 요소가 많다고 볼 수 있다. 이처럼 교사의 전문성을 키워주는 학교컨설팅이 공교육에 대한 신뢰를 회복하는 한 가지 좋은 방법이라고 할 수 있을 것이다. 이러한 학교컨설팅의 성패는 어떤 컨설턴트를 만나느냐에 달려있기 때문에 공교육에 새바람을 몰고 오는 전문가 교사들을 발굴하고 키워내서 이들의 수업 전문성을 학교컨설팅의 컨설턴트 자원으로 삼아야 하며, 교육청의 교육연수 강사도 주로 이러한 현직의 전문가 교사들로 채워야 한다. 왜냐하면 현직 교사들이 연수 강사로 서면 학생들을 가르칠 때 문제가 되는 부분들을 정확히 알고 있어 문제 해결 중심의 실용적인 강의가 될 수 있기 때문이다. 또 한 가지 바람직한 교육현상으로는 수업 진행을 주입식 교육에서 토론식 수업으로 전환하기 위한 훈련인 이른바 '독서 토론 직무연수'라는 것이 있다. 이는 여러 지역에서 동시에 교사 15~20명 정도가 모여 읽을 책을 정한 후 그 책을 읽고 발표와 토론을 통해 직접 참여하게 하고, 그러한 연수를 지속적으로 실행해 일상에 적용할 수 있도록 하는 것이다. 많은 교사가 모여 강사의 강의만을 듣는 연수가 인기가 없는 이유는 듣는 교사들이 구경꾼으로 전락하기 때문인데, 교사가 직접 독서 토론의 주체가 되는 연수에서는 교사들이 연수에 능동적으로 참여할 수밖에 없는 것이다. 교사들의 적극적인 참여는 변화를 낳고 교사의 변화는 곧 교육 현장의 변화로 이어지는 것이다. 그러니까 결국 독서 토론 직무연수의 궁극적인 목적은 현장 수업의 변화에 있다. 교사들이 학교 교육 현장에서 토론식 수업의 씨를 뿌리고 이러한 살아있는 참여형 수업은 학생들의 교육에 많은 긍정적인 효과를 기대할 수 있는 것이다. 여기에 사이버 학습이 접목되면 그 효과는 배가 될 것이다.

다음으로 대학 교육에 대해서 간단히 얘기해볼까 한다. 대학 교육의 목적은 지성인으로서의 인격도야와 각기 자신의 취미와 적성에 맞는 분야를 공부하여 전문성을 갖춘 직업인을 양산할 뿐만 아니라 세계무대에 나가서 경쟁할 수 있는 우수한 인재들과 나아가서는 인류를 선도할 수 있는 대사상가와 대학자들을 만드는 기초를 쌓는 곳이기도 하다. 따라서 학생들을 지도하는 교수들은 물론 모든 학생이 진지하고 성실한 자세로 함께 열심히 공부하고 열심히 연구해야 되는 곳이며, 사람 사이의 관계가 인간적이고 학교 운영 역시 사회 정의에 맞게 올바르고 정직하게 경영해야 마땅한 곳이다. 그러나 우리나라의 경우를 보면 대학에 들어가기 위해서 너무 오랫동안 주입식 교육 등으로 치열한 경쟁을 해온 탓인지 정작 대학에 들어간 후엔 긴장이 풀려 노느라고 정신이 없고, 자기 주도형인 대학 공부에 적응하지 못하며 시험 때는 온갖 종류의 커닝이 일반화되고 리포트 작성도 벼락치기식으로 선배 것이나 친구 것을 모방하여 급조하는 풍조가 만연해 있다. 그러다가 3, 4학년이 되면 취직을 위한 스펙 등을 쌓느라 또다시 정신이 없으며 인격 도야와 진리의 탐구에는 관심조차 없다. 그래서 대부분 내실이 없이 이성과의 무분별한 교제에 탐닉하고 대학로 주변의 퇴폐적인 서구식 분위기의 카페나 커피숍 등에 모여앉아 연예가 소식을 비롯한 쓸데없는 잡담들을 하면서 귀중한 시간을 보내고 있는 실정이다. 한편 사립대학의 재단 이사장과 이사진들은 등록금을 천정부지로 인상하고 불법적이고 부당한 방법으로 사욕을 채우면서 교수들과 학생들을 압박하고, 교수들은 유학파니 국내파니 하면서 파벌을 만들고 이사장에게 아부하여 인사에 개입하고 서구사대주의적인 사고방식에 젖어 뭘 제대로 아는 것도 없으면서 목에 힘을 주고 조교들과 시간강사들을 멸시하며 제자들을 바른길로 지도하지 못하고 있다. 이와 같이 잘못된 대학 교육의 현실을 바로잡아야 하는데, 우선 맨 먼저 등록금부터 무조건 절반 수준으로 내려야 한다. 외국의 경우를 보면 핀란드처럼 사실상 등록금을 받지 않는 나라도 있고, 프랑스는 연간 등록금이 한화로 쳐서 약 50만 원, 독일은 100만 원, 그리고 스위스는 그 중간 정도인 70만 원 수준에 불과하다. 물론 이런 나라들의 1인당 국민소득은 3만 달러 이상이지만, 이런 나라들이 대학등록금 문제를 해결한 것은 국민소득이 5천 달러가 채 되기 전인 70년대 초반의 일이었다. 그러면 우리는 왜 못하는가? 못하는 것이 아니라 안 하는 것이다. 가난한 서민들이 등록금 때문에 허리가 휘고 자식 교육을 포기하며 정부 융자금으로 겨우 대학을 졸업한 젊은이들이 취직이 되지 않아 빚쟁이가 되고 신용불량자가 되어 사회생활의 첫걸음부터 힘들어하고 있다. 불법이나 무노동 고소득자들의 숨은 탈세를 찾아내고 부정부패를 막고 누진세율 등을 높여서 예산을 확보한 후 낭비나 비효율이 없도록 국가 예산을 똑바로 집행하여 대학 교육의 정부 자원을 OECD(경제협력개발기구) 국가의 평균 수준으로 높이고 치솟는 교수들의 임금을 적정 수준으로 내리고 대학 운영을 깨끗하고 투명하게 하도록 한다면 등록금을 충분히 반값으로 맞출 수 있다. 그런 다음 이런 재정 정책의 수혜를 받는 대학들로 일종의 공교육 네트워크를 구성하면 등록금과 학벌 문제를 동시에 완화할 수 있을 것이다. 그리고 사립대학(사학재단)들의 비리와 탐욕 등을 바로잡고 이러한 정부 시책에 동참하고 협조하도록 해야 한다. 학교는 비록 사학이라도 개인이나 몇 사람만의 소유물이 아니다. 등록금 착복, 교직원 채용 비리, 입학 비리, 교비회계 부당집행 따위의 범죄 행위에 대해서는 사분위(사학분쟁 조정위원회)에서 소신을 갖고 바르게 감독 조정해야 하는데 우리나라에선 그게 잘되지 않고 있다. 교과부나 정부에서도 별 관심이 없으며, 사분위는 비리 사학재단의 하수인 노릇을 하고 이명박 정부는 한술 더 떠서 비리 사학재단들의 편을 들어주고 있다. 이러한 와중에서 등록금 인하 문제를 실행에 옮기기 위해서는 헌법적 효력이 있는 국민 투표의 방식을 취해야 한다는 의견이 높다. 스위스에서는 농업 자원을 두고 국민 투표를 했는데 성공했다. 우리나라의 교육 개혁도 국민 투표를 통한 국민적 합의가 좋은 대안이라고 생각한다. 국민소득 2만 달러의 경제 선진국에서 최소한 20대들에게 이 정도는 해줘야 할 것이 아닌가. 2000년 4월에 사교육 금지가 위헌이라는 헌법재판소의 판결이 있었지만, 지금은 그때와 상황이 많이 달라졌기 때문에 이 역시 등록금 인하 문제와 묶어서 국민 투표에 부쳐야 마땅한 일이다. 또 경제 민주화조항인 헌법 제119조에 보면 국민 경제의 안정을 위해서 정부가 "규제와 조정을 할 수 있다."고 되어있기 때문에 헌재 그에 대한 재심의를 요청할 수도 있다. 대부분의 사람이 이 두 가지 문제를 "크게 잘못되어 있다."라고 생각하면서도 속수무책으로 그저 바라보면서 체념한 상태다. 이 두 가지 문제 때문에 해마다 초·중·고교생의 자살률이 높아지고, 젊은이들의 좌절과 학부모들의 고통이 커지고 있다. 불과 몇 년 동안에 대학 등록금이 거의 두 배로 치솟아 현재 세계에서 가장 높은 액수이다. 그처럼 탐욕적인 그들을 어찌 이성적인 인간들이라고 할 수 있겠는가. 국민 경제가 안정되고 국가가 반석 위에 바로 서기 위해서는 반드시 다음 다섯 가지 문제가 선결되어야 한다.

그 첫째가 사교육 근절과 공교육의 확립이고, 그 두 번째가 대학 등록금 인하이며, 세 번째가 비정규직 근로자들의 처우개선과 일용근로자들의 생계 안정이며, 네 번째가 농업진흥과 농어민생활의 안정이며, 그 다섯째가 재벌 개혁과 중소기업 육성을 통한 일자리 창출이다. 이 다섯 가지 문제가 해결됨으로써 가계 소비와 가계 저축이 늘고 영세자영업자들도 살아나며, 거기에서 늘어난 국가 재정으로 복지혜택이 확대되어 극빈자 문제와 비행 청소년 문제와 문지 마 살인 문제 등이 해결되고 노인 문제와 자살 문제와 저출산 문제 등의 많은 심각한 사회 문제가 해결되는 것이다. 그래서 참된 교육이 뿌리를 내리고 가정마다 행복과 평화가 오며 내수 경제 기반이 튼튼해져서 금융대란과 같은 위기가 닥쳐와도 국가 경제가 쉽게 무너지지 않는 강한 나라가 되는 것이다. 그리고 이 다섯 가지 문제보다 더욱 중요한 것은 부정부패 일소와 남북 간의 화해·협력이다. 하루빨리 남북이 화해하여 대협력의 길로 나아가 장차 부담해야 할 통일비용을 줄이고, 최고 통치자로부터 시작한 위로부터의 정화로 모든 공직 사회와 일반 국민에 이르기까지 상식과 기본을 지키며, 공적인 의義를 숭상하고 사적인 이욕을 천시하는 사회 기풍을 진작시켜야 할 것이다. 이명박 정부가 들어서고 '4·15 학교 자율화' 조처를 발표한 뒤 초등학교까지 방과후 학교에서 영어, 국어, 수학 등의 교과 수업이 이뤄지고 입시 교육이 강화됐으며 해마다 사설 학원이 전국적으로 몇천 개씩 늘어나고 있다. 국제중에 이어 '외국인 학교' 설립까지 국내 사립학교 법인들에게 허락하고 규제를 대폭 완화하여 이중국적 취득과 조기유학 열풍을 일으키는 등 사교육 시장의 팽창은 갈수록 더 심해지고 있다. 학원들은 온갖 조잡한 편법들을 동원하여 학원비와 교재값을 올리면서 축재에 두 눈이 충혈되어 있으며, 영어 몰입식 교육은 이제 초등학교에서 유치원으로 옮겨가고 있다. 하지만 이러한 국가적인 중대사를 헌법재판소에 상정해봐야 아는 것이라곤 법조문밖에 없는 그들이 올바르게 판결할 리가 없다. 법의 존재 이유도 모르는 자들을 탓해봐야 무슨 소용이 있겠는가? 그래서 종부세도 위헌결정을 내렸고, 호주제도 위헌결정을 내린 바 있다. 다시 대학 교육 문제로 돌아와 그러면 과연 좋은 대학이란 어떤 대학을 말함인가? 미국에는 빵점짜리 신입생의 입학을 허용하여 만점짜리 졸업생으로 키우는 대학이 많다. 좋은 대학 좋은 교육이란 바로 이런 교육을 두고 이르는 말이다. 우등생을 고르기 위해 교묘한 입시 제도를 만드는 것보다 열등생을 받아들여도 우등생으로 키울 수 있는 교육과정을 연구하고 고민하는 대학이 되어야 한다는 말이다. 이들 대학이 학생들의 인생을 좌우하는 저력은 교육 방법과 교수들한테서 나온다. 교수는 단순히 지식을 전달하는 이가 아니다. 학생들이 스스로 지식을 찾을 수 있도록 자극하고 돕는 길잡이 구실을 해야 한다. 그런 새로운 대학은 학점이 없고 그 대신 교수들이 학생들의 장단점을 함께 평가하는 심층평가를 진행한다. 무엇보다도 이들 대학은 '자기 주도형 인간'을 길러내는 교육과정을 운영한다. 이는 학생들의 자기 주도성에 대한 믿음에 그 뿌리를 내리고 있다고 볼 수 있는데, 여기서 학생들은 교수들의 도움을 받아 연구할 분야를 정하고 연구수행을 위한 구체적인 계획을 만들고 또 지도교수와 함께 '집중계획'을 수행하며 이를 통해 완전한 논문 한 편을 완성한다고 한다. 필자가 이런 외국 대학의 예를 얘기하는 이유는 우리도 무조건 그들을 따라서 그렇게 하자는 뜻이 아니고 "왜 우리 아이들은 대학에만 가면 바보가 될까?"를 고민하는 모든 교육 주체가 이를 통해 그 해답을 얻을 수 있기 때문이다. 공부할 의지가 있는데도 성적이 되지 않아 입학 사정에서 탈락한다면 비극이다. 실제로 성적이 떨어지는 학생들이 오히려 가장 유용한 질문을 하기도 하는 것이다. "공동체 학습방식은 경쟁을 절대적으로 배척합니다." 세인트존스대학의 한 교수가 던진 말이다. 오직 수능점수와 내신등급만으로 학생의 능력을 평가하는 우리나라 대학과는 너무도 다른 모습이다.

우리나라 기업들이 일류대 출신자들을 선호하는 이유는 회사가 비리를 저질렀을 때나 계약성사 또는 자금 지원 등을 받을 때 그 직원의 선후배와 동창들이 각 분야에 포진하고 있어 도움을 받을 수 있기 때문이다. 그리고 우리나라에서 영어 공부를 지나치게 몰입하는 가장 큰 이유는 기업에 들어가 영어 회화 실력을 발휘해 외국 바이어들의 환심을 사서 계약을 성사시키고 물건 하나라도 더 팔아 회사에 이득을 가져다주기 때문이다. 글로벌 시대에 국제어인 영어 실력을 갖추어 세계의 모든 나라와 소통하고 정보를 공유하는 것은 물론 필요한 일이나 영어 공부에 지나치게 올인하는 것은 문제가 아닐 수 없다. 그와 병행해서 우리 것을 확실히 알고 우리의 품위와 실력을 갖추어 세계 여러 나라 사람들이 우리 것을 연구하고 배우러 오도록 만들어야 하며, 또 그를 위해서 우리의 글과 말을 배우도록 만들려는 생각을 해야 한다. 정신적인 거지 근성을 버려야 정신적인 주인이 되는 법이다.

자, 그러면 지금부터 국가의 백년대계를 위한 진짜 교육에 대해서 얘기해보고자 한다. 교육은 체력단련과 학과 공부를 겸해야 하며, 야외로 나가 자연학습도 하고 가사 조력과 농촌 일손 돕기에도 참여하는 등 산교육을 시켜야 한다. 그리고 가정교육을 시켜야 하는데 사람들이 그 방법을 알지 못해 무조건 베풀기만 하는 부모들과 무조건 강압하는 부모들로 대별되는 것 같다. 전자의 경우나 후자의 경우나 자녀들이 중학생만 되면 벌써부터 사사건건 시비를 따지면서 부모의 권위를 인정하지 않는다. 더구나 경제적 능력이 부족한 아버지들은 가장으로서의 권위를 상실하게 되는 세태인지라 이 책을 통해 부모의 도리와 자식의 도리를 깨우쳐주고자 한다. 가정교육이 제대로 되려면 부모 특히 가장인 아버지가 먼저 똑바른 사람이 되어야 하고, 학교 교육이 참교육이 되기 위해서는 학생들을 가르치는 교사들이나 교수들이 먼저 한학에 대한 기본 지식이 있어야 하며 초등학교 시절부터 대학교 때까지 단계적으로 한문 교육을 시켜야 한다. 일본인들도 한자혼용이 생활화되어 있는데 우리는 날이 갈수록 한문과 한자를 멀리하고 있으니 이는 망국의 징조이며 대단히 잘못된 생각임을 명심해야 한다. 초등학교 시절에는 사자소학과 추구, 천자문과 격몽요결 등의 입문서를 가르치고 중학교와 고등학교 시절에는 『명심보감』과 『소학』을 6년간 6번을 반복해서 가르쳐서 이 두 가지 책의 내용을 한 사람도 빠짐없이 처음부터 끝까지 줄줄 외우고 쓸 수 있도록까지 교육해야 하며 '삼강오륜'과 '충효와 인의'의 정신과 '사서삼경' 등의 고전을 철저하게 교육시켜야 한다. 대학에선 '사서오경'과 '성학십도', '성리학' 등의 동양 학문에 대해서 더욱 깊이 있게 가르쳐야 한다. 특히 사람의 호연지기를 키워 이 세상을 바로잡는 데는 『孟子』가 으뜸이니 이 땅의 모든 젊은이가 『孟子』를 깊이 공부한다면 우리나라가 세계 속에 우뚝 솟아 모든 나라의 모범이 되고 세상을 이끌어나가는 종주국이 될 것이다. 한 제자가 맹자 님께 "호연지기란 무엇입니까?" 하고 묻자 "그것은 만물을 낳아서 기르는 대우주의 기운과 합일되는 것으로 지극히 크고도 굳센 것이다. 옳고 곧은 것을 해치지 않고 끝없이 기르면 마침내 천지 사이에 가득 차게 되며 그것은 내심의 의義를 모아서 길러지는 것이다."라고 말씀하셨다. 후세에 모든 인류는 인류 최고의 스승이신 맹자 님께서 주장하셨던 이 '호연지기'를 배우고 본받아야 한다. 원을 그리기 위해선 컴퍼스가 가장 좋은 기준이 되듯이 사람의 도리를 밝히고 세상을 바르게 세우기 위해선 우리 동양의 경서들을 공부하는 것보다 더 좋은 방법은 없는 것이다. 마음속으로부터 그것을 깨달은 사람은 가장 현명하고 가장 지혜로운 사람이라고 보면 된다. 이는 필자가 일찍이 '천하통치', '제세안민'이라는 목표를 세운 후 인류가 남긴 모든 종교, 철학, 주의, 사상 등을 철저하게 공부하고 비교하여 융회관통하고 난 후에 내린 결론이니 이 땅의 아들, 딸들과 후세의 모든 인류는 나의 이 말을 결코 의심해선 안 될 것이다. 이 책을 하권 끝까지 다

읽고 나면 모든 독자가 지금의 내 말이 맞는 말임을 깨닫게 될 것이다. 충효忠孝와 인의仁義와 삼강오륜三綱五倫이 땅바닥에 떨어지고 탐욕만이 무성한 무법천지無法天地로 향해가고 있는 지금이야말로 옛 성현들의 가르침이 가장 절실하게 필요한 시점이니 그런 가르침들은 당연히 이 시대에 가장 적합하고 가장 절실한 가르침들인 것이다. 하지만 그런 가르침들을 제대로 인식하고 제대로 물려받은 사람은 지금 세상에는 없고 앞으로도 나올 것 같지 않다. 이는 한문 실력을 말함이 아니고 그 진수를 깊숙이 이해하는 사람이 없다는 뜻이다. 그래서 필자가 이처럼 붓을 들고 책을 써서 후세에 남기고자 하는 것이다. 사람의 도리道理란 옛날과 지금에 조금도 다름이 없으니 옛날에 사람의 도리를 가르치던 성현들의 말씀이 어찌 오늘날이라고 해서 맞지 않겠는가? 그렇다면 옛날엔 부모에게 조심하고 효도해야 했는데 지금은 부모에게 함부로 하면서 불효를 해도 되고, 옛날엔 어른을 공경해야 했는데 지금은 어른에게 막말을 하고 수염을 잡아당겨도 된다는 말인가? 물론 거기엔 부모의 자격과 어른의 자격이 먼저 선행되어야 함은 두말할 필요도 없다. 옛적엔 모든 것이 예禮로부터 출발했으니 예의가 없는 사람은 사람 취급을 받을 수 없고 또 세상에 설 수가 없었다. 그래서 작은 나라는 큰 나라를 섬겼으니 이것을 사대事大라 하고 큰 나라 역시 작은 나라를 존중하고 예禮로써 대했으니 이를 자소慈小라 한다. 관직에 있어서도 마찬가지였으니 아래 지위에 있는 사람은 위 상관을 존중하고 섬겼으며, 상관 역시 하급 관리들을 인간적으로 인격을 존중하면서 예禮로써 대했던 것이다. 우리나라가 세계 속에 우뚝 솟아 세계를 주도하고 온 인류를 교화하기 위해서는 먼저 모든 국민이 그러한 옛 성현들의 가르침들을 철저하게 배우고 철저하게 몸에 익혀 실천해야 된다. 그래서 천손민족의 후예답게 모든 나라가 우러러보는 동방예의지국이라는 옛 명성을 되찾아야 한다. 침략과 살육과 정복은 결코 자랑거리가 아니며 오히려 크나큰 죄악이고 크게 부끄러워해야 할 일이다. 우리 민족은 충효와 인의와 삼강오륜을 신봉하는 나라로 오천 년의 역사를 가진 엄청나게 강인한 민족이며 숭고하고 자랑스러운 국가임을 알아야 한다. 소위 대학교수라는 어떤 무지몽매한 자는 우리 조상들이 조공을 잘 갖다 바쳐서 '동방예의지국'이란 말을 듣게 되었다고 했으며, 또 자칭 민족문제연구소 소장이란 자는 우리 조상들이 얼마나 시키는 대로 굽신거리기를 잘했으면 '동방예의지국'이란 말까지 들었겠느냐고 하면서 앞으로 우리 국민이 지향해야 할 일곱 가지 삶의 자세가 있는데 그 첫 번째가 동방예의지국이란 말을 듣는 나약함을 버리고 공격적이고 침략적인 오랑캐의 정신을 본받아야 한다고 망언을 늘어놓았다. 충효와 인의의 대도를 위해서 부귀공명을 헌신짝처럼 버리고 나라와 백성을 위해서 목숨마저도 초개와 같이 여기며 독배(사약) 앞에서도 하늘을 우러러 껄껄 웃으며 자신의 소신에 따라 충실했던 자랑스러운 선조들의 위대한 정신을 그토록 비하하다니 부끄러운 줄을 알아야 할 것이다.

오늘날의 수많은 지식인이 "충효 정신과 삼강오륜이란 것은 옛날의 지배계층이 자신들의 이익과 지배를 위해서 그 사상을 백성들에게 주입시켜 복종을 강요한 지난 시대의 낡은 통치수단에 불과하다."라고 하면서 이제는 다시 돌아보지도 않으며, 세종대왕께서 백성들을 깨우치고 교화하기 위해서 만드신 '삼강도'를 비하하고,

또 어떤 자는 고전인 심청전에서 심 봉사는 자신의 눈을 뜨기 위해 딸을 팔아 인당수에 빠져 죽게 만든 비정한 인물이며, 그런 이야기를 지어낸 목적이 자식들에게 희생을 강요해서 자기 몸만 편하고자 한 조선 시대의 아버지상을 말해주고 있으며, 춘향전에서 이몽룡은 성의 쾌락만을 좇는 무책임한 양반 상이고 춘향은 그런 이몽룡만을 일편단심으로 생각하는 답답하고 바보스럽기 짝이 없는 한심한 여성이며, 여성에게 일방적으로 그런 정절을 바라는 조선 시대 양반들과 남성들의 이기심을 극명하게 보여주고 있다는 등 온갖 저질스런 궤변들을 그 분야의 최고 권위자들이란 사람들이 쏟아내고 있다. 이처럼 어리석은 무리가 대학에서 학생들을 가르치는 교수직에 있고 무슨 연구소 소장으로 있고 각계의 지도층 인사들로 있으니 이 세상이 과연 말세가 아니고 무엇이란 말인가? 효孝란 만물을 키우는 우주의 입김과도 같은 것이어서 백 가지 선(모든 선)과 통해 있고 지극한 사랑과 통해 있으며, 의젓한 대장부의 마음과 통해 있고 우주의 질서와 통해 있는 이 세상에서 가장 크고 가장 위대한 절대 가치이다. 그리고 효孝란 괴로움을 동반하는 귀찮은 희생이 아니고 삶의 가장 큰 보람이며 삶의 가장 큰 기쁨이고 행복인 것이다. 반대로 불효는 모든 어리석음과 연결되어 있고 모든 미숙함과 연결되어 있으며 모든 무례함과 연결되어 있고 용렬한 소인배의 마음과 연결되어 있고 모든 사악함과 연결되어 있어서 3,000가지 죄 중에서 가장 큰 죄악인 것이다. 심청전에서 아버지인 심학도는 청이가 인당수에 빠지게 될 줄은 처음엔 몰랐으며 나중에야 자신의 눈을 뜨게 해주기 위해서 딸이 인당수에 빠지게 되었음을 알고 눈물을 흘리며 통곡을 했다. 결국 심청전은 효심이 지극하면 나중에 큰 행복이 온다는 것을 말해주는 고전 중 하나일 뿐이니 거기에 트집을 잡아 황당한 궤변을 늘어놓을 필요가 없는 것이다. 춘향전에서도 이몽룡은 백성들의 고충을 돌아볼 줄 아는 반듯한 장부로서 열심히 공부하여 과거에 급제한 후 잊지 않고 춘향을 다시 찾았으며 춘향 역시 사랑하는 사람과의 의리를 생각하면서 여자로서의 정절을 지켰는데 무슨 시빗거리가 있다는 것인가. 무조건 고유한 우리 것과 우리 조상들을 비하하고 멸시하는 태도는 고치지 않으면 안 된다. 세종대왕께서 '삼강도'를 만드신 이유는 그 당시 아들이 그 아비를 살해한 사건이 있었고, 간통과 치정살인이 빈번했기 때문이다. 유교가 쇠하고 불교나 기타 이단의 설이 번성할 때 온갖 탐욕과 간통과 근친상간과 독살과 배신이 궁중과 민간에서 난무했다는 비극적인 역사를 알아야만 비로소 충효와 인의와 삼강오륜이 얼마나 큰 것인가를 깨달을 것인가? 충효사상은 결코 맹목적인 수직 구조가 아니고 인류의 가장 큰 절대 가치이며 국가의 융성을 떠받치는 양대 기둥임을 알아야 한다.

교육 문제에 대해선 이 정도로 끝을 맺고 이번엔 자본주의와 빈부 격차와 비정규직 문제와 복지정책 등에 대해서 얘기하고 그 해결책을 제시해보고자 한다. 여기엔 농어촌 문제와 향후 국정의 방향 등도 포함되어 있다. 자본주의는 인간존중, 자유평등의 이념을 중시하는 자유민주주의와 함께 발전해왔다. 시민혁명 이후 자유민주주의는 개인의 자유를 최대한 보장하게 되었고, 이러한 현상은 자본주의 경제원리에 그대로 적용되었다. 경제학자인 스미스는 '보이지 않는 손'의 역할이 사회 전체적으로 조화와 균형을 이룩해줄 것으로 기대하였다. 그러나 그러한 원리는 자본주의사회의 현실

속에서 결코 기대에 못 미치는 것으로 밝혀졌다. 국가가 시민 개개인의 경제활동에 간섭하지 않고 완전히 자유방임 하다 보니 '가진 자와 못 가진 자', '많이 가진 자와 적게 가진 자'의 격차가 발생하게 되었다. 그것은 부득이한 일로써 얼마든지 수긍이 가고 인정할 수 있는데, 문제는 시간이 흐름에 따라 그러한 분배의 불균형이 더욱 커지고 강자가 약자를 착취하고 억압하는 풍조가 사회 구조화되었다는 것이다. 이것은 자유민주주의에서 개인주의만을 지나치게 강조한 데서 온 결과이다. 개인주의가 타락하면 극도의 이기주의가 된다. 이때 자본주의는 '천민 자본주의'가 되고 만다. 일찍이 맹자님께서 인간 심성의 본질을 본성과 본능으로 구분하시어 착한 본성(인, 의, 예, 지의 4단)을 따르면 선善이 되고 대인大人이 되며, 본능인 생욕(식욕, 색욕, 물욕, 명예욕)만을 따르면 악惡이 되고 소인小人이 된다는 말씀하셨는데 이 자본주의야말로 인간의 이욕을 극대화시켜 인간쓰레기를 양산하여 세상을 끝없이 어지럽게 만드는 문제가 많은 제도임을 깊이 인식하고 그러한 잘못된 마음가짐을 자제하고 바로잡을 수 있는 정치를 하고 참된 교육을 시켜야 한다. 이는 이 어지러운 세상을 바로잡는 일이니 누가 있어 감히 이 크고도 위대한 대업을 이룰 수 있겠는가? 그 방법을 아는 사람은 이 천강 한 사람뿐이다. 필자가 구상하고 있는 방법은 고대와 현대의 경세론의 병합이다. 자본주의의 이러한 변질을 극복하기 위해서 현대의 정치경제학자들이 제시하고 있는 대안은 개인주의와 공동체 의식을 조화롭게 절충하는 '자유주의적 공동체주의' 즉 '복지 자본주의'이다. 이는 개개인의 자유로운 경제활동과 시장제도라는 자본주의 본래의 원칙을 지키는 바탕 위에서 국가가 시민들의 경제활동 영역에 선

진정한 유법천지有法天地를 향하여 상

별적으로 개입하는 것이다. 다시 말해서 기본적으로는 시민 개개인의 자유로운 경제활동을 보장하되 국가가 선별적인 개입에 따라 사회정의를 실현하고 '한 번 더 나눔'으로써 지나친 빈부 격차를 줄이고 공동복지를 증진시켜 나가자는 것이다. 여기에서 특별히 조심할 것은 그러한 역할을 담당하는 정부 당국이 깨끗한 마음과 사심 없는 공정성을 갖고 그 권한을 남용해선 안 된다는 점과 반면에 매우 혁신적이고 단호해야 한다는 점이다. 현대의 자본주의는 착취에 그 기반을 두고 있다. 1970년 무렵 국제자본의 90%는 무역과 생산 부분에 대한 장기투자에 사용됐으며 10% 정도만이 투기적인 성격이었다. 그러나 1990년 무렵이 되자 이 숫자가 뒤바뀌었다. 불과 20여 년 만에 국제자본의 90%가 투기 자본화한 것이다. 현재 전 세계의 하루 자본거래액 가운데 실물경제와 관련된 것은 겨우 2%에 지나지 않으며 98%가 투기거래다. 그러나 이러한 만연한 투기의 수혜자는 극소수에 지나지 않는다. 일찍이 플라톤은 "한 사회 상층의 소득이 하층 소득의 5배를 넘으면 그 사회는 위험에 빠진다."고 했다. 그런데 미국 대기업 최고 책임자의 연봉은 그 회사 초년생 직원 연봉의 3만 배나 되며 일반 하층민소득의 9만 배나 된다. 잡지 '포브스'가 발표한 2006년도 '억만장자' 명단을 보면 세계 최상위 부자 52명의 재산은 최근 4년간 두 배 이상 늘어 1조 달러를 넘어섰으며, 이는 전 세계 인구의 절반인 30억 명의 1년 소득액보다 많은 액수다. 그 결과 지금 60억 세계 인구의 3분의 2는 끼니를 걱정해야 하는 빈곤선 이하의 생활을 하고 있으며 '중산층'은 양극 분화해 급속히 사라지고 있다. 1970년대에 미국의 이른바 '레이거노믹스'와 영국의 '대처리즘'의 등장 이후 본격화된 정치적 신보

수주의와 경제적 신자유주의가 몰고 온 재난을 우리는 1997년 외환위기 때 이미 처절하게 체험했으며, 2008년엔 미국 월가발 금융대란이 세계 경제를 강타했다. 이러한 경제적 공황은 순전히 천박한 이기심에서 비롯된 착취 심리의 결과다. 이기심에서 출발한 무자비한 이윤 추구가 초래한 극단적인 부의 편중과 넘쳐흐르는 돈의 투기 자본화에 따른 화폐유통 시스템의 마비가 공황을 부르며 이는 자본주의 체제 아래서는 피할 수 없는 불행이다. 이처럼 자본주의는 욕심과 착취에 그 기반을 두고 있으며 다들 어떻게 하면 남의 몫을 빼앗아 가질까만 생각하고 있는 꼴이다. 자본가들은 노동자들의 피와 땀으로 번영하고 있으며 종교전도사들 역시 과거부터 세계 곳곳에서 인류를 속이고 사람들의 재산을 착취해 왔으며 분쟁과 살육을 일삼아왔는데 오늘날에도 같은 짓을 계속하고 있다.

이러한 말세를 가장 선두에서 이끌고 있는 존재가 바로 미국이다. 그들은 건국 이념이 어떻고 청교도 정신이 어떻고 떠들어대지만 아메리카의 원주민인 인디언을 어떻게 학살했는지를 보면 그들의 조상이 얼마나 무지하고 비정한 족속이었는지를 알 수가 있다. 당시 신대륙에 상륙한 그들은 선교를 강요하면서 "하나님을 믿지 않으면 다 죽인다.", "그들(원주민)이 우리 한 사람을 죽이면 우리는 그들 백 사람을 죽인다." 등의 원칙을 정해놓고, 물어서 찢어 죽이도록 잘 훈련된 사냥개들을 앞세우고 우월한 신무기로 무장한 후 짐승을 사냥하듯이 무자비하게 그 땅의 주인이었던 인디언을 살육해나갔다. 그런 식으로 마야, 아스테카, 잉카 문명이 차례로 무너져 사라졌다. 그들을 어찌 인간이라고 할 수 있겠는가? 이것이 바로 '하나님의 뜻'이란 기치를 내걸고 이슬람 성지를 불태워 초토화시키고 그 자리에 교회를 세운 후 십자군 전쟁을 계속하는 등 수백 년 동안이나 '예수 천국, 불신 지옥'식의 천인天人이 공노할 극악무도한 죄악을 저질러온 기독교 문화의 본질이다. 이처럼 복음과 총칼로 무장한 서구 문명의 무지와 탐욕 앞에 공존은 없었다. 그 중심에 미국이 있으며 그들은 지금도 입으로는 자유와 민주와 정의를 내세우고 남의 나라의 인권 문제에 간섭하면서 떠들고 있는데, 그들이야말로 없는 이유를 지어내서 남의 나라(베트남, 이라크 등)를 침략하고 해마다 막대한 달러를 찍어내서 '너 죽고 나 살자'식의 이웃 궁핍화 정책을 계속해오고 있다. 그리고 하룻밤만 정전이 되어도 치안이 마비되어 떼강도가 설치고 해가 지면 거리를 마음대로 나다니지도 못하며 황금만능, 승자 독식, 마약 천국, 범죄천국의 나라가 바로 미국이다. 그런데도 어리석은 서구사대주의자들은 영명하신 조상님들을 경멸 비하하고 우리 것을 헌신짝 취급하며 그들 것만을 따라서 하고 있다. 특히 일제강점기와 6·25전쟁에 이어 휴전협정을 한 후 피난 생활에서 돌아와 폐허 위에 움막집을 지어놓고 삶에 지쳐 헐벗고 굶주릴 때의, 우리 민족 최대 수난기였을 때의 그 아픈 모습을 지적하여 우리 민족은 더럽고 게으르고 자립심도 없는 DNA를 가져서 남에게 의지하고 도움받기를 좋아하는 민족이라는 등의 온갖 망언들을 입에 올리곤 하는데 참으로 한심하기 짝이 없고 생각이 부족한 무리가 아닐 수 없다. 우리 민족은 불학 무도한 서양인들이 아니더라도 얼마든지 우리 힘으로 학교도 세우고 모든 것을 하나씩 척척 해결해나갈 수 있는 저력이 충분하고도 남는 민족이다. 불학무식한 일부 기독교 맹신자들이 뭘 제대로 알지도 못하면서 민족의 자존감을 스스로 내팽개치고 있는데 바로 그런 자들 때문에 민족정기가 쇠퇴해서 일본에게 당하게 되었고 인륜·도덕이 사라졌으며 친일 매국노들이 판을 쳤던 것이고 지금과 같은 황금만능주의의 말세가 되었음을 알아야 한다. 미국발 금융위기는 어떠한 외부 공격도 없는 가운데 월가가 탐욕으로 두 눈이 충혈되어 스스로 내파되어 전 세계 경제를 위기로 몰아넣은 사건이었다. 그것은 탐욕으로 얼룩진 신자유주의 시장경제의 예고된 재앙이었다. 그 뇌관이 된 서브프라임 모기지(비우량 주택 담보대출) 사태는 인도경제의 두 배 규모, 미국 국내 총생산의 15%를 차지하는 캘리포니아주를 중심으로 주택시장의 거품을 키워놓은 게 그 화근이었다. 그래서 주택가격의 상승붐을 타고 금융기관들이 이자 소득과 총자산 규모의 확대를 위해서 공격적(적극적)으로 주택담보대출을 해주었고, 또 가계도 무분별하게 그 자금을 대출받아 수많은 금융기관과 가계가 그 놀음에 동참한 결과 매년 두 자릿수로 치솟던 집값이 불어난 속도보다 더욱 빠르고 거세게 꺼지기 시작했는데, 그로 인해 대출업체들은 물론 수많은 기업까지 줄도산을 했고 수많은 사람이 집과 직장을 잃고 길바닥으로 나앉게 되었으며, 그것이 세계 모든 나라 사람의 생활까지 어렵게 만든 세계금융 대란의 시발점이 되었던 것이다. 이러한 서브프라임모기지 사태는 비단 캘리포니아주에만 국한된 것이 아니어서, 그러한 주택담보대출에 참여했던 월가의 거의 모든 금융기관이 폭삭 망했던 것이다. 1997년 당시의 외환위기는 우리나라의 대기업과 금융기관의 부실 운영이 원인이 되어 외국인들이 한국경제의 앞날을 믿지 못해 그 투자금을 챙겨가서 외환 보유액이 겨우 300억 달러로 줄어들어 채무 지급불능(국가 부도) 상태가 되었는데, 좀 더 그 안을 들여다보면 그 당시 벼랑 끝에 몰려 있던 한국경제를 미국의 재무장관이(누군가의 사주를 받아) 발길로 차서 벼랑 끝에서 떨어뜨린 후 우리나라의 은행 등이 그들 외국 자본으로 넘어가는 치욕적인 기업사냥을 당했던 것이다. 다시 말하자면 아무런 경륜도 소신도 철학도 없는 무식하고 이기적인 정상배들의 무분별한 탐욕이 외국 자본들의 공격을 불러들여 나라 살림이 거덜 났던 것이다. 하지만 월가발 금융대란은 미국이 자신의 발등에 떨어진 불을 끄기 위해서 우리나라의 주식 등에 투자했던 달러를 계속 회수해갔기 때문에 우리 경제가 흔들린 것이다. 모든 나라가 미국의 금융위기 여파를 받았는데 유독 우리나라만 환율이 급등했던 이유는 내수를 육성하지 않고 무역 의존도가 90%에 달할 정도로 수출에만 매달리다 보니 국제적인 위기가 왔을 때 대처하기 힘들었기 때문이다. 그리고 97년 이후 김대중 정부가 난국을 빨리 회복하려는 급한 마음에 사실상 모든 투자장벽을 없애버린 금융시장이 가장 큰 이유였다. 특히 주식시장은 한때 외국인 지분이 40%를 차지할 정도로 외국인의 움직임에 좌우되어 왔기에 원-달러 환율 상승의 가장 큰 직접적인 원인이 바로 외국인들의 주식 순매도였다.

한편 미국이 매년 1조 달러를 오가는 무역재정적자에도 망하지 않는 이유는 기축통화인 달러를 찍어내는 나라였기 때문이다. 미국 정부와 미국 국민이 가진 것 이상으로 돈을 펑펑 쓰면서 과소비를 해왔는데도 그로 인한 심각한 국제수지 불균형이 바로 '글로벌 불균형'인 것이다. 미국은 전부터 어려운 국면에 처하면 자국 통화인 달러를 찍어 부족분을 메우곤 했는데 달러는 여전히 제 가치를 유지하고 국제 무역의 대부분이 달러로 결제되어 왔다. 그렇다고 그 부당함을 제지할 그 어떤 방법도 없으며, 계속 달러가 국제통화로 기능할 분만 아니라 미국은 압도적인 경제 규모와 시장을 지니고 있고 자신들의 의도를 힘으로 관철할 수 있는 군사력까지 가지고 있는데, 그런 미국을 주 시장으로 삼아 수출주도의 경제 성장전략을 택한 나라들은 수출에 유리한 자국 통화 절하(상대적 저평가) 정책을 고수하기 때문에 달러는 항상 상대적 강세를 유지하는 것이다. 게다가 흑자국들은 남은 돈을 달러 형태로 축적(대외준비금)하는 데 있어 가장 안전하다고 여기는 미국 국채(재무부 증권)를 주로 사는데, 그렇게 되면 미국의 적자로 방출된 달러가 한낱 종이쪽에 불과한 미국 국채와 교환되어 다시 미국으로 환류하게 되고, 미국 국채를 산 나라들은 저장해둔 달러 가치가 폭락하면 맡겨둔 저금이 휴짓조각이 되어버리기 때문에 전전긍긍하는 것이다. 월가발 금융대란이 일어난 후 미국은 지금까지 수차례에 걸쳐서 알게 모르게 5조 7,000억 달러 정도의 천문학적인 돈을 찍어서 양적 완화를 단행했다. 이에 대해 세계 각국의 반응은 매우 차갑고 부정적이다. 돈을 풀면 그 돈이 미국 국내에만 머물지 않고 고금리 고수익을 찾아서 신흥국으로 흘러 들어가 자원과 석유 가격을 상승시키고 국내외에 인플레이션을 가져오며, 달러 가치를 내리고 신흥국들의 통화를 평가 절상하며 이는 수출에 큰 타격을 줄 뿐만 아니라 2008년 금융위기의 원인으로 지목된 자산 거품이 염려되기 때문이다. 각국이 미국의 지나친 양적 완화를 자국만을 위한 '이웃 궁핍화 정책'이라고 비난하는 이유가 바로 여기에 있는 것이다. 브라질은 달러가 자국으로 유입되는 것을 막기 위해 외국인이 자국 국채를 구입할 때 매기는 세금을 6%로 올렸고, 타이도 비슷한 정책을 발표하는 등 각국이 자본통제에 나서고 있다. 이처럼 많은 나라가 계속되는 미국의 양적 완화에 분개하는 분위기다. 미국은 지금 '자본주의 경제 위기' 극복을 위해 사회주의 붕괴 20년도 못 되어 '시장 사회주의' 중국에 대한 의존 및 중국의 영향력 증대라는 고통과 수모를 목도하고 있다. 사회주의 해체와 신자유주의의 종언으로 앞으로 이념과 체제의 글로벌 수렴 현상은 가속화할 것이다. 좌우 극단주의가 스러지는 오늘날 인류는 21세기의 바람직한 국가사회모델을 향한 기로에 서 있으며 그런 가운데 분단의 아픔 속에 있는 우리는 민족통일이라는 역사적 사명을 안고 있다. 이러한 때에 어떻게 상호 신뢰를 회복하고 민족의 동질성을 회복하여 통일의 전 단계인 남북 연립정권을 창출할 수 있을 것인가? 외세를 끌어들여 흡수통일이나 무력통일을 해보려는 시도는 민족의 자멸을 가져오는 매우 위험하고 어리석은 생각이다. 북한 역시 적화통일을 하겠다는 망상은 버려야 한다. 북한의 통치자들과 북한 주민들은 현재 대한민국의 미국식 자본주의와 미국식 가치관과 미국식 사고방식과 미국에게 절대적으로 의지하고 아부하고 있는 형태에 대해 적대감을 갖고 있다. 북한 주민들의 마음을 얻지 못하면 통일은 그만큼 힘들어진다는 사실을 알아야 한다. 따라서 '자유주의적 공동체주의', 즉 '복지 자본주의' 체제를 선택한다면 그들도 보다 손쉽게 손을 내밀 것이며, 또 그것이 인간 공동체를 위하여 우리 인류가 궁극적으로 선택해야 할 국가사회모델이 아니겠는가? 현재 이명박 정부 하에서 엄청난 뭉칫돈이 재벌들에게 쏠리고 있으며 수많은 특혜를 그들에게 베풀고 있다. 이처럼 현재의 대한민국은 탐욕에 익숙한 정치인과 자본가, 그리고 좌측으로 한 걸음만 움직여도 좌빨이라고 소리치는 무지한 극우 세력의 힘이 막강하고, 또 수많은 사람이 변혁을 두려워하기 때문에 새로운 세상을 만들기 위해선 그야말로 국가와 민족을 똑바로 인도할 수 있는 경륜이 높은 강한 통치자와 그가 이끄는 바르고 강한 정부가 필요한 것이다. 이 책이 세상에 나간 후의 반응이 궁금하다. 나는 세상이라는 바둑판에 일단 첫 돌을 착점한 후 그 반응을 보고 두 번째와 세 번째의 돌을 놓을 것이다.

그러나 뜻을 같이하고자 하는 동지들의 움직임이 보이지 않는다면 '아! 세상에 의인義人의 씨가 말랐구나!' 탄식하면서 치국의 뜻을 접을 것이다. 시대의 흐름을 정화하고 세상을 바꾸는 일은 범인이 흉내 낼 수 있는 일이 아니다. 하지만 그 방법만은 알아야 하고 또 그쪽으로 결연히 움직여야 하지 않겠는가. 비록 개개인의 힘은 미약하지만 그 힘을 합쳐 결연히 나간다면 태산도 무너뜨리고 바다도 메울 수 있는 것이다. 동지들만 있다면 나는 그 선두에 서서 모든 사람이 바른 마음을 갖고 다 함께 잘사는 좋은 세상을 만들기 위해서 기꺼이 내 한목숨을 바칠 각오는 되어 있다. 아무리 하찮은 것일지라도 가만히 앉아서 되는 일은 아무것도 없다. 하물며 시대의 흐름을 정화하고 세상을 바꾸는 일임에랴! 이 책을 접하는 천하의 의인지사 열혈남아들이여! 우리 다 함께 분연히 떨쳐 일어나 저 탐욕에 찌든 불충한 무리의 정신을 일깨우고 새로운 세상, 사람 사는 세상을 만드는 데 동참하지 않겠는가? '보수를 아우르는 합리적인 진보' 운운하는 무리는 결코 세상을 바로잡을 수가 없는 것이다. 때가 오면 서로 만나 손에 손을 마주 잡고 천하의 대의를 위해 진정한 혁명을 위해 동지들과 함께 민중의 앞에 서고 싶

　　　　　　진정한 유법천지有法天地를 향하여 상

다. 필자의 가슴속엔 세상을 바꿀 수 있는 비책과 청사진이 있다. 30년 동안을 울지도 않고 날지도 않은 큰 새가 있었으니 한 번 날면 구만리 장천에 솟을 것이요, 또 울지 않는다면 몰라도 한 번 울면 반드시 천하를 놀라게 할 것이다. 정권을 바꾸기 위해선 기득권층의 50년 철옹성을 깨고 선거를 통해 투표에서 이겨야 하는데 그것이 결코 쉬운 일이 아니다. 그러기 위해선 모든 깨어있는 사람의 굳건한 단합이 필요하고, 그러한 힘을 결집할 수 있는 구심점이 되는 신념이 강한 지도자가 필요하다고 본다. 폴란드 출신의 사회학자 지그문트 바우만은 현대 사회 현상을 '유동성의 시대'라고 묘사하면서 우리 시대의 질서와 제도가 고체성을 잃어버리고 끊임없이 유동한다고 했다. 그래서 2003년부터 '유동하는 사랑', '유동하는 삶', '유동하는 공포', '유동하는 시대'를 잇달아 출간한 바 있다. 이 유동성의 개념은 마르크스가 1848년에 쓴 기념비적 팸플릿에서 "부르주아 시대는 생산의 끊임없는 변혁, 모든 사회적 상황의 부단한 동요, 영원한 불안과 격동을 통해 다른 시대와 구별된다. 견고하고 낡은 모든 관계는 바로 녹아버리고 새롭게 형성된 것들도 모두 자리를 잡기도 전에 낡은 것이 되어버린다."고 언급한 적이 있다. 바우만은 마르크스 시대에 벌써 이렇게 간파된 근대 세계가 최근에 이르러 진정한 유동성의 시대로 전환됐다고 본 것이다. 그는 이런 전환이 1970년대 10년 사이에 이루어졌다고 하면서 이 유동성의 시대가 만들어낸 악몽과도 같은 현실을 비판하고 있다. 그것은 날이 갈수록 점점 더 심화되어 가고 있는데 이러한 유동성이 지배하는 우리 시대는 지구적 차원의 지배 엘리트들에겐 '유토피아'일지 모르지만, 나머지 대다수 사람에게는 불안과 공포가 일상이 된

'지옥'의 시대다. 카를 포터가 전체주의적인 '닫힌 사회'에 맞서 우리가 지향해야 할 사회로 제시했던 '열린 사회'는 오늘날 이렇듯 '운명의 횡포에 무방비로 노출된 사회'로 귀착되고 말았다. 신자유주의적 세계화가 지구 전체로 퍼졌다는 말이다. 이제 사람은 사냥꾼이 되느냐 사냥감이 되느냐 하는 이분법의 처지에 놓였는데 이것은 옛 조선 시대의 양반과 상놈 시대보다 훨씬 더 비인간적이고 추악한 계급사회인 것이다. 그때는 재물에 담백하고 도의道義를 숭상하던 양반들이 인륜人倫의 모범을 보이면서 하인들을 아끼면서 세상을 잘 이끌어 갔지만, 지금은 불의不義에 만연된 불학무식한 정상배들이 사람을 동물이나 기계 부속품 취급을 하면서 약자들을 억압하고 착취하는 세상이기 때문이다. 이런 세상에서 인권이란 사실상 허울뿐이고 오직 노예적 삶이 있을 뿐이며 사냥꾼들에겐 유토피아이지만 사냥감들에겐 정신적으로 볼 때 지옥과 같은 곳이다. 그저 생계를 위한 빵 한 조각을 위해서 칼날 위를 걷듯 불안하게 살아가고 있는 것이다. 바우만은 결론에서 이러한 지옥을 거부하고 단호하게 저항하라고 말한다. 그는 "이 지옥을 받아들이라고 강요하는 온갖 종류의 압력에 맞서 용감하게 싸워야만 한다."고 외쳤다. 그의 말대로 우리는 어떤 방식으로든 싸워야 하고 또 싸워서 이겨야 한다. 그래서 그 잘못된 모든 것을 바로잡아 살기 좋은 세상을 만들어 후손들에게 물려주어야 하지 않겠는가. 앞으로 로봇공학이 첨단화되고 3D 프린터, 드론기술, 촉매기술, 거기다 인공지능을 연구하는 딥러닝 기술까지 첨단화되면 사람 없이 밤낮을 좋은 제품이 자동으로 생산되고 무인배송, 무인자동차 등의 출현 등 산업 전반에 걸쳐 수많은 변화가 생겨 고급인력의 대량 실업 사태가 예상되기 때문에 지금의 자유주의적 경제구조를 그대로 계속 방치하다간 자본가들의 탐욕으로 세상은 그야말로 아비지옥이 될 것이다. 따라서 이에 대한 대책이 요구되는데 그를 위해 교육의 변화(인성교육과 자동화 시스템에 대한 적응 교육)와 정치 체제의 변화(복지 자본주의로의 전환)가 꼭 필요한 것임을 밝혀두는 바이다. 인간의 탐욕이란 참으로 어리석고 허망한 것이다. 100대 재벌에서 30대 재벌 안으로 진입하는 것을 생의 목표로 삼고, 30대 재벌에서 10대 재벌권안으로 들어가기 위해서 수많은 사람의 고혈을 빨며 물불을 가리지 않는다. 그러면서도 국가와 국민을 살리는 기업이라고 말할 수 있는가? 그리고 그 축소판인 수많은 어리석은 중생이여! 왜 하필이면 그런 삶에 집착하는가? 일신의 영달과 당리당략에만 눈이 어두운 정치인들이여! 허리띠를 졸라매고 힘들어하는 민초들의 모습이 보이지 않는단 말인가. 입으로만 민생을 말하지 말고 진정으로 고락을 함께할 수 있도록 혼신의 힘을 다해야 하지 않겠는가. 전 재산을 바치고 노부모와 어린 자식들까지 뒤로하고 눈보라 치는 타국 땅에서 고군분투하던 독립지사들의 숭고하고 비장한 삶을 단 한 번이라도 진지하게 생각해보고, 분신으로써 잘못되고 부당한 세상에 대해 항거했던 전태일 열사의 심정을 단 한 번만이라도 진지하게 헤아려 보았는가. 세상을 살아가는데 꼭 수백억, 수천억 원이 필요한 것은 아니다. 그저 생존에 필요한 정도면 족한 것이다. 온 세상 사람이 가진 것이 없다고 나를 무시해도 조금도 개의치 말고 오히려 그런 세태를 내려다보면서 호탕하게 웃을 수 있는 대력장부가 되어야 한다. 그런 경지에 이르렀을 때 삶은 항상 편안하고 행복한 것이며 맑은 하늘에 흰 구름이 흘러가는 모습이 아름답게 보이고 싱그러운 봄바람이 볼을 스쳐 갈 때 형언할 수 없는 상쾌함을 느낄 수 있는 것이다. 소유에 대한 과도한 집착은 타인에게 피해를 주고 세상을 어지럽게 만들며 때로는 자신의 몸을 스스로 꼼짝도 할 수 없는 거미줄에 묶이게 할 수도 있기 때문에 결코 바람직하지 못한 것이다. 욕심을 버리고 나면 마음이 맑아져서 그 속에 묘한 편안함이 생겨나니 우리는 탐욕적인 생각을 버려야 한다. 또 "남을 위해 불을 밝히면 내 앞이 밝아진다."고 했으니 남을 위해 힘쓰면서 자기를 빛내는 삶의 방식을 넓혀나가야 한다. 다시 말해서 욕심을 줄이고 모든 사람을 존중하며 남과 더불어 공존공영하는 삶의 방식을 새로운 시대정신으로 고양하는 일이 중요하다는 것이다. 국가 간의 관계에서도 마찬가지다. 서로 협력하면서 상부상조하는 것이 모두를 위한 최선의 방책인 것이다. 즉 국가 간에 이해관계가 상충되어 있을 때도 생각해 보아서 마땅히 양보해야 할 것은 양보하고 마땅히 주장해야 할 것은 주장하면서 모든 일을 도리에 맞게 처리해야 한다. 서로가 도울 수 있는 일이라면 성심껏 도와서 함께 성장하고 함께 발전하는 세상이 되어야 한다는 말이다. 이제는 모든 정치인과 기업인이 그 마음을 바꿀 때다. 민생은 뒷전에 두고 사리사욕과 당리당략만을 일삼는 정치인들은 반성을 하고, 매출액과 순소득액이 높아져도 그에 만족하지 않고 더욱더 목말라하면서 사업확장과 금융투기 등에 전념하여 배를 불리고 세금 포탈과 재산은닉을 위해 갖은 수단을 다 쓰며 또 유령회사를 차려 놓고 막대한 자금을 해외로 빼돌리고 방만한 기업경영으로 회사를 위험에 빠뜨리기도 하는 의식이 없는 기업인들도 깊이 반성하여 올바른 마음으로 건전한 경영을 하여 비정규직을 줄이고 용역 등의 일용직 근로자들에게도 후한 임금을 주어 나눔과 공존공영의 자세를 보이는 사회적 기업으로 거듭나야 한다.

다음은 복지 문제에 대해서 얘기해보고자 한다. 복지에 있어서 우선 알아야 할 것은 의욕을 상실하고 힘들어하는 사람들에게 따뜻한 마음으로 접근하여 대화를 통해 마음을 교류하여 잘못된 생각들을 고쳐주고 시혜 중심이 아닌 다양한 직업 교육을 통해 일자리를 마련해주고 거기에서 소득을 얻게 해주는 것이 중요하다는 것이다. 또한 기다리는 복지가 아닌 찾아가는 복지가 되어야 한다. 그러기 위해선 많은 인력이 필요한데 지금보다 다섯 배 정도의 인원이 확충되어야 한다. 이는 꼭 필요한 인력이며 그에 대한 예산은 충분히 확보할 수가 있다. 그러면 이제 우리나라 복지 정책의 현주소를 돌아보고 그 문제점과 개선책을 말해보고자 한다. 우선 복지에 종사하는 인력이 턱없이 부족하다는 점과 복지의 사각지대가 너무 많다는 것이 문제다. 예를 들자면 장수마을이 위치한 서울 성북구 삼성동의 주민센터(동사무소)에는 사회복지 담당 공무원이 안 모 씨 단 한 명뿐이다. 안 씨가 관리하는 기초생활수급자 수는 319가구 515명이다. 또 그는 센터로 찾아오는 주민들을 상대로 상담을 해야 하고 전화 문의도 받는다. 기초생활수급자가 되기 위해서는 자격 요건이 까다로워 아무리 간단히 상담을 해도 30분 정도는 걸린다. 게다가 안 씨는 기초생활수급자 말고도 차상위계층과 자활사업, 자원봉사, 새마을 부녀회 적십자 관리까지 맡고 있으며 명절 때는 이웃돕기운동까지 한다. 또 주민센터에 쌀이나 물품이 기부되면 주민들에게 배달도 해줘야 한다. 안 씨는 "지금 맡고 있는 업무도 벅차서 현장을 돌면서 사각지대에 있는 빈곤층을 직접 찾아내 복지 혜택을 주기는 사실상 불가능하다."고 말했다. 그래서 빈곤층이 스스로 찾아오지 않으면 복지 서비스를 받기 어려운 구조다. 사회복지 공무원의 인력 부족은 삼성동만의 문제가 아니다. 보건복지부 자료를 보면 사회복지 전담 공무원이 2006년에 9,805명, 2007년에 10,113명, 2008년에 9,945명, 2009년에 10,334명으로 거의 제자리걸음이다. 전국 3,464개 읍, 면, 동 주민센터 중 사회복지 전담 공무원이 1명인 곳은 1,720곳이고 아예 한 명도 없는 곳도 48곳이나 되는 것으로 집계됐다. 우리나라는 2008년도 기준으로 복지 분야 공무원 1명이 주민 4,888명을 담당했는데, 영국은 2003년 기준으로 337명, 오스트레일리아는 2002년 기준으로 806명을 담당한 것에 비해 복지공무원이 크게 부족한 실정이다. 한 복지부 관계자는 "복지 정책이 빠른 속도로 늘어나고 있어 전문성이 있는 사회복지전담 공무원의 양적 확대가 필요하다."고 말했다. 다음은 복지의 사각지대에 대해서 살펴보고자 한다. 현재의 부양의무자 기준은 기초생활 보장제도에서 '족쇄'가 되고 있다. 한국보건사회연구원이 2009년 2월부터 12월까지 '비수급 빈곤층' 7,417가구를 상대로 실시한 실태조사 결과를 보면 74.2%가 "부양의무자 때문에 수급자가 되지 못했다."고 말했다. 현행 국민기초생활 보장법에는 정부가 정한 기준을 넘는 소득이나 재산이 있는 부양의무자가 있으면 수급자가 될 수 없다. 부양의무자란 수급자의 1촌 직계혈족(부모, 자녀)과 그 배우자(며느리, 사위)를 말한다. 하지만 실제로는 부양의무자인 자녀가 있어도 그들로부터 아무런 도움을 받지 못하는 사례가 많다. 가족관계가 사실상 단절됐거나, 자녀들이 불효막심해서 부모에게 소홀하게 대하는 경우가 이에 속한다. 이처럼 복지의 사각지대에 있는 이들은 '극 빈곤층'으로 내몰리고 있다. 실제로 장수마을 조사를 보면 부양의무자 때문에 수급자가 되지 못한 10가구 가운데 8가구의 월 소득액이 50만 원 이하인 것으로 나타났다. 보건사회연구원의 조사에서도(2009년도) 비수급 빈곤층 가구는 월평균 소득이 65만 3,500원으로 수급가구(80만 6,700원)보다 15만 3,200원이나 더 적었고 주거 수준도 훨씬 더 열악했다. 이처럼 기초생활수급자 신청을 하지 않은 많은 빈곤 가구들이 자신이 수혜대상자인지를 알아볼 엄두도 내지 못한 채 외부의 도움 없이 어렵게 살아가고 있다. 장수마을 주민들의 소득은 상당히 낮은 수준으로 조사됐다. 72가구 가운데 응답한 57가구의 평균수입은 113만 5,088원이었고 그중 52.6%인 30가구가 100만 원 미만을 벌고 있었으며 생활비로는 평균 97만 4,259원을 쓰고 있었다. 72가구 중 38.9%인 28가구가 빚을 지고 있었고, 부채는 평균 3,209만 원이나 됐다. 장수마을 주민 상당수는 생활 수준이 계속 나빠지고 있고, 앞으로 더 힘들 것 같다며 미래에 대해 절망하고 있는 것으로 나타났다. "10년 전에 비해 생활 수준이 어떻게 변했느냐?"는 질문에 응답자의 59.4%가 "더 나빠졌다."고 답했고 "그대로."라고 응답한 사람은 26.1%였다. 또 "10년 뒤 생활 수준이 어떻게 변할 것 같냐?"는 물음에는 44.4%가 "더 나빠질 것 같다."고 말했으며 26.6%는 "그대로일 것 같다."고 답했다. 그런데도 정치하는 사람은 이런 실태를 제대로 인식하지 못하고 그 해결책에 대해서도 진지하게 생각해 보지도 않고 그저 부질없는 정쟁만을 일삼고 있기 때문에 10여 년이 넘도록 제자리걸음을 하고 있는 실정이다. 빈곤층은 기초생활수급자가 되지 못하면 그야말로 비참한 삶을 살아가야 한다.

우리나라는 사회보험의 역사가 짧아 아직 사회안전망 구실을 하지 못하는 데다 사회 서비스체계도 미흡한 탓으로 빈곤층은 기초생활 보장제도에 전적으로 의존할 수밖에 없다. 하지만 기초생활 보장수급자는 지난 10년 동안 전체 국민의 3% 수준에 그대로 머물러 있다. 특히 노인 세대는 국민연금 등 사회보험 혜택을 거의 받을 수 없고 일자리를 구하기도 힘들어 체감하는 빈곤의 감도가 더 심하다. 우리나라 상대 빈곤율(소득이 중위소득의 50%를 밑도는 가구 비율)이 15%인데, 65살 이상 노인의 상대 빈곤율은 41.5%나 된다. 국내 노인 수가 535만 명이므로 이 가운데 240만 명이 빈곤층이라는 얘기다. 그렇지만 기초생활수급자 중 65살 이상 노인은 고작 41만 명(2009년 기준)이다. 그러니까 200만 명에 가까운 노인들이 가난 속에서 허덕이고 있는 셈이다. 세상이 말세가 되어 자식이 부모에게 입에 담지 못할 폭언을 하고 심지어는 폭행까지 하는데 그런 일을 당하고 나면 부모는 완전히 삶의 의욕을 잃고 그런 일이 몇 번 반복되고 나면 마치 제초제 맞은 풀처럼 시름시름 앓으며 죽어가는 것이다. 신문이나 뉴스를 보면 부모에게서 갖은 방법으로 재산을 탈취한 후론 찾지도 않고 그대로 방치해두는가 하면, 심지어는 밖으로 데리고 나가 버리고 오는 경우도 종종 볼 수가 있다. 비록 자식, 며느리와 함께 살아가는 노인들도 나이가 많아지면 대부분의 자식이 '우리도 할 만큼은 했어. 이제 살만큼 살았으니 가실 때도 됐지.'라고 생각하면서 식사 시간을 규칙적으로 맞추어 챙겨드리지도 않고 몸에 맞는 음식을 따로 챙겨드리지도 않으며 아픈 곳이 있어 고통스러워하여도 적당히 약만 지어다 드리거나 형식적으로 병원에 한두 번 다녀올 뿐 깊이 생각해서 고쳐 드릴 생각을 하지 않기 때문에 점점 약해져서 천천히 죽어가면서 자신의 그러한 처지를 비통해하는 것이다. 마음속으론 '나도 내게 맞는 음식만 준다면 지금보다 살도 붙고 기운도 차릴 텐데…'라고 생각하면서도 감히 그 말을 입 밖에 내지 못하고 그런 자신의 처지를 한탄하면서 죽을 날만 기다리는 것이다. 이는 크나큰 불효이며 부모가 90세가 되거나 100세가 되거나 또 100세가 넘으셨다 해도 살아계시는 동안은 힘닿는 데까지 최선을 다해서 천수를 누릴 수 있도록 끝까지 정성껏 모셔야 되는 것이다. 노인들은 감기나 배탈 등으로 한 번 기력이 쇠약해지면 회복이 힘들기 때문에 항상 세심하게 신경을 써야 하며, 그래서 좋은 컨디션을 계속 유지해야만 본인도 편하고 모시는 자식들도 힘들지 않고 행복한 것이다. 또 음식을 드릴 때 존경과 사랑의 마음이 없다면 이는 곧 가축을 기르는 것과 같으니 이 점도 명심해야 하며, 노인용 보행 보조기(의료기기 센터에서 판매함)에 의지하여 가까운 경로당 등에 다니시게 해서 운동과 소통을 하도록 하고 매번 나가고 들어오실 때 옆에서 함께하며 모시는 사람이 있어야 할 것이다. 효도孝道에 대해선 다음 장에서 상세히 밝히도록 하고, 다시 복지 문제로 돌아와 현실을 돌아볼 때 기초생활수급 제도와 별도로 부양의무자 소득 기준을 폐지해 버리고 각 지역의 면이나 동별로 조사를 하여 국가로부터 아무런 도움도 받지 못하는 고령 빈곤 노인에 대해선 정부와 사회의 책임 하에 적정한 액수의 생활 보조금을 매달 지급하도록 하여 효심은 지극하나 생활이 어려워서 안타까워하는 자식들과 자식들에게 학대받고 버림받아 외롭게 지내는 노인들의 마음을 위로해주어야 한다. 고령 빈곤 노인에 대한 또 하나의 해결책은 국영 빈곤 노인 요양원을 지역

별로 설립하여 주거 공간이 열악한 무자식, 무연고 노인들과 자식이나 연고자가 있어도 관계가 단절된 빈곤 노인들을 수용해 보호하다가 죽은 후 장례까지 화장으로 책임지는 방식도 연구해볼 만한 일이다. 그러면 그걸 믿고 자식, 며느리가 더욱 부모에게 소홀히 할 수가 있기 때문에 일단 그렇게 사회보장제도를 강화하는 한편, 효도가 인륜·도덕의 가장 큰 기본임을 온 국민에게 교육시켜 우리 삼천리 금수강산이 옛날처럼 다시 찬란한 윤리의 성곽이 되도록 해야 한다. 이에는 교육과 보상과 응징을 병행해야 할 것이다.

복지부는 2011년 기초생활 급여 대상자를 2010년과 마찬가지로 163만 2,000명으로 책정했다. 이것을 보면 복지부가 말로만 복지 규모를 늘린다고 흉내를 낼 뿐 사실상 이러한 복지의 사각지대를 해소하려는 의지가 전혀 없는 것이다. 경제 위기 등으로 빈곤층이 해마다 늘어나고 있는데도 보건복지부가 대표적 빈곤 정책인 기초생활 보장 예산을 2008~2009년 연속해서 제대로 쓰지 못한 것으로 나타났다. 복지부가 국회 보건복지위원회 소속 최영희 민주당 의원에게 낸 '2008~2009년 복지부 결산 보고서' 자료를 보면, 2009년 기초생활 보장제도 예산 가운데 생계 급여 1,018억 500만 원, 주거급여 542억 1,600만 원이 남았다. 2008년에도 생계 급여 273억 4,300만 원을 다른 곳에 전용하고 172억 8,500만 원을 남겨 총 446억 2,700만 원을 제대로 쓰지 못했고 주거급여도 146억 5,900만 원을 남겼다. 사실 이 보고서의 내용보다 더 많은 돈이 남았거나 다른 곳으로 전용되었을 것임을 생각할 때, 기업들과 부자들만을 위하는 이명박 정부가 복지에는 얼마나 무책임했는지를 미루어 짐작할 수 있다. 이처럼 예산이 제대로 집행되지 않을 경우 피해는 고스란히 빈곤층에게 돌아간다. 예컨대 2009년 국회에서 결정된 예산상 기초생활수급자는 163만 2,000명인데 결산 결과 실제 수급자는 156만 9,000명에 그쳤다. 6만 3,000명이 수급 혜택을 더 받을 수 있었는데도 그 기회를 잃은 셈이다. 경제 위기 여파가 심했던 2008년에도 기초생활 수급자 수가 153만 명으로 2007년보다 2만 명이 줄어드는 기현상이 벌어지기도 했다. 이에 반해 우리나라 빈곤율은 해마다 높아지고 있다. 통계청의 가계 동향조사를 보면 우리나라 상대 빈곤율(가처분 소득기준)은 2006년에 14.4%, 2007년에 14.8%, 2008년에 15%, 2009년에는 15.2%로 점점 높아지고 있다. 소득이 생계비 이하인 절대 빈곤율도 2004년 9.6%에서 2008년엔 11.4%로 높아졌다. 최영희 의원은 "복지자원이 절실한데도 빈곤층 예산이 제대로 집행되지 않은 것은 복지부의 책임이 크다."며 "복지 전달체계 점검 등 대책을 마련해야 한다."고 지적했지만 더욱 중요한 것은 통치자의 올바른 통치 철학과 부조리와 부패 척결을 통한 예산 확보와 집권당과 정부의 복지 정책에 대한 자세인 것이다. 그들은 증세 없는 복지는 불가능하다고 말하는데 이명박 정부가 자원 외교로 갖다버린 돈이 30조 원에 이르고, 아무 필요도 없는(수십 년 동안 지속적으로 수많은 예산을 들여 샛강들과 4대강의 수질을 개선시켜 놓았는데 그것들을 다 파괴해서 시멘트벽을 만들어 들판으로 통하는 수많은 물길을 막아버리고 생태계를 오염시켰는데 이것을 복원하려면 들어간 돈보다 훨씬 더 많은 예산과 시간이 필요한 것이다) 4대강 사업에 갖다버린 돈이 20조 원이 넘는다. 그 외에도 방산 비리와 권력형 비리로 인해 새 나가는 국민의 혈세는 엄청난 규모다. 그런데도 그것들을 바로잡을 생각은 않고 초등학교의 무상급식 정도도 예산확보

없이는 시행할 수 없다면서 무책임한 포퓰리즘이라고 주장하는 것은 참으로 한심한 일이 아닐 수 없다. 또 다른 부분에서 우리나라 복지 정책의 잘못된 점을 살펴보고자 한다. 지방 정부 관계자들은 너나 할 것 없이 지방정부의 재정 부족 때문에 지역 주민을 위한 효과적인 복지를 할 수 없다고 말하고 있지만 사실은 그렇지 않다. 실제로 우리나라 지방정부의 재정 자립도가 낮아서 지방정부 예산의 절반 정도를 중앙정부의 지방교부예산으로 충당되고 있는 것은 사실이다. 그러나 지자체들이 예산을 어떻게 집행하는가를 살펴보면 예산이 없어 복지 행정을 펼 수 없다는 것은 지방재정 집행을 잘못하고 있기 때문임을 알 수가 있다. '복지국가 소사이어티'가 수집 정리한 자료를 보면, 인구 16만 7,000명인 경북 'ㄱ'시의 경우 전체 1년 예산은 추가경정예산을 포함해 6,836억 원(2010년)으로 어린아이와 노인 인구까지 포함해 인구 1인당 409만 3,000원의 예산이 배정되어 있었다. 그러니까 4인 가족 기준 1년에 1,600만 원인 셈이다. 그리고 인구 6만 명이 채 되지 않는 전북 'ㄴ'군의 경우에도 1년 예산이 3,206억 원으로 주민 1인당 1년에 534만 원(4인 가족 기준 가구당 2,136만 원)이며, 인구 41만 명인 경기도 'ㄷ'시의 경우 1조 1,729억 원으로 주민 1인당 285만 6,000원(4인 가족 기준 1,142만 4,000원)꼴의 예산이 지출됐다. 이렇게 많은 예산이 집행되어도 지역 주민들이 몸으로 느끼지 못하는 가장 중요한 이유는 이 예산의 많은 부분이 건설 및 토목 관련 분야에 지출되기 때문이다. 수송 및 도로교통 예산, 국토 및 지역 개발 예산, 그리고 자치단체장의 공약사업비로 지출되는 기타 예산 등을 합할 경우 경북 'ㄱ'시는 전체 예산의 32%, 전북 'ㄴ'군은 24%, 경기도 'ㄷ'시는 무려 46%를 차지한다.

다시 말하면 토건 사업을 줄이면 개별가구당 500만 원 정도의 복지 확대가 가능해진다는 말이다. 현재 사회복지 예산은 대부분 국민기초생활 보장법, 의료급여법, 영유아 관련법에 따라 중앙정부 예산에 대응하는 지방자치단체의 의무분담금에 해당한다. 이는 지방정부의 자율권이 전혀 없는 경직성 예산들이다. 경직성 지출 외에 주민들을 위한 복지 명목으로 배정되는 예산은 대부분 노인복지 시설이나 장애인 시설 등 실제로 각종 건설 및 건축 관련 예산으로 집행되고 있다. 문화, 체육, 관광 관련 예산은 '문화시설 건립, 관광지 진입도로 건설'로, 사회복지 관련 예산은 '소각장, 매립장, 하천개발' 등으로 실제 내용은 거의 다 건설 및 토목 관련 예산인 경우가 많다. 기획예산처에서 한국개발연구원(KDI)과 함께 평가한 우리나라 사회간접자본(SOC)의 축적도 평가를 보면 2004년 당시에 도로는 이미 12% 과잉된 상태였다. 국내선 공항도 더는 투자가 불필요한 것으로 평가되었다. 그런데 지금까지도 전국 224개 기초 지자체들의 공약 관련 예산 집행액의 80% 이상이 개발 관련이다. 공약사업 둘 중 하나가 건설교통 관련이었고, 넷 중 하나가 도로 건설 사업이다. 반면에 한국보건사회연구원의 '2010년 사회복지 지출의 국제비교연구'를 보면, 한국의 사회복지 지출 수준은 GDP(국내총생산) 대비 10.95%이고 공공복지 지출 수준은 GDP 대비 8.3%로 경제협력개발기구(OECD) 평균인 20.6%의 절반도 안 된다. 30개 회원국 가운데 최하위였다. 우리 국민의 삶이 고달픈 이유가 바로 여기에 있는 것이다. 급하지 않거나 불필요한 토건 사업과 도로 확장 공사만 하지 않아도 지자체마다 매년 수백억 원의 예산을 지역주민들의 실질적인 생활 개선에 사용할 수 있을 것이다. 실제로 연간

1조 원에 이르는 경기도 'ㄹ'시의 중기 재정계획(2009~2013)을 근거로 절감할 수 있는 재원을 분석한 결과, 중앙정부의 특별 교부금을 제외한 경상 사업 및 일반회계 부문에서만 5년간 8,273억 원의 절감이 가능한 것으로 나왔다. 도로, 보도 포장 보수와 도로 시설물 및 전기 시설물 설치와 유지, 보수 등 수송 및 교통 분야 경상 사업 중 시비 1,093억 원, 골프장 삼거리 입체화 공사 등 각종 도로 개설 공사 중 시비지출액 1,928억 원, 교차로개선과 전철선 반지하 사업 2,100억 원 등 이들 토목과 건설 예산을 10%씩만 절감해도 매년 800억 원 이상의 재원을 확보할 수 있는 것으로 나타났다.

앞으로는 지방자치단체장들의 공약사업 실천율을 사업 추진율, 도로 포장율, 건물 완공 등으로 평가하지 말고 지역 주민들이 지금까지 개별 가계에서 직접 지출하던 비용이 지방 정부의 노력으로 얼마나 경감되었는지, 이로 인해 가구당 가처분소득이 얼마나 증가했는지, 또 이 과정에서 지역 주민을 위한 일자리 창출이 몇 개나 되었는지 등의 실질적인 '삶의 질 개선'과 관련된 실적으로 평가하도록 요구하고 감시해야 한다. 그렇지 않으면 매년 다양한 명목으로 내 주머니로 들어올 500만 원 정도의 예산이 엉뚱한 데로 지출되어 버리는 것이다. 서울시의 초등학교 무상급식 논란과 함께 불거진 '보편적 복지'에 대한 개념을 놓고 한나라당 무리가 보편적 복지는 있을 수 없고 '맞춤형 복지'를 해야 한다고 무식을 뽐낸 바 있다. 만약 차별하여 유상급식을 하는 학생들과 무상급식을 받는 학생들로 나눈다면 무상급식을 받는 어린아이들이 얼마나 자존심이 상하고 마음의 상처를 받겠는가? 아마 밥이 제대로 넘어가지 않을 것이다. 따라서 초등학교 급식에 대한 문제는 모든 학생에게 똑같이 무상급식을 제공하는 것이 맞는 처사라고 생각한다. 보편적 복지란 국민이라면 누구나 인간다운 생활의 실현에 필요한 최소한의 소득과 재화와 서비스의 상당 부분을 국가라는 공동체로부터 공급받는 것을 말한다. 그것은 우선 공적자금의 사각지대를 없애고 실업 수당을 늘리며 건강보험의 혜택을 대폭으로 확대하는 것으로부터 출발해야 한다. 다음으로 노동 시간과 노동 환경과 임금 등이 적정한 선에서 안정되어야 하고 마지막으로 사회적 약자들을 돌보아 주는 것이다. 여기서 한 걸음 더 나아가서 모든 국민의 경제적 보장을 통하여 유효 수요를 창출함으로써 기업활동에 유리한 선순환 조건을 형성해야 한다. 그리고 보편적 복지와 적극적 복지와 공정한 경제와 혁신적 경제를 4대 원칙으로 하는 역동적 복지국가를 지향해야 한다. 복지 재정 지출은 지속가능한 성장을 위해 매우 중요하다. 그와 함께 중요한 것이 농업과 농어민들의 삶을 반석 위에 올려놓는 일이다. 그것 없이는 결코 선진국이 될 수 없기 때문이다. 다음으로 우리 시대의 키워드인 '글로벌 경쟁 시대'가 갖는 중요한 의미가 있는데 그것은 경제주체 등이 국가를 선택하는 '국가 쇼핑 시대'가 열렸다는 점이다. 따라서 국가를 혁신해서 우리 기업과 국민이 국내에 머무르게 만들고, 우리에게 필요한 외국의 자본과 인력과 기술이 몰려오도록 살기 좋고 기업 하기 좋은 국가를 만들어야 하는데, 워낙 기업들이 다들 이익만을 좇아서 행동하기 때문에 자칫 복지 등 사회 정의와 상충할 수도 있으므로 이 점에 특히 유념하여 연구해야 할 것이다. 가장 중요한 것은 그 어떤 복잡한 세상이 오더라도 정치하는 사람들과 기업 하는 사람이 항상 나라를 사랑하는 마음과 민초들을 위한 복지를 잊지 말아야 하고 다국적 기업의 횡포에 휘둘리지 않도록 중심을 잡고 튼튼하고 탄탄한 경제구조로 이끌어나가야 한다는 것이다. 이상과 같은 우리의 이상에 상반된 것이라면 비록 큰 이익이 있더라도 단호하게 물리치고 그 해결책을 강구해야 할 것이다. 만약 정치하는 사람이 국가의 안위나 민생의 복리를 뒷전으로 밀어두고 부정축재나 출세에만 탐닉하고, 기업 하는 사람이 일신의 부귀만을 생각하여 조국을 배신하고 자금 등을 외국으로 빼돌려 자신들만의 탐욕에 빠진다면 그것은 개나 돼지만도 못한 행위임을 알아야 한다. 또 한 가지 세계화 정보화를 통해 '고용 없는 성장'이 이루어지면 그에 따른 실업률 상승으로 생기는 새로운 양극화 현상과 계층 간의 위화감, 또 소비 부진으로 인한 기업경영의 환경 악화와 투자 축소로 이어지는 양극화의 악순환을 어떻게 해결해 나가야 할 것인가? 우리 경제의 가장 중요한 과제는 일자리 창출이다. 왜냐하면 가장 효과적인 복지는 일자리를 만들어주는 것이기 때문이다. 그런데 과거처럼 성장을 하면 일자리가 자동적으로 늘어나는 그런 시대는 끝났다. 그래서 산업 구조의 변화에 따른 '고용 없는 성장'으로 인해 성장과 고용 간의 연결고리가 약해지고 있다. 이는 90년대 이후 정보통신 기술의 발달로 생산 자동화와 사무자동화가 본격화되면서 나타나고 있는 현상이다.

성장은 IT(정보기술) 등 고용 창출 효과가 낮은 분야가 선도하고 있다. 따라서 일자리 창출을 위한 다양한 연구와 대책이 필요하다. 그를 위해서라도 먼저 남북이 하루속히 화해하고 경제 교류를 시작해야 하며 경제협력을 끝없이 확대시켜 북한의 여러 지역과 전 산업영역에 우리 기업들이 진출하여 많은 일자리를 창출해야 한다. 그런데 이명박 정부가 모든 일을 다 그르쳐서 이제 북한은 우리 대신 중국과 손을 잡고 지하 자원 공동개발과 협력 공단 등의 경제 교류를 하게 되어 교류·협력이 몇십 배나 어렵게 되고 또 늦어지게 되었다. 경제적인 측면 외에도 남과 북의 반목으로 인한 손실은 말이나 글로 다 할 수 없으니 생각할수록 정말 괘씸한 놈들이다. 그런데도 어리석은 극우 보수 무리는 동서를 구분하지 못하고 무조건 그들이 잘한다고 박수를 쳐주고 있으니 참으로 한심한 일이 아닐 수 없다. 그렇다면 이런 문제를 어떻게 극복할 것인가? 우선 여러 가지 산업을 균형 있게 육성시켜야 하며, 무엇보다도 대기업의 문어발식 확장과 전횡을 막고 중소기업을 중점적으로 키우고 지원해야 한다. 청년실업자는 많은데 중소기업은 일할 사람이 오히려 부족하다고 한다. 청년 구직자들의 눈높이도 조정해야 되겠지만 청년 구직자들이 중소기업에 몰려올 수 있도록 정부 차원의 다양한 지원을 통해 중소기업 활성화와 품격을 높이는 일에 힘써야 한다. 중소기업은 유연성과 창의성 면에서 잘만 뒷받침해주면 대기업 못지않은 경쟁력을 가지고 있다. 이처럼 중소기업의 육성은 일자리 창출 효과가 대기업보다 훨씬 크고 중산층이 두터워져서 양극화가 완화되고 성장률에 대한 기여도도 높다. 따라서 중소기업이 우리 경제를 이끄는 중심축으로써 대기업과 함께 쌍두마차로 자리 잡아야 한다. 우리 기업의 98%가 중소기업이고 근로자의 85%가 중소기업에 고용되어 있으나 생산액 비중은 35%에 불과하다. 대기업은 스스로 성장할 수 있지만 중소기업은 금융지원 중심에서 경영 컨설팅, 기술인력 양성, 연구·개발 투자 등으로 지원의 수준을 높여야 한다. 그리고 무엇보다도 중요한 것은 중소기업과 대기업의 관계를 수직관계가 아닌 상호협력과 상생의 관계로 재정립시켜야 한다는 것이다. 중소기업이 각고의 노력을 하여 획기적인 신기술을 개발해도 곧바로 대기업들이 빼앗아 가버리는 등의 부당한 기업풍토를 바로잡아야 한다는 말이다. 대기업과 중소기업의 동반성장은 지속가능한 경제발전을 위한 미래의 생존전략이라고 할 수 있다. 이것이 우리 사회가 겪고 있는 저출산, 고령화, 세계화, 양극화의 경제구조와 인구구조와 소득구조의 격심한 변화에 대응하기 위해 필요한 생존과 발전의 전략이다. 외국인 노동자뿐만 아니라 도시 근로자인 우리 국민도 수많은 사람이 힘들고, 더럽고, 위험한 업종인 이른바 3D업종에 종사하고 있는데, 이제는 그들의 보수 문제와 후생에 대해서도 힘을 기울여야 한다. 성장을 통한 일자리 창출이 아닌 고용을 통한 신성장전략, 즉 복지 차원에서의 고용 창출 전략을 적극 시행해야 한다. 현재 우리나라에는 최저생계비 이하의 빈곤층과 차상위계층 등 기본적으로 돌보아야 하는 저소득층이 전체 국민의 15%에 이르고 있다. 복지를 시혜가 아닌 투자로 인식하여 성장 촉진에 기여할 수 있는 '성장 촉진형 복지 모델'을 모색하고 동반성장구조를 찾아 일자리를 만들어야 한다. 다시 말해서 되도록 평등한 소득분배가 이루어짐으로써 소비시장을 활성화시키고 그것이 다시 성장의 동력이 되도록 만드는 것이다. 이처럼 소득분배가 성장의 길이며 고용안정과 재고용 가능성이 소비심리안정에 필수적이기 때문이다. 그러기 위해서는 무엇보다도 정치하는 사람이 사욕이나 당리당략보다는 공공복리를 먼저 생각하고 사회적 약자들에 대한 관심과 배려에 사명감을 가져야 하며, 기업 하는 사람이나 기타 사회지도층에 있는 힘 있는 사람들 또한 자기 혁신을 통해서 모범을 보이고 더불어 살아가는 자세를 견지해야 할 것이다. 마지막으로 남북화해와 통일에 대한 생각을 간단히 말해두고자 한다. 통일의 방향은 적극적인 남북협력이 좋으나 그것이 안 되면 점진적으로라도 추진되어야 하며, 남과 북이 주도적으로 추진해야지 주변 강국들의 농간에 놀아나서 조종되는 일이 없어야 한다.

이러한 기조를 비록 정권이 바뀌더라도 일관성 있게 꾸준히 계속해야 할 것이다. 개성공단을 정상화시키고 이산가족 상봉과 금강산 관광을 정례화시키고 인적·물적 교류를 재개해야 한다. 남북 간의 경제교류를 점점 확대하고 북한의 지하 자원을 공동개발하며 조금씩조금씩 신뢰를 회복해나가야 한다. 그러면 남한의 자본과 기술, 그리고 북한의 자원과 인력이 합쳐져 남·북 모두가 크게 발전할 수 있으며 장차 통일비용도 엄청나게 줄어들 것이다. 남과 북에서 사용하고 있는 언어를 함께 싣는 국어사전을 만들어 서로 간에 의사 불통이 없도록 하고 올바른 통일 교육을 시켜 민족의 동질성을 회복해야 한다. 경제 교류 다음으로 중요한 것이 상호불가침 평화조약이다. 여기서 한 걸음 더 나아가 상호 군사동맹을 맺는 것은 너무도 당연한 일일 것이다. 남북화해와 신뢰와 협력을 통한 연립정권이나 연방제를 구성하게 되면 북한의 핵으로부터 안전할 수 있으며, 남북이 모두 엄청난 국방비를 해마다 줄일 수가 있어 경제적 도약에 큰 힘이 될 것이다. 이렇게 하여 완전한 통합이 아닌 작은 통일만 한다 해도 대한민국의 위상은 놀랄 만큼 높아질 것이며 거기에 투입되는 통일비용을 투자로 생각한다면 거기에서 창출되는 이익 역시 결코 적지 않기 때문에 그것을 아깝게 생각해선 안 된다. 동서독이 통일될 때 갑자기 베를린 장벽이 무너져 동독의 난민들이 서독으로 몰려들어 큰 혼란과 엄청난 통일비용이 들었으며, 그 후 계속해서 경쟁에서 뒤진 동독기업들이 줄도산하여 20여 년이 넘도록 통일세를 내어 그것에 충당했다. 우리는 그것을 타산지석으로 삼아 그러한 전철을 밟아서는 안 된다. 다시 말해 북한의 내부 붕괴를 획책하는 불온한 전단지를 공중 살포하는 따위의 그런 비열한 짓을 일절 금지하고 흡수통일을 하겠다는 어리석은 망상을 해서는 안 된다는 말이다. 남과 북의 뒤엔 미국과 중국이라는 대상이 있기 때문에 옛 독일과는 또 다른 여건임을 명심해야 한다. 그래서 우리끼리의 대화를 통한 단합이 그들의 영향력에서 벗어날 수 있는 정답인 것이다. 무력통일 획책은 제2의 6·25가 되어 엄청난 상처와 참혹한 전화만 남긴 채 또 다른 휴전선을 사이에 두고 남과 북은 새롭게 대치하게 될 것이다. 그리고 남과 북이 거지나라가 되어 각각 미·일과 중·러의 식민지가 될 것이다. 이것이야말로 민족의 비극이 아니고 무엇이겠는가. 만약 남북화해의 분위기가 조성되고 어느 정도 통일국가의 전 단계인 모습을 갖추게 되면 중국과 러시아 기업들도 앞다투어 북한에 투자를 하여 우리의 협조에 힘을 얻은 북한 경제가 급성장을 하게 될 것이며, 우리 남한의 경제력 역시 놀라울 정도로 성장하게 될 것이다. 게다가 우리 남측이 부담해야 할 막대한 통일비용이 줄어들게 되어 우리 민족은 크게 힘들이지 않고 그 옛날의 고구려와 같은 초강대국의 위상을 되찾게 될 것이다. 이를 위해선 먼저 대북관계의 시각차로 갑론을박하는 남남갈등이 해소되어야 한다. 70년에 가까운 기나긴 분단은 결국 사고의 고착화 때문이다. 내가 남을 믿지 못하면 남도

　　　　　　　　진정한 유법천지有法天地를 향하여 상

나를 믿지 않는다. 우리는 북한의 체제를 인정해야 하고 그들을 상종 못 할 괴물로 생각해선 안 된다. 그런 생각을 버리지 않는 한 통일의 길은 점점 멀어지고 남북 간의 이질감이 더욱 커져서 남의 나라처럼 되어버릴 것이며, 또다시 동족상쟁의 비극으로 이어질 가능성만 높아지는 것이다. 북한과의 화해를 통해 신뢰를 구축하고 경제 교류와 군사동맹을 하여 전시작전권을 되찾고 단계적으로 미군도 철수시켜 그들을 먹이고 입히는 비용과 해마다 방위분담금으로 미국에게 바치는 엄청난 돈을 대폭 줄이거나 아예 중단해야 한다. 그리고 남북 연방이나 통일 한국이 미국과 중국과 일본과 러시아 이 네 나라에 다 이익이 된다는 것을 보여주어야 하며, 미·일 세력과 중·러 세력의 중심에 서야 한다.

제3장

중효정신과 삼강오륜

　2010년 보건복지부가 전국규모의 첫 노인 학대 실태조사를 한 결과 조사대상 전체 노인의 14%가 상당한 학대를 경험한 적이 있다고 대답했다. 이런 학대의 가해자는 자녀가 50.6%이고 자녀의 배우자가 21.3%였는데 '욕설', '폭력', '재산의 탈취', '방임' 등 그 유형이 매우 다양하다. 2003년부터 OECD 국가 중 우리나라가 자살률 1위를 지키고 있는데 특히 노인 학대와 노인 자살률이 세계 1위다. 참으로 기가 막힐 일이 아닌가? 이런 세태는 앞으로 날이 갈수록 더욱 심해질 텐데, 이와 같은 문제를 제쳐두고 국민 소득이 몇 달러니 세계경쟁력이 몇 위니 인재육성이 어떠니 떠드는 자들을 보면 참으로 가소롭다. 하지만 그들은 21세기의 국제화 시대에 충효정신이 어떠니 삼강오륜이 어떠니 하는 나 같은 사람이 오히려 이상하게 보일 것이다. 그렇다면 이 시대에 있어 과연 위와 같은 전통윤리가 정말 필요 없는 것인가? 옛 성현께서 "사람이 배우지 않으면 마치 캄캄한 밤길을 걷는 것과 같다."고 말씀하셨다. 그래서 사람이 동서와 흑백을 구분하지 못하고 옳고 그름과 크고 작은 것을 구별하지 못해서 나아갈 길을 알지 못해 세상이 이처럼 어지러운 것이다. 또 "효도孝道는 백행지본百行之本이며 불효不孝는 3천 가지 죄 중에서 가장 큰 죄"라는 말은 자주 들어 알고 있지만 그 깊은 뜻은 알지 못하고, '삼강오륜'이란 말 역시 수없이 들어왔지만 그 진정한 의미가 무엇이고 또 그것이 얼마나 위대한 가르침인지 제대로 알고 있는 사람을 보지 못했다. 그래서 필자가 그 의미를 분명히 밝혀 후세 사람들에게 남기고자 하니 이 글을 접하는 모든 사람은 이 교훈을 가슴속 깊이 새겨 사람의 도리道理를 다하고 세상을 바로 세우는 데 앞장서야 할 것이다. 효孝는 작게 말하면 개인의 심신을 수양하여 숭고한 인격을 갖춘 도의인간이 되어 부모를 잘 섬기는 것이지만, 크게 말하면 다른 사람과의 관계를 원만하게 하고 윤리적으로 영원히 번영하는 길이며, 나라를 잘 다스리는 길이고 전 인류의 번영을 영원히 영도하는 길이다. 충忠이란 마음의 중심을 잡는 것이니 성실함과 바른 마음으로 온갖 불의를 미워하고 사사로운 욕심을 멀리하며 나라와 백성을 사랑하는 마음이다. 올바른 통치자에겐 그 의리를 다하여 섬기며, 부덕不德한 통치자에겐 그 잘못에 대해 직간을 서슴지 않으며 그것이 받아들여지지 않으면 미련 없이 그 곁을 떠나 함께 악정에 동참하는 우를 범하지 않고, 포악무도한 통치자라면 그 세력을 타도하고 응징하는 정신을 말함이다. 그래서 이러한 충효사상忠孝思想은 하늘 아래서 가장 큰 것임을 알아야 한다. 또 우리 인류 역사가 생긴 이래 가장 포괄적이고 근본적으로 사람의 도리를 밝힌 가르침이 있으니 그것이 바로 오륜五倫이다. 그리고 오륜의 윤리적 질서와 기강을 연년세세 천추만대로 이어갈 수 있는 세 가지의 윤리적 영도권이 있는데 그것이 바로 삼강三鋼인 것이다.

충효사상과 삼강오륜을 제대로 알려면 먼저 우리 인간과 우주와의 관계를 알아야 한다. 광대무변한 대우주는 영원히 생성화육을 계속하는 하나의 생생연연生生延延하는 힘이며, 인생 역시 대우주와 마찬가지로 생연生延하는 힘인 것이다. 대우주의 기운을 그대로 받아서 생겨난 것이 만물의 영장인 인간이고 인간을 확대한 것이 우주라고 할 수 있으며 우주는 대 태극이요 인생은 소 태극인 것이다. 우주는 원元, 형亨, 이利, 정貞으로 생성화육하는 끝없는 생연력生延力이고 이것이 인생을 통하여 나타난 것이 바로 인仁, 예禮, 의義, 지智인 것이다. 좀 더 부연하여 설명하자면 원元은 태시太始요 태초太初이며 활력活力이고 팽창력이니 원元은 우주 전체에 충만한 활력원기요 대우주의 통어원력統御元力이며, 우주가 생성변역生成變易하고 삼라만상이 시생始生하고 종명終命하는 것은 모두 다 이 원元의 작용인 것이다. 따라서 원元은 지극히 크고 강한 것이요, 만물을 낳아서 기르는 힘으로써 중정中正한 것이며 순수하고 광명한 것이니 종교가는 이 원元을 보고 신神이라 하고 불佛이라 하며 창조라 칭하고, 철학자들은 자연이라 하고 천리天理라 하며 대원리大原理라고 칭하는 것이다. 형亨은 회통會通이고 소통이며 형통인 것이니 대우주는 생성화육하며 변역유행變易流行이 무궁하되 쉬거나 막히지 않으며 서로 거스르거나 서로 해롭지 않으니 이것이 바로 형亨인 것이다. 원元이 영원한 창조의 원동력으로 한없이 위대하지만 이 형亨으로 받아서 대우주의 질서를 확립하여 삼라만상을 소통시키지 못한다면 우주는 대혼란이 와서 더 이상 생성변역하여 나갈 수 없는 것이니 형亨은 형통이요 서차序次요 질서이며 조리條理요 정위正位이며 수억만 천체성진이 각각 그 공도公道와 궤도를 영원히 충돌과 막힘이 없이 선회소통하는 것이다. 이利는 원元과 형亨을 받아 억만천체의 삼라만물이 각각 그 생존을 이어가며 자타自他가 함께 이로운 길이니 종교가는 이것을 신불神佛의 복리福利라고 하는 것이다. 정貞은 분별이니 억만천체와 일월은 각각 제자리, 제 궤도를 돌며, 인간과 온갖 동물·식물들도 각기 제천성, 제 형상대로 생연生延하여 나가는 철칙을 말한다. 이와 같이 천도天道인 원元, 형亨, 이利, 정貞은 영원불변이며 절대적인 대우주의 형이상원리形而上原理로 삼라만물은 이 대우주의 이理를 받아 각각 그 생명을 올바르게 하고 생성화육生成化育하는 것이며, 이 원, 형, 이, 정의 이理가 인간 심성의 본질로서 구현具顯된 것이 바로 인仁, 예禮, 의義, 지智라고 하는 것이다. 인仁은 대우주의 원元이 인생에 구현된 것이니 만물 생육지심, 즉 만물을 낳아서 기르는 위대한 사랑의 에너지로써 약자를 보고 견딜 수 없는 심성인 측은지심惻隱之心의 본체인 것이다. 예禮는 대우주의 형亨이 인생에 구현된 것이니 질서요 서차序次이며 남을 위하여 근심하고 양보하는 마음인 사양지심辭讓之心의 본체本體인 것이다. 의義는 대우주의 이利가 인생에 구현된 것이니 공존공영의 정신이며 옳은 길로 나아가는 추진력이고 죄악과 다투는 항쟁력이며 자신의 과오를 부끄럽게 생각하며 불의不義와 죄악을 미워하는 수오지심羞惡之心의 본체인 것이다. 지智는 대우주의 정貞이 인생에 구현된 것이니 이는 분별에 대한 명조력으로 시비지심是非之心의 본체인 것이다. 이처럼 인, 의, 예, 지는 인간 심성의 본질이요 그 근원은 대우주의 원, 형, 이, 정인 것이니 인간의 그러한 마음이 곧 자연이고 주재主宰요 신神이며 불佛이요 생명이며 진眞, 선善, 미美인 것이다. 이처럼 천리天理와 인성人性을 합일시킨 것이 바로 성리학性理學의 기본이념이며 이기론理氣論의 출발점임을 알아두시기 바란다. 가엾음을 느끼는 마음이 인仁이요, 사양하는 마음이 예禮요, 악을 미워하는 마음이 의義요, 옳고 그름을 분별하는 마음이 지智이니 인간은 이 네 가지 마음의 자그만 싹을 본래부터 가지고 태어났는데 이를 4단四端이라 하며, 맹자 님께선 이 4단의 근거를 들어 성선설性善說을 주장하셨다.

맹자 님께선 인간의 마음이 타고날 때부터 무조건 선하다고 주장하신 것이 아니고 인간 심성의 본질(인간 심성의 양면성)을 본성(인, 의, 예, 지의 4단)과 본능(생욕: 식욕, 색욕, 물욕, 명예욕 등)으로 구분하시어 본성인 4단을 키우고 가꾸어서 본능인 생욕을 통제하고 조절해야 한다고 하셨는데 이것이 훗날 성리학의 이론 정립에 크게 영향을 미친 것이다. 인, 의, 예, 지의 가치를 확실히 믿는 것이 신信이며, 이 네 가지 마음을 토대로 하여 남과의 약속과 의리를 지키는 것이 바로 신의信義이다. 따라서 대의명분도 없이 총칼로 정권 찬탈을 획책한 박정희나 전두환의 무리나 도둑질이나 강도짓을 모의한 깡패들이 신의信義를 입에 올리는 것은 가소로운 일이다. 대장부가 칼을 뽑을 때는 하늘의 뜻에 합당해야 하며 반드시 대의명분이 뚜렷해야 한다. 그래서 인, 의, 예, 지, 신이 다섯 가지 덕목이 바로 오덕五德 또는 오상五常이라고 불리며 오륜五倫의 근본이 되는 것이다. 여기서 오상의 상常은 변치 않는 것, 즉 만고불변의 대원칙이란 뜻이다. 부자유친父子有親, 군신유의君臣有義, 장유유서長幼有序, 부부유별夫婦有別, 붕우유신朋友有信이 오륜五倫이며 삼강三綱은 부위부강夫爲婦綱, 부위자강父爲子綱, 군위신강君爲臣綱인데 오륜五倫에 앞서 먼저 삼강三綱을 설명하고자 한다. 강綱이란 '벼리, 중심, 모범, 근본'

등의 의미가 있는 글자인데 벼리 줄이란 천 코, 만 코나 되는 큰 그물 전체를 늦추었다 당기었다 하여 폈다 접었다 하는 굵은 줄, 즉 주승인 것이니 이러한 벼리 줄이 없으면 그물을 조종할 수 없으며 조종할 수 없는 그물은 고기를 잡을 수 없으니 소용없는 물건이 되고 마는 것이다. 그러므로 그물이 그물 구실을 하려면 무엇보다도 우선 벼리 줄이 튼튼해야 한다. 이 말은 남편, 아버지, 군주 된 사람이 그 권위를 내세우기 전에 먼저 그 자격을 갖추고 한 점 흐트러짐도 없이 모범을 보여야 함을 의미한다. 수많은 한문 강사가 직장인이나 학생에게 삼강에 대한 강의를 할 때 "남편은 아내의 근본이 되고, 아버지는 아들의 근본이 되고, 임금은 신하의 근본이 된다."고 말하고 나서 그 진정한 의미를 알지 못하고 "부인은 남편의 뜻을 잘 받들고, 자식은 아버지의 뜻을 잘 받들고, 신하는 임금의 뜻을 잘 받들어야 한다."고 가르친다. 그래서 천하가 뒤집어져서 대혼란이 오는 것이다. 삼강三綱이라 함은 남편, 아버지, 군주(통치자)의 군림과 그에 대한 부인과 자식과 신하의 복종을 말하고자 함이 아니고 이 세 가지 주체의 근신과 자격을 강조하고자 함임을 명심해야 한다. 그렇게 함으로 해서 천하가 바로 서고 그 바름이 연년세세 이어지게 되는 것이다. 하지만 만약 조금이라도 권위에 손상되는 언행을 한다면 결코 벼리 줄로서의 역할을 제대로 할 수 없음을 한시도 잊어서는 안 된다는 말이다. 인륜·도덕의 근간이 되는 오륜五倫의 정신이 사회 속에 충만해 있다 해도 그것을 조정하는 '윤리적 벼리 줄'이 튼튼하지 못하면 윤리적 질서는 확립되지 못하는 것이다. 이 '윤리적 벼리 줄'은 '윤리적 영도권'을 말하는 것인데, 인간 사회에는 이 세 가지의 윤리적 영도권이 엄존함으로써 윤리적 질서가 확립되고 또 후대로 계속 이어져 갈 수 있는 것이다. 이 것이 바로 삼강三綱인데, 첫째로 부부는 음양결합의 일태극이요, 인생 창조의 근본을 올바르게 추행推行하는 윤리적 원기로서 남편은 아내의 강綱인 것이니, 남편의 윤리적 영도권인 강綱이 삼엄하게 확립·계속되지 못하게 되면 남녀 간의 풍기가 문란해지고 온갖 윤리가 패퇴敗退하여 그 가정이나 사회는 점차 쇠망하게 된다. 남성도 여성도 모두 동일한 인간인 이상 심성心性에 인, 의, 예, 지를 고유固有함이 동일하며, 남녀의 인권도 절대적으로 평등하고 동일한 것이지만 양의 덕은 강한고로 솔선 영도하고 음의 덕은 유한고로 순순 추종함이 마땅한 것이다. 이는 천지우주와 음양강유의 근본원리가 그런 것인바 남편이 아내의 강綱이 됨은 진리이다. 이 진리를 남녀평등의 원칙에 위배된다든가 남존여비 사상으로 착각해선 안된다. 남편의 솔선 영도하는 덕의 위대성과 아내의 순순 추종하는 덕의 위대성은 절대적으로 동등한 것인바, 전 인류사회에 있어 남녀 간의 풍기문란과 전반적 윤리의 패퇴를 방지하고 찬란한 윤리세계를 건설하려면 먼저 남편이 남편으로서의 자격을 갖추고 아내의 강綱이 되어야 한다. 다음으로 부자父子라는 것은 연장되는 무한 생명의 연속이요 제가齊家의 윤리적 원기로써 부친은 자녀의 강綱인 것이다. 그리고 가정은 사회와 국가의 축소요 기본적인 구성단위인 것이니 개인이 도덕적 참인간이 되고 국가 사회가 올바르게 되려면 윤리적 가도家道가 확립되어야 하며, 윤리적 가도를 확립 영속시키려면 부친의 강綱이 삼엄해야 되는 것이다. 어버이 된 자는 스스로 윤리를 엄수궁행하여 자녀들의 산 모범이 되어야 한다. 인仁으로 사랑하고 의義로 제재制裁하며, 예禮와 지智와 신信을 겸하여 평생 덕교德教를 계속해야 한다. 친하게 함으로써 사랑을 가르치며 엄하게 함으로써 공경을 가르쳐야 하는 것이니 이 윤리적 준칙을 이탈하면서 자녀들에게 무도한 독재를 강행한다면 자녀들은 반항할 것이며 가도家道를 망치게 될 것이다. 부친으로서 강綱을 세우지 못하고 자녀들의 패륜난상悖倫亂常을 단속할 위신과 능력을 상실하면 그 가정은 수라장이 되어 망하고 마는 것이다. 세상에 패륜난상과 불의 범법을 자행恣行하는 자녀들이 제멋대로 자유와 민주주의를 잘못 해석하여 부친의 윤리적 강綱을 무시하고 유린·반역하는 것이 묵과되어 나간다면 격증 일로에 있는 청소년들의 죄악 범법을 무슨 수로 방지하고 광구匡救할 수 있겠는가? 이 세상의 온갖 죄악을 타도 정화하여 명랑한 도의사회를 건설하려면 국가와 민족의 내일의 운명을 짊어지고 있는 전국의 유년, 소년, 청년 자녀를 각각 제 가정에서 부친의 사랑과 올바른 강綱으로써 선도무육善導撫育할 수밖에 딴 도리가 없는 것이다. 끝으로 통치자는 일국의 인륜·도덕을 책임지고 국정을 주도하며 모든 국민의 강綱인 것이니 통치주권자의 강綱이 삼엄강인 해야만 국가민족이 융성할 수 있는데 이는 영도자가 위대해야 한다는 뜻이다. 암우무능暗愚無能한 통치자는 강綱이 서지 못하고 기강紀綱이 해이해져서 정계政界와 관계官界에 백귀百鬼가 횡행 난무하여 인륜人倫도 없고 도덕道德도 없는 도적들의 세상이 되어버리는 것이다. 최고 통치자는 관민官民의 강綱이요 국가 민족의 흥망성쇠를 좌우하는고로 올바른 통치자가 되기는 지극히 어려운 일이다. 만약 전 국민이 윤리의 이탈과 무궤도한 방종을 자유로 알고 영명한 최고 통치자의 강綱을 무시하는 것을 민주주의로 착각한다면 전 국민은 무질서한 혼란에 빠질 것이다.

그래서 인, 의, 예, 지는 인성人性의 강綱이며, 삼강三綱은 전 인륜·도덕의 벼리 줄이요 도의세계건설의 3대지주이고 온갖 윤리의 강綱인 것이다. 그리고 스승은 학도의 강綱이요, 대장은 병사의 강綱이며, 교주는 교도들의 강綱이고 당수党首는 당원들의 강綱이며, 사장은 사원들의 강綱이고 공장장은 직공들의 강綱인 것이니 어떤 집단을 막론하고 그 책임자의 강綱이 서지 못하면 목적 완수가 불가능하게 되며 삼강三綱이 바로 서면 이 세상의 온갖 강綱이 따라서 모두 바로 서는 법이다. 그러니 어찌 삼강三綱을 크다고 하지 않겠는가? 다음은 인륜·도덕의 근간이 되는 다섯 가지 윤리, 즉 오륜(五倫)에 대해서 얘기해 보고자 한다. 부자유친(父子有親)은 아버지와 아들 사이엔 친함이 있어야 한다는 말인데, 여기서 말하는 친함이란 부모와 자식 간에는 서로 절대적인 친애(親愛)가 있어야 한다는 뜻이니, 부모 된 자는 귀여운 자녀를 지극히 사랑하고 자육(慈育)하며 일시일각이라도 등한 조홀(粗忽)히 해서는 안 되는 것이며, 자녀는 하늘 같은 부모님을 지극히 사랑하고 지극히 존경하며 일시일각이라도 등한시하거나 소홀히 하여서는 안 되는 것이다. 이처럼 부모와 자식 간에 있어 자애(慈愛)하고 애경(愛敬) 하는 것이 바로 인(仁)의 마음인 것이다. 그래서 일생을 통하여 고락을 같이하며 변함없이 깊이 사랑하는 것이니 이것이 바로 한없는 단결력이요 금석(金石)이라도 뚫고 나갈 수 있는 생연(生延)의 향상력(向上力)인 것이다. 부자(父子)간에는 이 인(仁)말고도 나머지 예, 의, 지, 신이 다 작용하는 것이지만 그중 인(仁)이 중심이 되어 제일 크게 작용함으로 부자유친을 인(仁)에 배합시켰던 것이다.

그다음 군신유의(君臣有義)는 통치자와 관리 및 국민 사이에 있어

서로 깊은 의리(義理)로 결합되어 있어야 한다는 말이다. 통치자는 국가와 국민의 향상발전을 위하여 최선을 다해야 하고 인간의 지고(至高)한 다섯 가지 윤리 중의 한 가지인 관민(官民)과의 의리를 삼엄견고하게 지켜야 하는 것이며, 관리나 국민은 조국과 국민의 향상발전을 위하여 조국애와 동포애를 가지고 통치자가 영도하는 국가·민족적 대의명분을 따라 신명을 바쳐야 한다는 뜻이다. 이 군신간(君臣 間)의 위대한 힘으로 국가 민족의 향상발전이 이룩되는 것이며, 이 의리의 힘으로 국민경제를 타개하고 민족도의를 앙양(昂揚)하며, 유사시엔 일치단결하여 생명을 걸고서 조국과 민족을 위해서 용감하게 싸우는 것이다. 이러한 군신 간에는 이 이(義) 말고도 나머지 인, 예, 지, 신이 다 작용하는 것이지만, 그중 의(義)가 중심이 되어 가장 크게 작용하고 있으므로 군신유의(君臣有義)를 의(義)에 배합시켰던 것이다. 부자간의 윤리는 대우주의 영원불변한 생성원리에 상통하는 변경할 수 없는 근본윤리이지만 군신 간의 윤리는 의리로 단합된 윤리이기 때문에 그사이엔 의리가 부합되면 생사존망을 함께 하지만 의리가 서로 배치되면 윤리 관계도 끊어지고 마는 것이다. 통치자는 국법에 의하여 국민을 벌할 수도 있고, 국민은 통치자가 의리에 배치(背馳)되면 폐위(廢位)시킬 수도 있지만, 부자간에 있어서는 아무리 불인(不仁)한 부모라 할지라도 부자(父子)라는 관계를 끊고 폐위할 수 없으며 아무리 불량(不良)한 자녀라 할지라도 그 관계를 폐위할 수는 없는 것이다. 즉 부자간이란 관계는 영원히 끊을 수 없는 윤리 관계요, 변경할 수 없는 윤리 관계임을 통철대각(洞徹大覺) 해야 한다. 세 번째로 장유유서(長幼有序)는 어른과 아이 사이에는 차례가 있어야 한다는 말인데, 사회적 지위의 고

하를 막론하고 연하자는 연장자를 존중해야 하며, 인간 사회에는 이러한 법도가 있음으로써 윤리적 질서가 확립되는 것이니 윤리적 질서가 무너지면 법적 질서나 사회적 질서 역시 도저히 확립시킬 도리가 없는 것이어서 세상은 혼란하고 어두운 사회가 되어 점차 망하게 되는 것이다. 여기에서도 물론 연장자가 먼저 어른의 자격을 갖춰야 함은 두말할 필요가 없는 것이다. 따라서 예(禮)를 모르는 사람은 세상에 설 수가 없으며, 인간사회에 질서를 확립하고 유지하는 것은 바로 예(禮)인 것이다. 장유유서는 이 예(禮) 말고도 인, 의, 지, 신이 다 함께 작용하는 것이지만 이 예가 가장 중심이 되어 제일 크게 작용하고 있으므로 장유(長幼) 간의 질서관계를 예(禮)에 배합시켰던 것이다. 다음으로 부부유별(夫婦有別)이란 글자 그대로 남편과 아내 사이에는 분별이 있어야 한다는 말인데 이는 네 가지 천도(天道) 중 정(貞), 즉 억만천체와 일월(日月)은 각각 제자리, 제 궤도를 돌며, 인간과 동물·식물도 각기 제천성, 제 형상대로 생연(生延)하여 나간다는 불변의 중요성을 의미하는 것이다. 그래서 남편은 남편으로서의 강인함과 가장(家長)으로서 갖추어야 할 덕을 갖추고 그 책무를 다해야 하며, 아내는 여성으로서의 부드러움과 아내로서의 덕성을 갖추고 그 본분을 다해야만 천리(天理)에 합당한 것이어서 그 가정의 모든 일이 제대로 되어간다는 뜻이다. 부부는 인륜(人倫)의 시작이며 만복의 근원으로 지극히 친밀한 사이지만 그 가운데서도 분별과 예절과 공경심을 잃지 않아야 하는데 갑자기 너무 친압(親狎: 지나칠 정도로 흉허물없이 친밀한 것)해지면 마침내는 서로를 가볍게 여기고 능멸하면서 못 하는 말과 행동이 없어지게 되며, 그 결과 가정이 불화하고 부모자식간의 천륜마저 어기게 만들며 급기야 이혼까지 하게 되는 것이다. 따라서 가정에서는 남편인 가장이 윤리적 영도권을 갖고 강·온을 겸하면서 그 책무를 삼엄하게 확립해 나가야 하며 아내는 그 뜻을 좇아 남편의 부름에 따라야만 그 가정이 제대로 되어가는 것인데, 만약 그러한 분별과 그에 따른 도리를 소홀히 한다면 그 가정은 결국 파탄이 되어 박살이 나거나 아니면 불화와 갈등이 심하게 될 것이다. 이처럼 부부 간의 분별을 명확히 알고 그것을 삼엄하게 지켜나가는 것을 지(智)라고 했다. 부부간 역시 나머지 인, 의. 예, 신이 다 필요한 것이지만 그 중이 지(智)가 가장 중심이 되어 제일 많이 작용하고 있기 때문에 부부유별을 지(智)에 배합시켰던 것이다.

마지막으로 붕우유신(朋友有信)은 친구 간에 서로 믿음이 있어야 한다는 말인데, 즉 일반 국민 상호 간엔 만사에 신의(信義)를 지켜야 함을 뜻하는 것이다. 신뢰감과 신용이 상실되면 가장의 경제가 파탄되고 윤리가 끊어지며 많은 사람이 걸인이 되고 도적이 되며 서로 믿을 수 없는 세상이 되는 것이니 인간 사회에는 영원히 신의(信義)가 있어야 하고, 관민(官民)이 함께 신의를 지켜야 올바른 국가 건설을 하며 힘차게 발전할 수 있는 것이다. 붕우간에는 이러한 신(信) 외에도 인, 의, 예, 지가 모두 필요하지만 그 중심을 취하여 붕우간의 신의관계를 신(信)에 배합시켰던 것이다. 이상 다섯 가지의 근본적 윤리 관계를 오륜(五倫)이라 하는데 이는 인륜·도덕의 근간이 되는 것으로 시대와 장소를 초월해서 이 다섯 가지 근본적인 윤리 관계를 떠나서는 사람답게 살아갈 수가 없는 것이니 누구를 막론하고 이 오륜(五倫)을 지킴으로써 인간으로서의 존엄성과 고귀성을 유지향상하는 것이며 인간으로서의 절대적 평등성과 절대적 자유성을 유지향상 시킬 수 있는 것이다. 충(忠)과 효(孝)가 가족 사회를 바르게 유지하고 국가사회를 바르게 도모하며 나아가 천하(天下)를 안정시킬 수 있다는 가르침은 고금(古今)을 통한 불변의 진리이다. 인(仁)으로써 사랑을 실천하고, 의(義)로써 불의와 악을 다스리며, 예(禮)로써 오만과 욕심을 자제하고, 지(智)로써 옳고 그름을 분별하며, 신의(信義)로써 너와 나를 연결한다는 오덕(五德)의 실천이야말로 우리 인간사회를 이끌어가는 최고의 덕목임을 모든 사람이 가슴속에 새롭게 새겨두시길 바란다. 정치하는 사람이 충(忠)을 안다면 사리사욕과 당리당략을 버리고 오로지 국가의 장래와 민생의 복리를 위하여 몸과 마음을 바칠 것이며, 기업하는 사람들과 모든 국민이 인, 의, 예, 지를 안다면 훨씬 더 살기 좋은 세상이 될 것이다. 그리고 이러한 우리 동양의 윤리 사상은 서양의 그 어떤 종교사상이나 철학사상보다 월등하게 위대한 것임을 알아두시기 바란다.

삼강오륜(三綱五倫)은 우리 인류에게 있어 도의세계 건설(道義世界建設)의 원리원칙(原理原則)인데 이 삼강오륜의 핵심이 바로 효(孝)인 것이다. 인류가 수십만 년 전부터 수많은 맹수와 잔인한 동물과 함께 살며 그 약소한 체구로 생을 유지하고 종족을 유지하면서 점차 만물의 영장으로서의 위치를 차지하게 된 것은 무형의 강대한 힘을 가지고 있었기 때문인데, 그 무형의 강대한 힘이란 단결력과 항쟁력과 질서력과 계략력이었던 것이다.

단결력이란 서로 사랑함으로써 생기는 힘이니 이는 인(仁)의 모체요, 항쟁력은 비분강개하는 투쟁심에서 나오는 힘이니 이는 곧 의(義)의 모체요, 질서력은 조직회통에서 나오는 힘이니 즉 예(禮)의 모체요, 계략력은 강약 승패의 비교와 모사(謀事) 판단력이니 이는 즉 지(智)의 모체인 것이다. 이러한 단결과 항쟁과 질서와 계략을 합한 무형의 강대한 힘이란 즉 인, 의, 예, 지의 윤리의 힘이며, 요약하여 말하면 이는 곧 효(孝)의 힘이었던 것이다. 이처럼 효(孝)는 모든 인륜·도덕에 회통하는 요도(要道)인고로 부모님께 효도를 극진히 행하는 마음으로 동포를 대하면 곧 충성과 동포애가 되는 것이며, 그 심정으로 아우를 대하면 자애(慈愛)가 되는 것이며, 사람들을 대하면 신의(信義)가 되는 것이며, 전 세계 인류를 대하면 숭고한 인류애가 되는 것이며, 또 그 심정으로 만물을 대하면 동근일체의 박애(博愛)가 되는 것이며, 인류의 인류 된 생연(生延)한 질서를 생각하면 삼엄한 삼강오륜의 체제가 되는 것이며, 또 그 심정으로 대우주를 바라보면 영원무궁한 자체 창조력이 되는 것이니 이러한 효(孝)의 대도(大道)를 통철대각 하여 엄수실천궁행하여 나간다면 세상의 천만 가지 사악함이 격퇴되어 사라져 버리고 천만 가지 선(善)이 나타나게 되는 것이다. 따라서 이 세상에 효(孝)보다 더 큰 것이 없고 지상에 유일한 절대적 요도(要道)인 것이니 전 인류로 하여금 숭고한 인류애를 가지고 서로 사랑하며 세계가 한 덩어리로 되어 공존공영하게 하려면 전 인류에게 효도를 가르칠 수밖에 없으며, 전 인류로 하여금 세계적 대질서와 예의를 지키고 서로 존중하며 태평성대를 이루어 행복하게 살 수 있도록 하기 위해선 전 인류에게 진정한 효도가 무엇인지를 가르치는 길밖에 없는 것이다. 대우주의 원(元)은 형(亨)과 이(利)와 정(貞)을 다 통어(統御)하며, 인(仁)은 의(義)와 예(禮)와 지(智)를 다 통어(統御)하여 백선(百善: 모든 선의장(長: 으뜸)인 것인데 효(孝)는 바로 이러한 인(仁)을 뜻함이니 효도가 곧 의(義)와 예(禮)와 지(智)를 통어하는 백선(百善)의 근본이요, 대우주의 원(元)에 회통하여 형(亨)과 이(利)와 정(貞)과도 합일(合一)되는 것이다. 이처럼 효도는 삼강오륜과 온갖 인륜·도덕의 영원불변한 중심 요도로 지극히 높은 도덕이요, 전 인류에게 감화력을 드리울 수 있는고로 이를 지덕(至德)이라고 하는 것이니 지덕은 우리 인간 세상에서 최고·최대의 도덕으로 덕치덕교(德治德敎)의 근본을 이루고 있는 것이다. 전 인류는 효도가 인류의 향상발전과 행복·환희를 주는 영원한 지덕요도(至德要道)임을 조금도 의심치 말고 굳게 믿고 최선을 다하며 효도를 실천궁행해야 할 것이다. 효성이 지극하면 부모님이 감동하고 부모와 자식이 다 함께 인생 최대의 만족과 행복을 느끼면서 그 가족은 평화·행복·존귀·번영하게 되는 것이며, 또 효성이 지극하면 인근 사람들과 온 나라 사람이 감동하며 인류 전체가 감동하는 것이다. 그렇다면 그토록 크고 심원한 효(孝)를 행하는 도리인 효도(孝道)란 과연 어떤 것인가 설명하고자 한다. 효도는 우선 부모님을 공경하고 사랑하는 마음인데, 부모가 자식과 함께 있을 때가 가장 편안하고 든든하고 행복한 느낌이 들도록 해드리는 것이며, 그런 부모님의 모습을 보면서 자식 역시 그 순간에 가장 큰 행복과 기쁨을 느끼는 것이다. 그리고 부모님의 뜻을 받들어 그 말씀을 거역하지 않고 힘드실 때 항상 함께해야 하며 부모님 앞에서는 항상 부드럽고 공손하게 말하고 행동해야 한다. 예기(禮記)에 이르기를 아버지께서 명하여 부르시거든 곧 "네." 하고 대답해야지 머뭇거려서는 안 되며, 손에 일을 잡았으면 던지고 입에 음식이 있으면 뱉고 급히 빠른 걸음으로 가야지 천천히 느린 걸음으로 가서는 안 된다고 했으며, 부모가 늙으셨다면 나감에 고했던 방위를 바꾸지 말고 돌아올 때를 지나지 말며, 부모가 병 드셨으면 안색과 용모를 펴지 않게 되는 마음이 효도라고 했다. 또 증자께서 말씀하시길 효자가 늙으신 부모님을 봉양함에는 그 마음을 즐겁게 해드리고 그 뜻을 어기지 아니하며, 그 잠자고 거처하는 곳을 편안히 해드리고 그 귀와 눈을 즐겁게 해드리며 음식으로써 성심껏 봉양해야 한다. 그러므로 부모가 사랑하신 바를 사랑하며 부모가 공경하시는 바를 공경해야 하며, 부모가 사랑해주시거든 기뻐하여 잊지 말아야 하고 부모가 미워하시거든 두려워하면서 반성하되 원망하지 않아야 하고, 부모가 잘못하심이 있거든 공손하게 간하되 대들거나 거역하지 않아야 한다고 했다. 또한 효경(孝經)에 이르길 효자가 부모를 섬김에는 살아계실 때는 공경함을 다 하고 봉양함에는 그 즐거움을 다하고 병환이 드시면 그 근심을 다 하여 치료에 힘쓰고, 돌아가시면 그 슬픔을 다하고 제사를 모실 때는 그 엄숙함을 다해야 능히 부모를 섬긴다고 할 수가 있으며, 부모를 섬기는 사람은 윗자리에 있어도 교만하지 않고 아랫사람이 되어도 난동하지 않으며 동류에 있어서도 다투지 않는고로 부모를 사랑하는 사람은 남에게 미움을 받지 아니하고 부모를 공경하는 사람은 남에게 업신여김을 당하지 않는다고 했다. 또 곡례(曲禮)에서 이르길 아버지의 친구를 뵙거든 나오라고 말하지 않거든 감히 나아가지 말아야 하고, 물러가라 말하지 않거든 감히 물러가지 말며, 물으시지 않거든 감히 대답하지 말아야 한다고 했다. 또 나이 많음이 나보다 배가 되거든 아버지를 생각하면서 예(禮)로써 섬기고 10살이 많거든 형처럼 섬기고 다섯 살이 많거든 어깨를 나란히 하되 한발 양보하여 따르라고 했으며, 천천히 걸어서 어른을 모시고 가는 것을 공손하다 말하고 빨리 걸어서 어른보다 앞서가는 것을 공손치 못하다고 했다. 공자께서 말씀하시길 "군자(君子)는 부모를 섬김이 효성스럽기 때문에 충성을 능히 임금에게 옮길 수 있고, 형을 섬김이 공경스럽기 때문에 공경함을 능히 어른에게 옮길 수 있으며, 집에 거처함에 가족을 잘 다스리기 때문에 다스림이 능히 관직에 옮길 수 있는 것이니 그러므로 행실이 집안에서 이루어져 이름이 후세에 세워지는 것이다."라고 효경(孝經)에 있는 글을 강조하셨다.

인류 최고의 스승이신 맹자 님께선 "부모님께 효도하는 것이 인(仁)의 진수고 형을 공경함이 의(義)의 진수이며, 부형(父兄)을 섬기는 도리를 아는 것이 지(智)의 진수이고 그 도리를 행하는 것이 예(禮)의 진수이며, 부형(父兄)을 섬김으로써 생기는 기쁨이 즐거움(樂)의 진수다."라고 말씀하셨다. 순임금은 그 어머니가 일찍 작고하시어 아버지인 고수(瞽瞍)가 후처를 얻었으며 상(象)이라는 이복동생이 있었는데 아버지는 완악하고 새어머니는 어리석고 사나우며, 동생 상은 거만하고 불인(不仁)하여 이 세 사람이 순(舜)을 못살게 굴었으나 순은 부모에게 극진한 효성을 다하고 자신을 죽이려고까지 한 동생을 사랑하여 결국은 가정의 화목을 얻었다고 하는데 그 과정은 참으로 힘들었다고 전해진다. 요임금이 자기 아들 아홉과 딸 둘로 하여금 백관(百官)과 소와 양과 물건들을 갖추고서 순임금을 밭두렁 가운데(농막 또는 그 주변)에서 섬기게 했는데 날이 갈수록 천하의 이름 있는 선비들이 그 앞으로 나아가는 수가 점점 많아지자 요임금은 자신의 사람 보는 안목이 맞았음을 확인하고 점차 온 천하(황제의 통치권)를 순에게 나누어 주었으나 순임금은 그때까지도 부모에게서 사랑을 받지 못함 때문에 마치 궁한 사람이 돌아갈 곳이 없는 것처럼 근심하면서 슬퍼하였다고 한다. 이것이 바로 순임금의 대효(大孝)인 것이다. 자식은 결코 부모의 허물을 입에 올려서는 안 되고 잘잘못을 따지면서 대들어선 안 되는 것이다. 부모에게 잘못하심이 있거든 공손한 태도와 말씨로 그 부분에 대해서 말씀을 드려야 하며 완강하게 거부를 하시면 일단 물러났다가 다음에 적당한 기회를 보아 다시 공손하게 말씀드리도록 해야 한다. 부모에게 폭언하고 폭행하는 것은 부모를 살해하는 것과 같으며, 사소한 일로 트집을 잡아 수시로 부모에게 언성을 높여 면박을 주는 것도 부모로 하여금 고통 속에서 차마 죽지 못해 견디게 만드는 짓이다. 자식에게서 폭행을 당하거나 입에 담지 못할 폭언을 들으면 부모는 완전히 삶의 의욕과 생기를 잃고 시름시름 앓다가 죽게 되는 것이며 이는 마치 풀에 제초제를 뿌림과 같아 그 고통과 마음의 상처가 치명적인 것임을 알아야 한다. 언성을 높여 불손한 언행으로 면박을 주는 일이 계속되면 부모는 그 학대를 견디지 못하고 결국 가출을 하여 굶주리고 방황하다가 길가에서 쓰러져 죽게 되는 것이다. 그런 엄청난 대죄를 짓고도 "뭘 잘했다고 집을 나가? 해준 게 뭐 있어? 자기 발로 걸어나갔으니 우리에겐 잘못이 없어."

"끝까지 속을 썩이누마. 죽어도 싸지 싸. 그 정도면 많이 살았어." 라고 하면서 놀라지도 않는 짐승만도 못한 자식과 며느리가 점점 늘어가고 있다. 실제로 필자는 나이 육십이 되었지만 아직도 노모께 큰절을 하고 철이 든 후론 결코 목소리를 높여 불손하게 말대답을 해본 적이 없다. 이는 선친(先親)께서 살아계실 때 조부모님께 하시던 예법을 그대로 보고 배운 것이며, 모친께선 18세에 시집을 오시어 보통 아닌 조모님께서 104세가 되어 돌아가실 때까지 시집

살이를 계속하셨는데, 그 행의가 조신하고 효심이 지극하여 원근에 이름이 높아 서울의 성균관에서 여성유도회장을 직접 보내와 효부상을 받으신 바 있다. 이는 백 마디의 말보다도 행동으로 모범을 보이는 것이 그만큼 교육 효과가 크다는 것을 말해주고자 함이다. 또 옛 성현께서 이르기를 "삼공(三公)의 자리도 사양하고 날을 아낀다."라고 했는데 여기서 '날을 아낀다'라는 말은 이제 살아계실 날이 얼마 남지 않았기 때문에 다른 일을 다 미루고 부모님 곁에서 함께 생활한다는 뜻이다. 연로하신 부모님을 모시고 산다는 것은 그 어떤 부귀공명을 누리는 것보다 중요한 일이며, 또 부모님을 모시고 산다는 것은 서로에게 하루하루가 그만큼 소중하고 즐거운 나날인 것인데, 생산을 하지 못하고 소비만 하는 유해무익한 무용지물로 천대하여 가정에서는 물론 사회에서도 추방하려는 자들이 있으니 이것은 인류 최대의 비극이며 최대의 죄악임을 모든 인류에게 확실하게 깨우치고 이를 바로잡아서 윤리 도덕이 살아있는 인간 세상을 다시 일으켜 세워야 할 것이다. 그 방법은 두말할 필요도 없이 효치덕교(孝治德敎)인 것이다. 이제 효(孝)가 왜 백행지본(百行之本)이고 삼강오륜(三綱五倫)이란 말이 왜 그토록 오랜 세월 동안 우리 동양인들에게 중요한 사상이었는지 이해했으리라 믿는다.

다시 정리해서 말한다면 부모님을 애경(愛敬)하고 극진히 모시는 것이 효(孝)이고, 형을 공경(恭敬)하고 동생을 자애(慈愛)하는 것이 제(悌)인데 이러한 효제(孝悌)는 가정윤리의 근본이며, 효(孝)는 인(仁)이고, 제(悌)는 의(義)인 것이다. 인의(仁義)를 철저하게 아는 것이 지(智)이고 인의(仁義)를 적절하게 행하는 것이 예(禮)이며, 인, 의, 예, 지를 고집독행(固執篤行) 하는 것이 신(信)인데 인간은 이 오상(五常:

仁, 義, 禮, 智, 信)의 윤리로써 삶을 밝혀왔던 것이다. 우리 인류의 조상들이 사냥과 초근목피로 생계를 유지하면서 토굴과 움집 등에서 기거하면서 수만 년을 살아오는 동안에 만약 일시 일각이라도 단결과 항쟁과 질서와 계략을 느슨하게 포기했다면, 우리 인류는 생존경쟁에서 패망하여 저급한 동물로 살다가 지구에서 절멸하였을 것이니 진실로 인류는 인, 의, 예, 지의 윤리를 가지고, 즉 효(孝)의 힘을 가지고 유구한 과거를 살아온 것이요, 현재도 효에 의지하여 인간으로서의 존귀성을 잃지 않고 살고 있는 것이며, 영원한 장래에 있어서도 효의 힘을 가지고 점차 발전하여 지구를 넘어 대우주를 통어하며 영원히 대생(大生)하게 될 것이니 과거, 현재, 미래를 통하여 인류에게 효(孝)의 힘이 끊어지면 그 생생연연(生生延延)하여 나가는 생명의 자체 창조력이 끊어져 버림과 같아 커다란 혼란이 오고야 말 것이다. 유사 이래 세계만방 각 국가·민족의 흥망성쇠는 주마등과 같고 변전무상(變轉無常) 하지만, 그 흥망성쇠를 좌우하는 원리는 효도의 강약부침(強弱浮沈)에 달려 있었던 것이다. 이처럼 삼강오륜과 인륜·도덕은 수신제가치국평천하(평세계) 통우주의 대경대법(大經大法)으로써 윤리의 강약부침이 국가·민족의 흥망성쇠와 일치일란(一治一亂)을 좌우한다는 것은, 즉 효(孝)의 대도(大道)의 사라짐과 나타남이 한 국가와 한 민족 내지 전 세계 인류의 치란(治亂)과 흥망(興亡)을 좌우한다는 말이다. 그래서 대국인 수나라도 수문제의 둘째 아들인 수양제가 선왕(先王)의 여자를 데리고 사는 등의 패륜을 저지르더니 3대를 채우지 못하고 2대 만에 망해서 없어지고 만 것이다(AD 589년 문제가 남북조시대를 통일하여 대제국인 수나라를 건설하여 아들인 양제가 제위를 이었지만 수나라를 건국한 지 불과 29년만인

AD618년에 당 태종 이세민에게 망하고 말았다). 여기서 잠깐 1960년대와 1970년대 우리나라의 경제 발전에 대해서 생각해 보기로 하자. 가장 어리석은 사람은 "박정희의 영도력 덕택."이었다고 말하고, 중간 정도의 사람은 "그때 이미 우리나라는 경제 발전을 할 수 있는 기술적·인적 자원이 어느 정도 갖추어져 있었으며, 모든 공장이나 산업건설 현장에서 박봉을 받고 하루 16시간 이상씩 열심히 일한 노동자들의 피와 땀과 눈물의 덕택이었다."라고 말하겠지만, 그 진정한 힘은 바로 "부모님을 위하는 마음과 형제끼리 서로 사랑하는 윤리의 힘, 즉 효제(孝悌)의 정신 덕분."이었던 것이다. 생각해보라. 지금처럼 자기중심적이어서 부모형제 간의 관계도 나에게 얼마나 이득이 되느냐를 먼저 따지며, 부모라는 존재는 모든 것을 당연히 주는 사람이고 부모의 자격과 사랑의 크기는 오직 자신을 얼마만큼 충분히 뒷바라지해 주느냐로 결정되며, 자식은 당연히 모든 것을 부모로부터 받는 존재라고 생각하는 세상이었다면 과연 그러한 경제발전이 가능했겠는가. 십 대 초반부터 학교는커녕 건강에 치명적인 분진이 난무하고 언제 손가락이 잘려 나갈지 모르는 열악한 작업환경 속에서 박봉을 받고 주린 배를 움켜쥐면서 오직 가난한 집안 형편을 돕고 부모님을 기쁘게 해드리려는 일념으로 하루에 16시간씩, 일 년에 설과 추석 등을 빼고 거의 360일 정도씩 일할 수 있는 마음씨를 가진 청소년이 지금 우리나라에 몇 명이나 있겠는가. 또 자신은 초등학교 문 앞에도 가보지 못했으면서도 동생들의 교육을 위해 옷 한 벌을 마음대로 사 입지 못한 채 밤낮으로 열악한 작업장에 갇혀 20년 이상이나 생명을 걸고 건강을 망치면서 일할 수 있는 형과 혼기를 놓치고 노처녀가 되도록 돈 한 푼 저축하지 못한 채 시들어가면서도 오직 고생하시는 부모님과 동생들을 위해서 그런 작업장에서 계속 일할 수 있는 마음씨를 가진 큰 딸이 몇 명이나 되겠는가? 작금의 세태를 보면 여자들은 물론이고 사내놈들까지 얼굴에 온갖 화장품을 바르고 피부 마사지까지 받으며 심지어는 햇볕에 잠시 나가 있는 것조차 두려워하면서 외모만 가꾸고 있는데, 식물이건 동물이건 햇볕을 제대로 받지 못하면 건강하게 살아갈 수 없는 것이다. 그런 사람은 육체적으로도 이러저러한 병이 많이 생기지만 정신적으로도 심약해서 걸핏하면 병원부터 찾아가곤 한다. 그런 자들이 국가에 위란이 생기면 어떻게 앞장서서 총대를 멜 수 있으며 부모형제를 위해서 무슨 희생을 할 수 있겠는가? 허여멀끔한 외모가 교양이 있고 지적이며 인격이 높으리라 생각하는 것은 착각이다. 사람이란 외모를 꾸미는 것보다 내면의 정신세계를 갈고 닦는 것이 훨씬 더 중요한 일인 것이다. 고난을 겪고 그것을 이겨낸 사람과 그렇지 못한 사람과의 그릇 크기는 차이가 크다. 그래서 그 윤리의 힘, 즉 부모를 위한 효심과 형제끼리 서로 사랑하는 윤리의 위대한 힘이 바로 60년대와 70년대의 경제발전을 이룩한 비결이었고, 동방예의지국, 천손민족의 후예다운 저력이었던 것이다. 인간은 결국 효(孝)의 대도로써 개인으로서의 큰 덕을 성취하는 것이며, 효의 대도를 밀고 나감으로써 찬란한 윤리 가정을 건설할 수 있으며, 효의 대도를 밀고 나감으로써 찬란한 윤리적 조국과 세계국 내지 대우주국을 건설할 수 있는 것이니 효의 대도는 사람 된 도리 중 가장 큰 것이며 사람은 부모를 떠나서는 존재할 수 없는 것인즉, 그것을 부정하는 모든 종교, 주의, 사상은 다 천리(天理)와 천륜(天倫)에 배치되는 거짓의 탑인 것이며 한 줌도 안 되는 말장난이고 한낱 요설에 불과한 것이다. 부모님에게서 물려받은 신체를 함부로 하지 않는 것이 효의 시작이며, 그 언행을 조심하여 명예를 손상하는 일이 없도록 처신하는 것이 효의 기본이고, 언제나 부드러운 얼굴 표정과 공손한 말씨로 순종하는 것 역시 자식 된 자의 기본적인 도리이다. 그리고 열심히 노력하고 신중하게 판단하여 경제적으로 안정된 가정을 가꾸어 공경스럽게 봉양을 해야 하며, 세상에 크게 쓸모 있는 사람이 되어 국가와 사회에 공훈을 세움으로써 그 부모의 명예를 빛내는 것이 효의 마무리인 것이다. 또한 부모님의 장례를 엄숙히 거행하고 정성을 다해 제사를 모시며, 부모님의 사후에도 생전의 뜻을 거역하지 말 것이며 불의에 떨어져 돌아가신 부모의 뒤를 불명예스럽게 해서는 안 되는 것이다. 부모에게 효도를 극진히 하는 것은 국가애와 민족애와 올바른 통치권자에 대한 충성과 상통하는 것이며, 형제간에 제도(悌道)를 극진히 행하는 것은 덕치(德治)와 인정(仁政)을 행하는 통치권자로서 국민 대중을 아끼고 잘 다스리는 마음과 상통하는 것이다. 이것이 바로 효(孝)의 대도를 확장하여 국가사회라는 광생을 창조하려는 근원을 배양하는 것이다.

맹자 님께서 성선설(性善說)을 주장하시면서 인간의 마음속엔 '인, 의, 예, 지'의 네 가지 영원불변하는 원질(原質)이 태어날 때부터 내재되어 있으니 심성 중에 고유(固有)한 이 네 가지 단서(자그만 싹)를 닦고 또 닦고 기르고 또 기르면 우주의 질서와 대자연의 섭리에 회통·융합하여 성인(聖人)의 경지에 이를 수 있다고 말씀하셨다. 맹자께선 성(性)과 정(情)과 심(心)을 구분하지는 않으셨지만 본성(本性)과 본능(本能)을 구분하여 본성 속에 인, 의, 예, 지의 4단이 들어있고 본능(생욕) 속에 식욕, 색욕, 물욕, 명예욕 등이 들어있다고 하시면서 "전자는 사려(思慮)와 관계가 있고 후자는 감성(感性)과 관계가 있는데 큰 것(착한 본성)을 따르면 선(善)이 되고 대인(大人)이 되며, 작은 것(본능인 생욕: 식욕, 색욕, 물욕, 명예욕)만을 따르면 악(惡)이 되고 소인(小人)이 되니, 오직 사(思: 생각, 사고)하면 득(得: 얻음, 깨달음)하고 불사(不思)하면 부득(不得: 깨닫지 못함. 즉 인간의 도리를 알지 못하게 됨)이니라."라고 말씀하셨다. 이처럼 맹자 님께선 인간의 심성 속에 내재한 선악에 대한 본질을 정확하게 꿰뚫어 보시고 사람으로서의 갈 길을 제시해주신 것이다. 인류 역사상 인간 심성의 본질에 대해서 이 맹자 님 말씀에 비교할 만한 이론은 없다. 즉 타고난 인간 심성의 양면성은 본성(양심)과 본능(생욕)인데, 욕심으로 인해 본성이 폐색되어 사람이 퇴락한다고 보신 맹자 님께선 모두 잃어버린 마음(본성: 양심)을 찾는 수양이 필요하다고 하시면서, 행해서는 안 될 것을 행하지 않고 욕구해선 안 될 것을 욕구하지 않는 부동심을 길러야 한다고 역설하셨다. 어린 시절 부모님의 슬하 훈습과 가정교육은 인간의 품성 향상에 절대적인 영향을 주는 것이며 일생의 선악을 좌우하는 중대한 문제인 것이다. 자기 가정을 덕교할 자격이 없는 사람은 타인을 교도하고 민족을 교도할 자격이 없는 것이며, 부모 된 자가 만약에 자녀들이 보고 있는 눈앞에서 조부모에게 불효를 행하여 패륜난상을 자행한다면, 자녀들은 그 부모를 증오하게 되고 자녀들 역시 패륜난상으로 흘러버려서 그 가정은 천한 모습으로 타락하여 망해버릴 것이다. 이처럼 가정은 평생을 통하여 떠날 수 없는 대수양도장인 것이고, 부모의 윤리적 일거일동은 일일이 천진난만한 어린 자녀들의 선악의 산 모범으로서 결정적 영향을 주는 것이니 부모 된 자로서 어찌 삼가지 않을 수 있으며 부모로서의 사명을 완수함이 어찌 쉬운 일이겠는가? 세상 사람은 가정 윤리란 부모의 덕교 책임이 그 중심이란 것을 깨닫지 못하고 무조건 복종만을 강요하는 전제적 율칙으로 잘못 알고 있거나, 아니면 엄함이 없고 무조건 다 주고 과잉보호만 하면 사랑인 줄 알고 있으니 참으로 한심한 일이다. 가정이란 것은 국가 사회의 축도이고 영원불멸의 윤리·도덕의 원천이요, 모체(母體)이며 기반인 것이다. 한 가정을 찬란한 윤리 세계로 건설하기는 지극히 어려운 일이지만 그러한 윤리·도덕이 찬란한 가정은 전 국민의 도덕적 활모범으로서 인심에 파급되는 그 윤리적 감화력은 전 인류의 머리 위에 충만하여지며, 그 광채는 천추에 불멸하는 것이니 이 경지에 도달하면 한 가정의 부모님인 동시에 전 인류가 영원히 앙모하는 세상의 부모님이 되는 것이다.

하지만 이제 그런 가정은 없다. 이처럼 인생은 가족제도와 가정 윤리가 있는 고로 만물의 영장인 인간으로서의 존귀성을 보유하고 있는 것이며 고차원으로 향상할 수 있는 것이다. 이러한 대천리(大天理)를 모르는 자들이 자유주의, 민주주의와 과학 문명, 도시 문명, 서구 문명과 온갖 그럴듯한 종교, 철학주의 사상들을 내세워 우리 고유의 숭고한 가족제도와 가정 윤리를 변천, 훼손하고 있으니 이는 인의효제(仁義孝悌)의 대도(大道)를 내팽개치고 전 인류를 끌고 동물의 세계로 퇴화시키는 결과를 초래하게 될 것이다. 우리 조국은 단군 이래로 반만년의 유구한 역사를 가진 찬란한 '동방예의지국'이요, 우리 동포는 숭고한 '윤리 민족'이며, 우리의 삼천리 강토는 아름다운 '윤리의 성곽'이며, 칠천만 동포는 위대한 '효도민족'임을 알아야 한다. 경향 각지를 막론하고 인의동(仁義洞), 예지동(禮智洞), 효제동(孝悌洞), 충신동(忠臣洞), 명륜동(明倫洞), 효자동(孝子洞) 등의 지명(地名)이 있는 것을 생각해보라. 우리가 살고 있는 땅까지도 인륜·도덕으로 이름 짓고 살고 있지 않은가? 전 세계 어느 국가 어느 민족이 효치명륜(孝治明倫)에 이와 같이 힘썼겠는가. 또 홍인지문(興仁之門: 동대문), 돈의문(敦義門: 서대문), 창의문(彰義門: 자하문), 숭례문(崇禮門: 남대문), 창덕궁(昌德宮), 인정전(仁政殿) 등을 보라. 이 역시 우리나라가 효치인정(孝治仁政)을 존숭실천한 귀중하고 눈물겨운 역사적 상징들이 아닌가? 고금동서의 전 인류 역사에 그 어느 국가 어느 민족이 덕치덕교(德治德敎)와 효치인정(孝治仁政)에 이와 같이 힘썼겠는가. 수천수백 년 래 전국 방방곡곡에 가득히 세워진 효자비, 충신비, 효부비, 열녀비의 숭고찬란하고 눈물겨운 광경을 보라. 동서고금의 전 인류 역사에 그 어느 국가, 어느 민족이 효치인정(孝治仁政)에 이처럼 힘썼으며 효자, 효부를 이와 같이 존숭했겠는가. 그 누구를 막론하고 각자 가문의 족보를 자세히 본다면 원·형·이·정으로 항렬(行列)을 달고 인, 의, 예, 지로 이름을 지은 것이 얼마나 많은가에 놀라지 않을 수 없다. 고금동서의 인류 역사에 그 어느 국가, 어느 민족이 효치명륜에 이처럼 힘썼겠는가. 그리고 우리의 숭고한 태극기를 보라. 우주인생합일의 영원한 창조 발전의 상징이요, 삼강오륜과 효치인정의 상징이요, 존귀한 우리 민족의 상징이요, 앞으로 있을 우주전효시대의 찬란한 상징인 것이다. 동서고금의 인류 역사에 그 어느 국가, 어느 민족이 덕치덕교와 효치명륜에 이와 같이 힘썼겠는가. 이처럼 삼천리 금수강산은 찬란한 윤리의 성곽이요, 칠천만 우리 동포는 숭고한 효도의 민족이다. 그런 까닭에 윤리를 갈구하는 전 세계 인류는 우리 조국을 진정으로 '동방예의지국'이라고 존숭하는 것이며, 수도 정면에 우뚝 선 대현관인 숭례문(崇禮門: 남대문)은 진실로 동방예의지국의 대표적 상징물로써 오천 년 래의 윤리와 효도의 정신이 응결된 민족문화재의 수위(首位)요 조국 국보의 영원한 제1호로 되어있는 것인데, 이명박 씨가 대통령에 취임하자마자 화재로 완전히 전소하고 말았다. 우연의 일치곤 참으로 기이한 일이다.

우리는 '숭례문'의 귀중한 유연(由緣)을 깊이 깨달아야 한다. 온갖 윤리의 완전 진숭처(盡崇處)와 효도의 숭고·존엄성은 이 숭례문으로써 전적으로 표현되어 있는 원리를 깨달아 우리는 숭고·귀중하고 유구심원(悠久深遠)한 우리 민족의 전통적 대윤리 정신을 통철대각하고 민족의 숙원인 통일 대업을 완수한 후 효치윤리국을 중흥해야 하며 우주적대발전을 상징하는 태극기를 높이 들고 전 인류를 사도(司導)하여 효치세계국을 건설하고 더 나아가 먼 미래엔 대우주전효문명시대(大宇宙全孝文明時代) 창조의 선도자가 될 수 있도록 그 기틀을 마련해야 할 것이다. 왜냐하면 세상은 바야흐로 세계통일정부수립과 전 인류의 윤리적 대질서 확립의 화급성이 대두되고 있기 때문이다. 그리하여 온갖 국제적 죄악과 모순을 소탕하고 숭고한 인류애에 입각한 윤리력을 바탕으로 전 세계 모든 국가가 상부상조하여 빈곤 문제와 핵 문제와 환경 문제, 그리고 원자력 발전소 등의 난해한 문제를 해결하면서 윤리·도덕이 살아있는 세계연방국을 건설할 때가 왔다는 말이다. 그러한 커다란 꿈을 이루는 비결은 오직 우리 민족의 자랑인 효치덕교(孝治德敎)의 대도(大道) 외에는 없는 것이다. 충(忠)과 효(孝)의 정신은 모든 국민의 행복과 번영을 도모하는 한없이 큰 윤리적 원동력이기 때문에 충효(忠孝)로 일관된 올바른 인간이 정계(政界)나 관계(官界)에 나가고자 하는 것은 진실로 일신의 영예와 부귀공명이 아니고 대의명분에 입각하여 온갖 폭정을 타도·숙청하고 도의국가를 건설하여 보국안민(保国安民)코저함에 그 목적이 있는 것이다. 또한 효(孝)는 사랑과 공경의 정신인데 사랑은 인간을 애귀(愛貴) 하는 근본정신이요, 공경은 인간의 존엄성을 높이는 근본정신이므로 효치(孝治)는 인간의 애귀성과 존엄성을 유지·향상하며 이와 병행하여 인간을 학대하고 경멸·모독함을 타도분쇄(打倒粉碎)하는 정치인 것이다. 우리 민족은 유사 이래 오천 년간 인류·도덕을 생명으로 삼고 살아온 고귀한 윤리 민족이요 세계에 우뚝 솟은 〈동방예의지국〉이다. 즉 우리는 숭고한 효치(孝治)로 살아온 민족이라 전국 방방곡곡의 이곳저곳에 관민의 힘으로 건립된 수많은 효자비와 효부비, 그리고 충신비와 열녀비가 삼대같이 늘어서서 삼천리 금수강산을 숭고·장엄하게 장식하고 있으며, 고귀한 우리 민족의 윤리적 전통을 자랑하고 있으니 이는 미래에 우리 민족으로 하여금 세계통일윤리국을 선도할 수 있음을 무한한 힘을 가지고 이끌어주는 있는 것이다. 하지만 오늘날 조국의 현실은 개도(皆盗)의 처참한 상태에 빠져 있으며 노부모에 대한 학대가 세계 1위이고, 개인주의, 이기주의, 향락주의, 퇴폐주의, 유물주의, 황금만능주의, 그리고 온갖 사특한 종교와 사상과 철학에 의해 우리 고유의 효치·윤리 정신이 무너지고 머리에서 발끝까지, 하나에서 열까지 천박한 서양 문화가 뼛속까지 물들어 있다. 그래서 자살하는 노인의 수 역시 세계 1위이며, 거의 모든 사람이 그처럼 숭고했던 우리 선조들을 스스로 경멸·비하하고 그토록 위대하고 찬란한 우리의 전통문화를 헌신짝 취급을 하면서 이제 시대가 변했기 때문에 다시는 그러한 세계로 되돌아갈 수 없고 또 뒤돌아볼 필요도 가치도 없다는 고정관념에 빠져 있다. 윤리란 한 집단 한 국가와 사회를 지탱하는 질서이며 그러한 질서가 없으면 기강이 바로 서지 못하고 그 집단 그 국가사회는 혼란에 빠지게 된다. 그래서 윤리(倫理)란 그 사회와 국가를 형성·전개해가는 가장 중요한 힘인 것이다. 윤리·도덕이 똑바로 서 있으면 그 나라는 그 힘에 의해 활기에 찬 발전을 해나간다는 뜻이다.

시대의 흐름을 정화하고 세상을 바꾸는 일은 진정한 성인만이 할 수 있는 일이다. 그런 분은 동서고금을 통하여 단 한 분이 계셨으니 바로 맹자 님이시다. 나 역시 맹자 님과 같은 큰 뜻을 품고 숭고한 우리 윤리 민족의 위대한 전통문화를 다시 꽃피워 동방예의지국의 옛 명성을 되찾고 세계통일윤리국을 선도하기 위하여 이 책을 통해 그 뜻을 천하 사람들에게 고하면서 그 첫발을 내딛고자 하는 것이니 모두 깊이 읽고 깊이 숙고하길 바라는 마음이다.

다음 장에서는 종교에 대해서 논하고자 하는데, 대개 성인의 도(道)가 밝혀지지 않는 것은 '이단의 설'이 방해하기 때문이다. 옛적엔 양주와 묵적 그리고 노자와 장자의 무리가 '성인의 도(道)'를 방해하더니 지금은 기독교와 불교 등의 무리가 성인의 도를 가로막고 있다. 지금의 이단인 불교와 기독교는 그 교리가 심오하고 고원한 듯하여 그 옳고 그른 것을 보통 사람이 분별하기가 매우 어렵다. 오히려 지혜가 있다고 자부하는 사람이 그 속에 빠지고 마는데 이는 사람의 고명(高明)한 소질을 역용(逆用)하기 때문이다. 불교는 스스로 신묘한 이치를 궁극 하게 파악하고 만물의 변화하는 법칙을

진정한 유법천지有法天地를 향하여 상

알고 있다고 말하면서도 이로써 사람의 본성(本性)을 열어내어 일을 이루지 못하며, 말이며 하는 일이 널리 두루 미치지 않음이 없다고 하되 실은 인륜(人倫)이나 천리(天理)에 어긋나며, 깊은 데를 궁구하고 미묘한 데를 극진하였다 하면서도 이로써 요·순의 도(道)에 크게 미치지 못하는 것이다. 기독교는 이보다 더 못하다. '성인의 도(道)'가 밝혀지지 않게 된 때로부터 온갖 사특한 것이 생겨나고 요망한 설들이 다투어 일어나서 사람들의 귀와 눈을 막아버리고 천하를 더럽고 흐린 것에 빠지게 하니 비록 뛰어난 재주와 총명한 지혜라도 날마다 보고 듣는 것이 귀에 달라붙고 풀로 붙인 것 같이 몸에 붙어 술 취한 것처럼 이단 속에 살다가 꿈꾸듯 죽어서 스스로 깨닫지 못하는 것이다. 이것은 다 성현의 바른길에 잡초가 우거져서 성인의 도에 들어가는 문이 가리고 막혔기 때문이다. 그 길과 그 문을 열어놓은 뒤라야 성현의 도에 들어갈 수 있는 것이다. 그래서 필자가 그 길을 가로막는 잡초인 이단을 제거하고 쇠퇴해버린 성인의 도를 다시 바로 일으켜 세우고자 이 책을 써서 후세에 남기고자 하는 것이다. 세상에 '성인의 도'가 바로 서면 사람이 그 도리(道理)를 배우고 익혀서 열 중 둘이나 셋만 실천하더라도 지금 세상보다 열 배는 나아질 것이며, 금수(새나 짐승)의 세상으로 점점 빠져들어 가는 안타까운 현실을 능히 막을 수 있을 것이다. 이 책에서 가끔 같은 문장이 반복된 것은 그것이 그만큼 중요한 내용이었기 때문이다.